STRATEGY DEDUCTION

战略推演

获取竞争优势的思维与方法

王昶◎著

图书在版编目（CIP）数据

战略推演：获取竞争优势的思维与方法 / 王昶著. —北京：机械工业出版社，2019.9
（2024.6重印）

ISBN 978-7-111-63481-2

I. 战… II. 王… III. 企业战略－战略管理 IV. F272.1

中国版本图书馆CIP数据核字（2019）第169693号

  战略管理理论已浩如烟海，但如何有效运用这些理论形成企业战略意图、达成共识，却是一直困扰着企业实践和战略教学的难题。为了解决这个难题，本书作者撰写了《战略推演：获取竞争优势的思维与方法》一书。这是一本逻辑性、应用性和实操性很强的教材，与《战略执行》《战略复盘》共同构成提升企业战略管理能力的课程体系。本书以管理学、经济学等知识为基础，以机会洞察、路线设计及资源配置为核心内容，围绕战略推演的三大要素、九个要点来展开，介绍一部心法、两种思维、三三口诀、四类战略、七步推演法及上百个案例，旨在传授一套"好学、好记、好用"的结构化战略思维方式和逻辑方法，解决战略管理"不会学、学不会、不会用"的痛点。本书支持超星尔雅、中国大学MOOC在线课程和喜马拉雅音频学习，并配有课程大纲、教学PPT、试题库、企业案例库，以及"昶读战略"微信公众号等。

  本书适合于管理类专业本科生、研究生及MBA学习使用，也适合对战略管理感兴趣的普通读者或研究者阅读。

战略推演：获取竞争优势的思维与方法

出版发行：机械工业出版社（北京市西城区百万庄大街22号 邮政编码：100037）	
责任编辑：赵陈碑	责任校对：殷 虹
印　　刷：固安县铭成印刷有限公司	版　　次：2024年6月第1版第10次印刷
开　　本：170mm×230mm　1/16	印　　张：20
书　　号：ISBN 978-7-111-63481-2	定　　价：55.00元

客服电话：（010）88361066 68326294

版权所有·侵权必究
封底无防伪标均为盗版

你的战略需要推演

未来已来：从机会导向到战略牵引

改革开放 40 余年来，中国搭乘全球化的快车，发挥劳动红利的优势，快速嵌入全球制造业的产业价值链，迅速成为"世界工厂"。如今中国每年 GDP 增量相当于 2 个瑞士、3 个瑞典、1 个韩国或 1 个澳大利亚的体量。

新一轮科技革命与产业变革正在为中国企业开启新的机会窗口。高铁、支付宝、微信、摩拜等正在悄然改变我们的生活图景，中国企业已经在部分前沿领域实现了"从跟跑、并跑到领跑"的跨越。

任正非说："华为正在本行业逐步攻入无人区，处在无人领航、无既定规则、无人跟随的困境，如同星际迷航。"

当我们满心欢喜迎接新时代的到来之时，昔日我们心中的巨人——柯达、夏普、雷曼兄弟等一个个轰然倒塌，徒留一声叹息。战略的重要性从未像现在这般突出。企业领导更替的频率与速度前所未有地加快，胜者和败者之间的差距变得空前巨大。[一]

不管你愿不愿意，一个崭新的时代已经宣告到来：未来已来，企

[一] 马丁·里维斯，纳特·汉拿斯，詹美贾亚·辛哈. 调色板：制定战略的战略 [J]. 商业评论，2016（7）.

业将告别机会导向进入战略牵引的新时代。

为了应对新时代的挑战,"首席战略官"的职位应运而生,一批具有未来深邃洞察力的战略管理学者应邀加入创新企业。

- 2003 年,长江商学院的曾鸣加盟阿里巴巴担任参谋长。
- 2013 年,华南理工大学的陈春花再度出山执掌新希望六和。
- 2017 年,长江商学院的廖建文、中欧商学院的陈威如分别出任京东和菜鸟网的首席战略官。

然而,兼具结构化思考能力和未来洞见的战略管理学者毕竟是少数,新时代需要有新理论、新方法、新工具的总结与推广,指导并帮助企业洞见未来,把握航向,领航商海。

推演:战略管理的有效工具

自 20 世纪 60 年代商业战略的概念诞生以来,各种战略流派、战略工具如雨后春笋般涌现,俨然形成战略丛林。从早期波特的五力模型、波士顿矩阵、核心能力,到战略地图、蓝海战略,再到新近成为热点的平台战略、生态战略等,可供企业领导者选择的战略工具及战略框架数量大幅增长。然而,这些战略理论与方法如何相互联系,是否应当付诸实践却还未可知。⊖ 我们需要整合、打通这些理论和方法,形成一套行之有效的结构化思维框架和方法体系,着力解决"**不会学,学不会,不会用**"的难题。

如果像某些企业那样不停地游走于几个学派之间,你最终也只

⊖ 马丁·里维斯,纳特·汉拿斯,詹美贾亚·辛哈. 战略的本质[M]. 王喆,韩阳,译. 北京:中信出版社,2016.

会落入拆东墙补西墙的窘境，永远都无法抽身走向自己所选择的道路。㊀

- 2000年前后，美世公司开发了"价值驱动的业务设计"（Value Driven Business Design，VDBD）战略模型，指导公司制定创新性增长战略。
- 2003年，IBM推出了"业务领先"（Business Leadership Model，BLM）战略模型，这个方法论成为IBM从公司层面到各个业务部门共同使用的统一的战略规划方法。
- 2006年华为在引进这些模型的基础上，经过十多年的打磨和消化吸收，创建了从战略到执行（Develop Strategy To Execution，DSTE）的战略管理流程框架。

美世公司的VDBD模型、IBM公司的BLM模型的优点在于简明、结构化，但对定策略、战略分解与执行、迭代改进还缺乏有效支撑；华为自己量身定制的DSTE模型，则有效地解决了从战略形成到落地的问题，打着鲜明的华为烙印。此外，中化集团推出了战略思考十步法，逻辑严密，简洁明了，倡导系统思考，更侧重在集团层面的统筹谋划。

建立一套"好记、好学、好用"的"三好"战略逻辑方法体系，并撰写成书的想法，最早源自笔者2010年出版的《战略管理：理论与方法》一书，至今重印数次。几年后，我心中不断萌生全面改版的念头。2015年我与TCL集团开始战略管理项目的合作，我的想法越来越清晰，计划构建一套旨在提升企业战略管理能力的体系，由《战略推演》（Strategy Deduction）、《战略执行》

㊀ 林文德，马赛斯，亚瑟·克莱纳. 让战略落地［M］. 普华永道思略特管理咨询公司，译. 北京：机械工业出版社，2016.

（*Strategy Execution*）和《战略复盘》（*After Action Review*）三部曲构成，形成战略管理的 PDCA 循环。完成这三部曲，着实是一项艰巨的任务。所谓"人生三立"，即"立德、立功、立言"。于我而言，作为"双一流"A 类高校商学院的教授，立言应当是不二的选择和使命。万事开头难，不妨先从战略三部曲中的头一部《战略推演》入手，姑且把它当成人生的一段修炼。

说到"推演"，它并不是一个新鲜词，古已有之，即推断演绎之意。早在汉代陆贾的《新语·明诚》就提道："观天之化，推演万事之类。"《三国志·蜀书·诸葛亮传》也载有："推演兵法，作八陈（阵）图，咸得其要云。"现代推演已被广泛应用到军事、商业中，如美军的兵棋推演，推演者对战争全过程进行仿真、模拟与推断，并按照兵棋规则研究和掌控战争局势；MBA 教学中也常用到沙盘推断，通过引领学员进入一个模拟的竞争性行业，实战演练模拟企业的经营管理与市场竞争。

不论推演在哪个领域应用，都有一个共同的特点：倡导行动学习。"学中干，干中学"不再是空洞乏味的概念、理论说教，而是突出实践经验和深层次的领会与感悟。

战略推演则是将推演应用到战略管理领域，通过"机会洞察—路线设计—资源配置"，梳理战略逻辑，明确战略意图。它既是达成战略共识的过程，也是演绎战略的逻辑与方法，为进一步的战略规划和执行提供指引。

本书的内容与特色

本书并不是按照学术著作风格来写作的，而是把"实用"放在首位，注重企业战略的一致性，强调的是传授"因企因业制宜"的战略推演方法与套路。全书分为上中下三篇共 12 章。上篇包括第 1～6 章，介绍战略推演的逻辑思维与方法体系；中篇包括第 7～8 章，介绍战略推演操作手册；下篇包括第 9～12 章，结合案例，详细介绍战略推演七步法的应用。

本书具有以下特色：

好记。本书将战略推演总结提炼为一部心法，即"**知己知彼明方向，路线行动配资源**"。这两句"十四字"心法，构成统领战略推演的逻辑主线和基本框架。在此心法的基础上，我们又进一步衍生出战略推演的"三三"口诀："**机会洞察'察三侧'——环境侧、需求侧、供给侧；路线设计'设三线'——总体路线、业务路线、行动路线；资源配置'配三样'——战略资源、组织结构、体制机制**。"该口诀涵盖了战略推演的三大要素、九个要点，使得战略推演的核心内容简洁清晰，让大家易学、易记。

好学。本书采用极简化的思维，围绕"机会洞察""路线设计""资源配置"三大要素展开，主干清晰，知识点明确，并配有思维导图，强调战略思维逻辑和一致性，便于大家掌握战略的思想精髓，不至于陷于战略理论的丛林越学越迷茫。本书特别编写了三个附录："附录 A　当代战略简史"，回顾了战略管理理论的发展脉络、主要流派和主要观点，进一步提升大家的战略理论素养；"附录 B　学好战略指引"，介绍了最新战略主题，推荐了重点书刊以及其他相关媒体，为有志于深入战略管理研究的学员提供学习指南；"附录 C　战略推演七步法"，列出了战略推演的步骤和重要工具，指导学员们动手完成战略逻辑的梳理。

好用。本书将战略推演总结为"**七步制胜**"，并设计了战略推演手册，详细介绍了每步推演的任务、逻辑、要点及应用工具，完成后还配有推演检思，进一步检验推演结论的合理性和一致性。为帮助大家学会应用"七步法"、更好地体现党的二十大报告提出的"讲好中国故事",本书下篇按照不同的战略类型,选取了四个案例,分别按照战略推演的步骤和结构进行了全景呈现,以帮助大家理解和运用,确保记了不会忘、学了就会用。

使用建议

本书非常适合企业的内部培训,是首席战略官、战略部门成员的案头必备读物,还可以作为经济管理类专业学生、MBA 学员的战略管理教材。为了方便战略推演的学习,我们特此建立了新媒体学习矩阵:

- 我们精心录制了在线教学视频,学员们可以上中国大学 MOOC(https://www.icourse163.org)、超星尔雅在线免费学习。
- 在优酷、乐视中,可以用"战略推演"作为关键词,搜索得到我们投放的部分视频。
- 我们已开通"昶谈战略"微信公众号,持续推出原创战略文章。
- 我们计划在喜马拉雅上开通"昶谈战略"的音频。
- 相关战略资料,可以前往中南大学产业发展战略研究中心(原中南大学中国企业集团研究中心)网站 http://ccegr.csu.edu.cn 下载。

本书是战略推演 1.0 版,还有待改进和完善。秉承互联网时代快速迭代的思维,我们先推出来,再仔细打磨,快速迭代。因此,非常乐意听到各方的声音。如有任何反馈意见,敬请发往邮箱 changs2018@126.com。

前言　你的战略需要推演

上篇　战略推演方法

第 1 章　推演架构 ·················· 2
一部战略心法 ·················· 3
两种战略思维 ·················· 5
三大战略要素 ·················· 12
四种战略类型 ·················· 15
五项推演价值 ·················· 21

第 2 章　机会洞察推演 ·················· 24
推演目的 ·················· 26
推演逻辑 ·················· 27
形势研判 ·················· 28
矛盾识别 ·················· 42
中心任务 ·················· 50
推演呈现 ·················· 52

第 3 章　路线设计之一：总体路线 ·················· 60
推演目的 ·················· 62

　　　　推演逻辑 ……………………………………………………… 62
　　　　发展思路 ……………………………………………………… 64
　　　　战略目标 ……………………………………………………… 86
　　　　推演呈现 ……………………………………………………… 88

第 4 章　路线设计之二：业务路线 ……………………………………… 89
　　　　推演目的 ……………………………………………………… 91
　　　　推演逻辑 ……………………………………………………… 92
　　　　客户选择 ……………………………………………………… 96
　　　　价值定位 …………………………………………………… 102
　　　　价值获取 …………………………………………………… 110
　　　　业务活动 …………………………………………………… 116
　　　　战略控制 …………………………………………………… 123
　　　　推演呈现 …………………………………………………… 125

第 5 章　路线设计之三：行动路线 …………………………………… 129
　　　　推演目的 …………………………………………………… 131
　　　　推演逻辑 …………………………………………………… 133
　　　　推演任务 …………………………………………………… 135
　　　　分类施策 …………………………………………………… 138
　　　　业务增长行动路线 ………………………………………… 140
　　　　市场领先行动路线 ………………………………………… 141
　　　　创新赶超行动路线 ………………………………………… 142
　　　　战略转型行动路线 ………………………………………… 144
　　　　推演呈现 …………………………………………………… 146

第 6 章　资源配置 ……………………………………………………… 149
　　　　推演目的 …………………………………………………… 151
　　　　推演逻辑 …………………………………………………… 151
　　　　战略资源配置 ……………………………………………… 152
　　　　组织结构适配 ……………………………………………… 156

体制机制优化 …………………………………………………… 160
　　推演呈现 ………………………………………………………… 163

中篇　战略推演手册

第 7 章　战略推演操作手册 ……………………………………… 166
　　战略推演知识复盘 ……………………………………………… 167
　　七步法操作要诀 ………………………………………………… 171
　　模块一：机会洞察 ……………………………………………… 174
　　模块二：路线设计 ……………………………………………… 183
　　模块三：资源配置 ……………………………………………… 192
　　战略推演检思与呈现 …………………………………………… 196

第 8 章　战略推演规程手册 ……………………………………… 198
　　演练目的 ………………………………………………………… 198
　　参与对象 ………………………………………………………… 198
　　组织程序 ………………………………………………………… 199
　　角色分工 ………………………………………………………… 203
　　氛围营造 ………………………………………………………… 207
　　场地安排 ………………………………………………………… 209
　　配套工具 ………………………………………………………… 210

下篇　战略推演呈现

第 9 章　三只松鼠：互联网休闲食品领跑者 …………………… 214
　　公司基本情况 …………………………………………………… 214
　　第一步，形势研判 ……………………………………………… 216
　　第二步，矛盾识别 ……………………………………………… 219
　　第三步，中心任务 ……………………………………………… 220
　　第四步，总体路线 ……………………………………………… 221

第五步，业务路线 ·· 221
　　　第六步，行动路线 ·· 225
　　　第七步，资源配置 ·· 227
　　　点评 ·· 228

第 10 章　海康威视：向以视频为核心的物联网解决方案
　　　　　提供商转型 ·· 231
　　　公司基本情况 ·· 231
　　　第一步，形势研判 ·· 233
　　　第二步，矛盾识别 ·· 237
　　　第三步，中心任务 ·· 238
　　　第四步，总体路线 ·· 239
　　　第五步，业务路线 ·· 239
　　　第六步，行动路线 ·· 245
　　　第七步，资源配置 ·· 249
　　　点评 ·· 251

第 11 章　小米科技：重振雄风，成功逆转 ························· 253
　　　公司基本情况 ·· 253
　　　第一步，形势研判 ·· 255
　　　第二步，矛盾识别 ·· 258
　　　第三步，中心任务 ·· 260
　　　第四步，总体路线 ·· 260
　　　第五步，业务路线 ·· 261
　　　第六步，行动路线 ·· 266
　　　第七步，资源配置 ·· 269
　　　点评 ·· 270

第 12 章　《中国制造 2025》：制造强国战略 ····················· 274
　　　战略背景 ··· 274
　　　第一步，形势研判 ·· 275

第二步，矛盾识别 ··· 276
　　第三步，中心任务 ··· 277
　　第四步，总体路线 ··· 277
　　第五步，业务路线 ··· 279
　　第六步，行动路线 ··· 280
　　第七步，资源配置 ··· 280
　　点评 ··· 281

附录 A　当代战略简史 ··· 283
附录 B　学好战略指引 ··· 294
附录 C　战略推演七步法 ··· 298
致谢 ··· 303

Part I 上篇

战略推演方法

- 第1章 推演架构
- 第2章 机会洞察推演
- 第3章 路线设计之一：总体路线
- 第4章 路线设计之二：业务路线
- 第5章 路线设计之三：行动路线
- 第6章 资源配置

Chapter 1 第1章

推演架构

> 兵者，国之大事，死生之地，存亡之道，不可不察也。
>
> ——孙子

隆中对：三分天下，取其一

凡用兵之道，以计为首。未战之时，先料将之贤愚，敌之强弱，兵之众寡，地之险易，粮之虚实。计料已审，然后出兵，无有不胜。法曰："料敌制胜，计险厄远近，上将之道也。"汉末，刘先主在新野，三往求计于诸葛亮。亮曰："自董卓已来，豪杰并起，跨州连郡者不可胜数。曹操比于袁绍，则名微而众寡，然操遂能克绍，以弱为强者，非惟天时，抑亦人谋也。今操已拥百万之众，挟天子以令诸侯，此诚不可与争锋。孙权据有江东，已历三世，国险而民附，贤能为之用，此可以为援而不可图也。荆州北据汉、沔，利尽南海，东连吴会，西通巴、蜀，此用武之国，而其主不能守，此殆天所以资将军，将军岂有意乎？益州险塞，沃野千里，天府之土，高祖因之以成帝业。刘璋暗弱，张鲁在北，民殷国富而不知存恤，智能之士思得明君。将军既帝室之胄，信义著于四海，总揽英雄，思贤如渴，若跨有荆、益，保其岩阻，西和诸戎，南抚夷越，外结好孙权，内修政理；天下有变，则命一上将将荆州之军以向宛、洛，将军身帅益州之众出于秦川，百姓孰敢不箪食壶浆以迎将军者乎？诚如是，霸业可成，汉室可兴矣。"先主曰："善！"后果如其计。⊖

我们在中学都学过《隆中对》，它取自《三国志·蜀书·诸葛亮传》，描述的是刘备屡战屡败，退守于新野。在谋士徐庶的建议下，他三顾茅庐，拜访诸葛亮。诸葛亮献出"三分天下，取其一"的大计，最终帮刘备建立蜀汉，与孙吴和曹魏成三国鼎立之势。千古佳作《隆中对》，不过百字便洞见天下大势，定下三国鼎立的战略宏图，不愧是中国古代战略思想的代表作。

什么是战略？战略是对企业竞争的全局性、根本性、长远性谋划，旨在于目标、环境、资源之间达成一个动态平衡。战略的本质是驱动企业创造价值。好的战略是一种可行性的假设，实施新战略就是一种实验。⊜

战略看似复杂，难以入手。《隆中对》却为我们打开了一扇把握战略精髓的窗户，本书战略推演的思想与架构就源自于此。下面就战略推演的心法、思维模式、构成要素、战略类型、应用价值等分别进行介绍。

一部战略心法

在金庸的武侠小说里，《九阴真经》《葵花宝典》都是武林人士争

⊖ 陈寿. 三国志 [M]. 裴松之, 注. 北京：中华书局，1999.
⊜ 理查德·鲁梅尔特. 好战略，坏战略 [M]. 蒋宗强, 译. 北京：中信出版社，2012.

而夺之的武林秘籍，事实上不过是千字心法口诀。心法往往是前辈实践总结的心血和精华，传递的是一种理念和思维方式。学习战略推演，同样需要心法的指引，这样才会事半功倍。幸运的是，我们从《隆中对》中能提炼出所需要的战略心法：

知己知彼明方向

路线行动配资源

知己知彼明方向。指研判形势，了解对手，认识自己，这是战略推演的逻辑起点。在《隆中对》中，诸葛亮首先就从形势研判入手，分析了自董卓以来群雄逐鹿中原的格局，逐个评价了主要竞争对手：曹操"已拥百万之众，挟天子以令诸侯，此诚不可与争锋"；孙权"据有江东，已历三世，国险而民附，贤能为之用，此可以为援而不可图也"。这是知彼。他同时评估了刘备的实力："将军既帝室之胄，信义著于四海，总揽英雄，思贤如渴。"相对于曹操、孙权，刘备有的只是些软实力。这是知己。在知己知彼的基础上，他指出，突破口应当放在荆、益二州，荆州交通方便，益州沃野千里，"其主不能守，此殆天所以资将军"。如果我们换成企业视角来看，曹操集团像是实力雄厚的央企，孙权集团则是深耕地方的家族企业，而此时的刘备不过是初创企业的领头人。避锋芒，找援手，突破薄弱市场，建立根据地。诸葛亮为刘备量身定制了"三分天下，取其一"的战略方针。

路线行动配资源。指战略方向明确后，规划具体路线，明确重大行动，并为之配置相关资源。诸葛亮指出，在战略布局上，建立起自己的根据地"跨有荆、益，保其岩阻"；在政治路线上，结成广泛的统一战线，"西和诸戎，南抚夷越，外结好孙权，内修政理"；在军事路线上，"将军身帅益州之众出于秦川"，明确主攻方向。为配合这些行动,"命一上将"主导军事行动,并发动群众"箪食壶浆",保证后勤供给。按照诸葛亮的战略部署,刘备集团实施了一系列战略行动。现为大家所熟悉的典故,如"七擒七纵孟获""草船借箭""赔了夫人又折兵"等,就是刘备集团按既定方针坚定不移实施战略的明证,于是"后果如其计"。

事实上,《隆中对》是诸葛亮为刘备创业之初所做的一次成功的战略推演。它勾勒出了一部战略推演的心法:**知己知彼明方向,路线行动配资源**。其中,"**知己知彼**"是前提,"**明方向**"是重点,"**路线行动**"是关键,"**配资源**"是保障。

抓住了这些要点,就抓住了战略的精髓和推演的主线。

两种战略思维

战略表现形式千变万化,但归根结底战略推演的思维模式主要有两种:

- 适应型战略思维:采用的是"情景—适应"的反应模式。
- 塑造型战略思维:采用的是"情景—塑造"的反应模式。

这两种基本思维模式适用于不同的发展情景、行业类型,甚至企业的不同发展阶段。在《隆中对》中,诸葛亮针对刘备初创企业一穷二白的实际情况,采用塑造型思维,为刘备"三分天下,取其一"的战略构建了充分条件。

适应型战略思维

适应型战略思维是建立在"环境较少受到重大干扰"的假设前

提下的。在这种市场环境下，竞争基础稳固，结构相对稳定，没有突然产生颠覆性变化的危险，行业发展趋势是可测的。市场有以下特征：㊀

- 行业边界划分清晰。
- 竞争基础稳定。
- 行业增长平衡持续。
- 行业集中度高。
- 行业成熟。
- 行业技术稳定。
- 行业游戏规则变化较少。
- 行业监管环境稳定。

由于适应型战略思维应对的是相对稳定的市场环境，所以它的主导逻辑是建立企业"累积性优势"，即企业一旦确立强大的竞争位势，就能相对长久维持。这种竞争优势来源于巨大的规模、差异性或者是核心能力。

如果在企业所处的市场，市场份额与利润高度相关，那么该市场属于规模市场，需要规模效应来驱动。企业规模越大，单位产品的成本就越低，盈亏平衡点相对于竞争对手也就更低，企业降价的空间就越大，促销能力就越强，规模就成了一项自我强化的竞争优势。例如，我国是小家电生产大国，品牌众多，唯独在微波炉细分市场中格兰仕一枝独秀，其奥秘在于格兰仕的规模优势。微波炉是一种需求弹性很明显的产品，格兰仕通过规模生产，降低产品价格，迅速让微波炉进

㊀ 马丁·里维斯，纳特·汉拿斯，詹美贾亚·辛哈. 战略的本质 [M]. 王喆，韩阳，译. 北京：中信出版社，2016.

入了千家万户。格兰仕认为，长期的产业安全比短期的暴利更为重要，遂把价格战当成战略，虽然格兰仕被业界视为"价格屠夫"，但是它用规模经济筑起了强大的行业进入壁垒。

如果企业所处的市场，市场份额与利润非正相关，那么该市场属于专业化市场或者是具有地域限制的分散市场，需要选择差异化来构筑竞争优势。特别是企业选择的细分市场具有一定规模，如果企业能有效针对消费者痛点提供独特价值的产品，就能化解竞争对手的低价侵扰。例如，自从20世纪90年代高露洁和佳洁士两大外资巨头进入我国的牙膏市场，民族品牌节节败退，沦为低端产品，甚至消失。云南白药集团却逆市而入，他们调查发现，中国人蛀牙、牙周病等口腔问题或疾病比重达到99.4%，牙龈出血、牙龈肿痛、口腔溃疡等症状更是成为很多国人的口腔常发病。以防蛀、美白、清洁为诉求的传统牙膏，并不能应对国人复杂的口腔环境和满足国人日趋多样的口腔护理需求。2007年9月，云南白药首创养护型牙膏，推出了主打口腔专业护理的高端牙膏品牌，迅速跻身牙膏市场第一阵营。

企业获得累积性优势的另一条重要途径是，专注构建难以替代的、稀有的、有价值的核心能力。如宝洁公司针对用户的心智模式，聚焦于连贯一致，培育习惯的设计，保持简单传播，形成累积性优势。宝洁前CEO雷富礼认为，人脑很懒惰，不想耗费精力理解高度复杂的信息。顾客的多数购买决定都是在下意识中完成的，他们寻找那些熟悉且便于购买的产品。宝洁公司意识到，经营多年的汰渍是清洁类用品市场的头号品牌，已经与消费者建立了紧密联系。于是采取熟悉包装和连贯品牌策略，推出的创新产品全部保留了汰渍的传统包装，采用鲜艳的橘红色和牛眼标志，让这些产品向顾客传递出简单明晰的信息：它们还是你喜欢的汰渍，只不过添加了漂白剂，适合冷水洗或采用了球状包装。这使得宝洁公司每次推出新品都能很快被市场认可。

在市场环境与战略相对匹配的情形下，遵循循序渐进原则，沿着"目标—差距—补短"的逻辑，实施瓶颈突破，聚焦在对标和目标对照上，以发现机会差距和业绩差距，通过学习标杆的经验，解决自身内部存在的问题，然后集中资源突破瓶颈。

具有"累积性优势"的领先者执着于做大做强，巩固自己的护城河，进行防守；而追随者则着力于萧规曹随，致力于对标补短板，发起进攻。当然，适应型战略思维也容易形成路径依赖，导致战略趋同或者能力刚性。

20世纪初到七八十年代，大规模生产追求规模经济的企业占主流。那时的世界500强中，多数企业都采取适应型战略思维（见图1-1）。到今天，在石油、电力、冶金、基本消费品等行业，主要企业还是倾向于采取适应型战略思维。对于一些擅长塑造型战略思维（见图1-2）的创新型企业，它们发展到成熟阶段，一般也会转而应用适应型战略思维，着力于在位优势的维护。

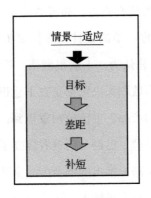

图1-1　适应型战略思维

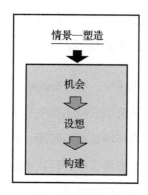

图 1-2　塑造型战略思维

塑造型战略思维

随着新兴技术的出现,传统的进入壁垒正在瓦解,行业边界不再清晰,甚至完全模糊。公司不仅可能会被新进入者,也可能会被应用新商业模式的竞争对手或邻近行业的先发者颠覆。㊀

当新技术让新商业模式得以实现,消费者习惯会被迅速改变。适应型战略思维正在面临新的挑战。

塑造型战略思维是建立在复杂动态的环境假设前提下的。在这种市场环境下,经济动荡,变革的信号强烈,竞争基础受到挑战,行业正在发生根本性变化,或者是新技术孕育着新模式、新业态的机遇。市场通常有以下特征:

- 行业边界开始模糊。
- 竞争基础并不稳定。
- 行业处于低增长或负增长状态。
- 行业正面临新技术新模式的冲击。

㊀ 丽塔·麦克格兰斯. 企业如何稳步增长 [J]. 哈佛商业评论,2012 (1-2).

- 行业存在空白区的机会或颠覆条件已经成熟。
- 行业监管尚未覆盖到市场的新尝试。

面对复杂动态的市场环境，塑造型战略思维将持续创新或颠覆式创新作为其主导逻辑。塑造型战略思维主要适应于两种情形：一种是企业战略路线与其面临的环境长期不匹配；另一种是企业发现了竞争小、利润低、风险高的非主流市场，但认准这是大趋势、大机遇。前者适合大企业的战略转型，后者更适合小企业尤其是创业企业进行边缘市场创新。

塑造型战略思维强调按照"机会—设想—构建"的逻辑，以终为始，围绕新愿景或新设想，层层构建充分条件。企业在战略推演中，把新市场、新产品、新技术、新模式，甚至是发展新业态置于关注的焦点，打破现有企业既有的格局限制，大胆设想如何整合资源，构建实现新设想的充分条件。

富士胶片成功转型就是一个典型例证。彩色胶卷的市场规模在2000年达到顶峰之后就开始萎缩，并且是以每年20%～30%的幅度锐减。这场变革就是影像的数码化，导致胶卷市场大环境的变化，富士胶片陷入丧失核心业务的危机。富士胶片CEO古森重隆发现，尽管公司面临经营危机，但是仍然拥有尖端的技术、充足的资金、令人信赖的品牌以及各类人才，还有雄厚的经营资源。如果能有效地组织这些经营资源，就可以规划出新的发展战略。古森重隆认为，数码技术市场的特点是价格竞争异常激烈，研制开发数码相机，即使能适应数码时代的变化，也无法获得昔日胶卷行业的利润，因此要创造出与之比肩的新兴领域的核心业务。经过反复论证，富士胶片将数码影像、光学元件、高性能材料、印刷系统、文件处理和医疗生命科学六大行业板块作为发展的方向。2004年富士胶片发布中期经营计划"VISION75",通过"实施彻底的经营结构改革""构筑新的发展战略""强化关联经营"三个基本战略度过了转型危机。

另一个典型案例是金山网络（现改名猎豹移动）边缘市场的创新。自360公司推出了免费杀毒，国内的安全市场被彻底颠覆。传统靠杀毒收费模式运营的金山毒霸，面临利润区被攻陷的困境。当时的金山CEO雷军找到了从360出来创办可牛杀毒的傅盛。一开始傅盛放弃做安全卫士，重兵布局金山毒霸，取得了初步成效。随着2010年爆发了360与QQ之间的"3Q大战"，傅盛意识到，金山在国内移动安全市场干不过360，但海外市场并没有国内竞争那么激烈。安卓用户的首要需求是内存不足，而非安全问题，清理有很大的市场需求。于是傅盛决定，全力做移动、全力做海外、全力做清理，并逐步从清理工具延伸到清理病毒，最终成为安全工具。结果，傅盛团队开发出来的清理大师甫一上市就受到市场欢迎，一举成为仅次于Facebook、Whatsapp和iMessage的世界顶级工具。傅盛说过："今天这个时代只要做好一件事就能改变世界，哪怕这件事很小，你只要做得足够深，就可以改变世界。"

美国哈佛商学院教授克莱顿·克里斯坦森（Clayton M. Christensen）指出，当我们购买产品时，其实是在"雇用"它们为我们完成任务，而多数产品要完成的"任务"都是固定的。以交通为例，从马车，到汽车、火车、飞机，直至高铁，它们的基本任务"运输"并没有改变。⊖不断涌现的新技术、新商业模式，不过是让"待办任务"有了更多可选择的实现形式。因此，塑造型战略思维也越来越被人们青睐。

⊖ 克莱顿·克里斯坦森，迈克尔·雷纳. 创新者的解答 [M]. 李瑜偲，等译. 北京：中信出版社，2013.

然而在现实商业环境中，适应型战略思维与塑造型战略思维并不是非此即彼的关系。企业常会面临双元性创新的挑战，即传统业务与新业务之间的平衡，探索与扩展之间的平衡，建立累积性优势与颠覆式创新之间的平衡。因此，塑造型战略思维常会与适应型战略思维混合使用。

战略推演是一门科学，同时也是一门艺术。机会的洞察，平衡关系的驾驭，正是战略推演的魅力所在。

三大战略要素

"机会洞察""路线设计""资源配置"是战略推演的三大要素，与"知己知彼明方向，路线行动配资源"十四字心法一脉相承。为使战略推演的核心内容简洁清晰，我们进一步将三大要素细分为九个推演要点，由此形成了战略推演的总体架构，如图1-3所示。为便于记忆和操作，总结出"三三"口诀，即三大要素，每个要素紧抓三个要点：

- 机会洞察"察三侧"：环境侧、需求侧、供给侧。
- 路线设计"设三线"：总体路线、业务路线、行动路线；
- 资源配置"配三样"：战略资源、组织结构、体制机制。

机会洞察。主要解决的是战略心法中"知己知彼明方向"的问题，包括环境侧、需求侧、供给侧等三个推演要点。环境侧重在观察企业发展的宏观环境和行业环境，需求侧偏重观察企业所处市场与需求的变化，而供给侧偏重观察企业所处的行业竞争态势。通过察三侧，深刻认识市场变化趋势及关键驱动因素，识别机会与风险，为路线设计指明方向。

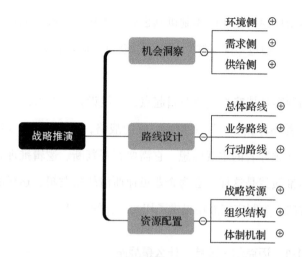

图 1-3　战略推演思维导图

路线设计。针对既定战略方向，谋划与选择战略路径，解决的是"路线行动"问题，包括总体路线、业务路线、行动路线三个推演要点。总体路线设计，涉及公司层战略，回答的是如何构筑持久的竞争优势。后续的业务路线、行动路线都要遵从总体路线的定位逻辑来设计。业务路线设计涉及业务层战略，解决的是企业在有限资源和能力下，究竟：选择做什么样的业务？业务的商业逻辑是什么？如何构建业务运营活动体系？行动路线设计，涉及职能层战略，需要紧密围绕总体路线、业务路线展开，确定重大行动。通过"设三线"，明确企业未来的发展路线、发展方式和发展动力。

资源配置。在选定的战略路线下，解决"配资源"的问题，以保障战略行动得以有效实施，包括战略资源、组织结构、体制机制等三个推演要点。战略资源主要指企业发展所需要的人、财、物。钱德勒说，"结构追随战略"㊀。组织结构就是指组织结构要根据战略做出相应

㊀　艾尔弗雷德·钱德勒. 战略与结构[M]. 孟晰, 译. 昆明：云南人民出版社，2002.

调整。体制机制指企业的体制机制也要做出相应调整、创新，以适应战略的变化。通过"配三样"，战略实施将得到有力的组织、资源和制度保障。

市场洞察是战略推演的逻辑起点，路线设计是关键，资源配置是保障，三者环环相扣，紧密相连。好的战略，不是灵光一现的点子，也不是企业领导者的主观臆想，它需要客观判断、逻辑推理和科学决策。战略推演就是这样一套为企业迅速厘清战略逻辑、达成战略共识的逻辑方法，为制定好战略提供了切实可行的工具。

□ 专栏 1-1　迈克尔·波特：什么是战略[①]

《什么是战略》是战略大师迈克尔·波特发表在《哈佛商业评论》上的一篇著名文章。在这篇文章里，他精练地回答了"什么是战略"的问题。竞争战略就是要做到与众不同。它意味着有目的地选择一整套不同于竞争者的运营活动，去创建价值独特的定位，并占据市场有利地位。战略的核心就是要解决"定位、取舍、匹配"三大关键问题：一是创造一种独特、有利的定位；二是在竞争中做出取舍，其实质就是选择不做哪些事情；三是在企业的各项运营活动之间建立一种匹配。

迈克尔·波特认为，如果企业生产出所有品类的产品、满足所有的需求、接触到所有的客户可以来自同一套运营活动，那么各家企业会很容易进行业务转换，此时运营效率将决定企业的绩效，但运营效率并非战略。

战略就是在竞争中做出取舍。战略的本质就是选择不做哪些事情。定位取舍在竞争中普遍存在，它对战略至关重要。它迫使企业对所提

[①] 本专栏根据迈克尔·波特刊于《哈佛商业评论》1996 年 11-12 月号的《什么是战略》一文整理编写。

供的产品或服务品类进行选择和思考,这将威慑住重新定位和骑墙的行为。因为采用这两种方法的竞争企业将破坏自己的战略,并可能损毁既有运营活动的价值。

在众多运营活动中建立战略匹配,是获得并保持竞争优势的关键。因为竞争对手要复制一批环环相扣的组合活动,远比复制单个特定的营销策略、某项工艺技术或者某种产品性能要困难得多。因此,建立在一整套活动系统之上的企业定位,要比那些建立在单个活动基础上的定位更容易持久。

四种战略类型

市场环境是企业战略调整与变革的根源。当企业所在行业处于不同生命周期,所面临的挑战不同,做出的战略反应也会不同。由此,我们按照"形势研判—基本矛盾—战略响应"的逻辑,可将企业战略分成以下四大基本类型(见表1-1),进而可以分主题来推演。

表 1-1 战略类型

	形势研判	基本矛盾	战略响应
萌芽期	充满机会	市场发展机会与资源能力的约束	业务增长型
成长期	市场洗牌	市场发展趋势与企业发展方式的矛盾	市场领先型
成熟期	竞争格局成形	行业地位与核心能力的挑战	创新赶超型
衰退期	市场环境巨变	市场巨变与企业生存的矛盾	战略转型型

业务增长型

业务增长型战略主要适用于产业萌芽与初建期。这一时期的市场增长率较高，需求增长较快，用户特点还不太明朗，技术变动较大，行业进入壁垒较低。进入这个产业的企业为数不多，一般以有限的产品集中服务于一个相对狭窄的地理区域，产业主流模式尚未形成，市场结构相对分散。

传统市场发育成熟的周期较长，有些甚至需要 20～30 年的演化。然而，近年在互联网技术和风投资本驱动下，主流模式的形成与市场格局的确定时间正在大幅缩短。

由于市场充满机会，在产品、市场、服务等方面还有很大的空间，选择业务增长型战略的企业，一般依靠机会驱动，将"做大"作为企业的战略主题。规模经济成为企业的竞争基础，产品、产能与市场成为企业战略制胜的关键。企业一手着力积极开发产品，建立稳定的供应链体系，扩大产能，提升生产效率，一手大力开发新市场，建立渠道体系，扩大市场份额。波特五力模型、波士顿矩阵、经验曲线等是业务增长型战略推演常用的典型分析方法，企业也由起步之初的塑造型思维逐渐转向适应型思维。

以我国的房地产市场为例，1998 年我国取消了福利分房制度，在随后的几年内中国的房地产企业就如雨后春笋般遍地出现，万科、万达、恒大等知名房企都是这一时期进入房地产行业的。由开始的 1 万家、2 万家发展到 5 万家。当时的房企主要在当地以"短平快"干工程的方式做房企，先拿一块地，然后贷款，楼刚出地面就卖期房。到了 2012 年前后，恒大地产、碧桂园的"造城模式"、万科住宅产品模式、万达城市综合体模式基本成型，全国布局也基本完成，中国房地产市场进入品牌竞争时代，小房企逐步退出。

市场领先型

市场领先型战略主要适用于产业成长期。这一时期的市场高速增长；用户特点已比较明朗；技术加速发展；产品逐步从单一、低质、高价向多样、优质和低价方向发展；企业进入壁垒提高，竞争者数量增多；产业主流模式开始出现；产能快速增长，并给消费者和供应商带来空前的价值；市场出现洗牌，领先者开始脱颖而出，低效企业逐渐退出。

面对市场的快速增长与日趋激烈的竞争格局，企业转而采用市场领先型战略，一般以投资驱动，将"求快"作为企业的战略主题，谋取行业领导地位成为企业的竞争焦点。企业沿着新客户、新渠道、新地理分布进行扩展，跑马圈地、市场领先成为企业战略制胜的关键。

为此，需要大量投资跟进，企业从早期争取风投、信贷资金为主转为向资本市场进军。先发完成上市的企业，往往凭借资本实力，发起价格战或者实施大规模并购重组。对标分析、核心能力构建等是市场领先型战略推演常用的典型分析方法，企业也主要采用适应型战略思维。

2003年，当报纸和电视广告还如日中天时，30岁的江南春偶然看到了电梯门上贴着的小广告，发现了楼宇电梯口这个特定场景的广告价值。这种高频覆盖主流人群、低干扰的电梯环境保证了信息传递的有效性。江南春在上海成立了分众传媒，创造出楼宇视频广告的新商业模式。不少传媒广告公司纷纷进军这个蓝海市场。同年，虞锋创办的聚众传媒在北京实施楼宇液晶电视计划，框架传媒也进军电梯平面媒体市场。2005年7月13日，分众传媒成功登陆美国纳斯达克，成为海外上市的中国纯广告传媒第一股。上市之后，江南春就开始马不停蹄地在国内泛广告领域跑马圈地：2006年1月4日，分众传媒以3 960万美元收购框架传媒，在其版图上增加了高档公寓媒体资源。四天之后，分众传媒再次抛出大手笔，投资3.25亿美元合并当时中国楼宇视频媒体第二大运营商聚众传媒，进一步巩固其在楼宇电视、社区电视、户外大屏幕等领域的霸主地位。

创新赶超型

创新赶超型战略主要适用于产业成熟期。这一时期技术成熟，用户成熟，市场增长放缓，产能增长不大，买方市场已经形成，企业赢利能力下降，行业进入壁垒很高，新企业进入困难，市场结构变得相对稳定，行业由几家龙头企业把控。

波士顿咨询公司（BCG）曾提出"三四规则"（见图1-4），比较适应这个时期的产业特征。市场竞争参与者一般分为领先者、参与者、生存者三类。领先者的市场占有率在15%以上，可以对市场变化产生重大影响；参与者的市场占有率介于5%～15%的企业，尽管不能对市场产生重大影响，但它们是市场竞争的有效参与者；生存者的市场份额通常小于5%，一般是局部细分市场填补者。在有影响力的领先者之中，企业的数量绝对不会超过三个，而在这三个企业之中，最有实力的竞争者的市场份额又不会超过最小者的四倍。然而，在互联网环境下，实施生态圈战略的平台企业，似乎并不遵守此经验规则，往往赢者通吃，形成一家独大的局面，如社交软件中的微信、电子商务中的阿里巴巴。

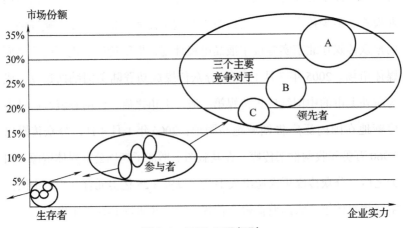

图1-4　BCG三四规则

面对相对稳定的市场竞争格局，企业开始采用创新赶超型战略，将"争先"作为企业的战略主题。通过创新驱动，构建独特的核心能力成为企业竞争基础。企业从常规的价格战转向各种非价格手段，如提高质量、改善性能和提升客户体验等。通过前期的快速成长，领先的龙头企业基本完成了原始积累，但依然缺乏核心能力，没有掌握核心技术，关键部件依赖进口。那些战略专注的龙头企业，一手进行技术赶超，另一手推动国际化战略；当然，也有企业选择由核心业务向相关业务、多元业务扩张。价值曲线、国际化战略、多元化战略等是创新赶超型战略推演常用的典型分析方法，企业以适应型思维为主。

为实现技术赶超，企业主要通过自主创新或并购整合两大途径来获取关键资源与能力。如TCL针对中国家电企业大多"缺芯少屏"的状况，创建华星光电，通过向行业核心环节垂直整合，占领战略制高点；而时代电气则选择技术寻求型跨国并购，通过收购英国的Dynex，获取芯片生产的核心技术，一举成为国内IGBT生产的领军企业。

进行国际化战略的企业，则通过并购国际竞争对手或者寻找合作伙伴，获取国际品牌、生产基地和市场渠道，进行国际化布局。如海信趁金融危机夏普亏损之际收购其墨西哥工厂，并获得北美市场品牌使用权，从而迅速扩大了国际市场份额；IT巨头联想也是通过收购IBM、富士通等公司的PC业务，成功坐上PC市场头把交椅。

为了保持增长，也有行业领先企业将注意力转向多元化。但过分追求多元化经营，会导致资源与能力配置跟不上，反而拖垮主业。如曾经的空调霸主春兰集团进军汽车、电子、海外投资等七大类产业，不仅没有在多元化业务上分到一杯羹，反而错过了空调业发展的蓝海时期。很多企业搞多元化，管理能力跟不上，把主业赚来的钱搭上，甚至把主业拖垮。倒在多元化大旗下的史玉柱在重新站起后，曾深有感触地说："现在民企一做大就多元化，但往往三五年就完蛋，我就这样完蛋过一次。"

战略转型型

战略转型型战略主要适用于产业衰退期。这一时期新兴技术的出现使得产业内原有的主导技术逐渐过时，顾客偏好发生改变，关键供应商流失，市场出现萎缩，产业销量下降，生产能力过剩。产业内的大公司开始打消耗战，市场竞争再次升温，小厂商不断退出市场，产业利润率急剧下降。值得注意的是，产业生命周期不同于产品生命周期，有些产业生命周期的成熟期可无限延长，而有些产业生命周期会出现反复。所以，推演时需要做出基本判断：产业衰退是短暂的，还是长期的？以手机行业为例，尽管近年像诺基亚、摩托罗拉等老牌手机企业相继陨落了，但并不意味着手机行业的衰退，而是由苹果开启了智能手机的新时代，实际上是手机行业进入了技术变轨、产品更新换代的新周期。

面对市场萎缩、利润下滑，不少企业开始进行战略转型。"求变"成为转型企业的战略主题。面对冗余资源与资源约束的战略悖论，转型企业必须进行双元性创新。一方面企业加快剥离出售亏损严重的业务，处置低效、无效的资产，节约开支，消减成本，保留资金；另一方面回归核心业务，或者对核心业务进行根本性转换或者重新定义。从原有核心业务中吸收技术和资产成立一个新的实体；从传统的价值链分离出来，发展相对独立的业务；或者利用一项新技术，将提供给顾客的产品和服务迅猛拓宽。此时期，企业转向采用重塑型思维，战略重组、能力重塑、商业模式再造等是战略转型推演常用的典型分析方法。

随着互联网技术的发展,产业融合进程加快。相邻行业的新进入者,常常扮演了产业的搅局者,甚至是颠覆者,加速了传统产业的衰退或者转型。2013年,乐视、小米和联想等IT企业纷纷推出智能电视,通过"平台+内容+硬件+软件+应用"的生态系统来重构电视价值。传统彩电产业主流模式被改变,行业进入智能硬件赢利时代,用户体验和内容生态将成为企业新的盈利点。传统彩电厂商TCL、海信、康佳、长虹被迫仓促应战。2014年TCL率先推出"双+"转型战略——"智能+互联网"与"产品+服务",从传统的以经营产品为中心转向以经营用户为中心转型。

划分出以上四种战略类型,有利于我们清晰地认识到,不同类型战略将面临不同的发展形势和战略任务,它们的响应方式和重点举措都会有所不同,以便我们正确应对。

五项推演价值

战略推演是企业高层和战略管理岗位员工提升战略管理能力的思想与方法工具。它也是围绕公司独特价值创造,通过研判形势、设计战略路线、配置资源,达成战略共识的过程。它主要有以下五项价值:

建立战略语言。《圣经·旧约·创世记》曾记载,人类经历大洪水劫后,天下人讲同样的语言,同心协力兴建希望能通往天堂的高塔。为了阻止人类的计划,上帝让人类说不同的语言,使人类相互之间不能沟通。计划因此失败,人类自此充满了误解与战争。这个故事是一个很好的暗喻。不少企业出现上下战略不同调、内部各行其是的现象,问题就出在企业内部没有建立起共同的战略语言。战略推演是一套指导战略编制的工具和规划方法,它在企业内部建立起共同的战略语言,为战略交流奠定了互联互通的标准与规范。

传授逻辑方法。战略不是灵光一现的点子，需要靠逻辑严密的推理。不掌握战略逻辑方法，靠领导人拍脑袋或是一时的意气，是很难制定出科学的战略规划。战略推演属于方法论的范畴，传授的是心法，帮助学员建立起结构性思维方式。一方面，战略推演会帮助学员切中要害，抓住战略分析的关键问题，如"机会洞察—路线设计—资源配置"三要素，可以有效形成战略聚焦；另一方面，战略推演还会建立起问题分析的逻辑顺序，帮助学员按步骤对关键要素依次分析，并针对战略形势快速选择合理的策略，从而使复杂战略问题简单化。

推动上下参与。20世纪30年代，美国心理学家埃尔顿·梅奥（Elton Mayo）在霍桑实验后提出了"社会人"假设。人们由此发现了"参与管理"的重要性，让职工在不同程度上参加企业决策的研究和讨论，既对个人产生激励，又为组织目标的实现提供保证。战略推演是参与管理的重要实现形式，通过引导企业内部以团队的形式共同参与推演，既能群策群力，又有利于达成战略共识。这是战略执行的前提保证，有助于员工变公司的战略、领导的战略为自己的战略，这样的战略才会有生命力。

确保战略一致。战略一致性是衡量战略合理性、科学性的重要标尺。所谓战略的一致性，是指战略前后分析的逻辑、形势与策略之间的关系是否正确和完整。譬如，设计的路线是否有助于捕捉洞察到的机会，资源是否围绕战略的路线和战略优先顺序来配置。战略推演要求按要素、分先后步骤来依序推理演绎。同时，每完成一个重要推演步骤，都要求进行战略检思，检思的重点就是要回答前后的战略分析是否逻辑一致。通过战略推演的程序设置，有助于保证企业战略的一致性。

达成战略共识。战略推演不是编制战略规划，并不产出精细的规划方案，而是重在战略逻辑的理顺，它是战略规划编制的前提。战略推演注重过程参与，集思广益，旨在明确战略意图，达成战略共识。战略推演完成后，相关职能部门再根据战略共识指导下一步战略规划、年度计划与预算的编制。

第 2 章

机会洞察推演

面对战争中的不可预见性,优秀指挥员必备两大要素,这两大要素在和平时期一个也看不出来,但在战争时期绝对管用。第一,即便在最黑暗的时刻也具有能够发现一线微光的慧眼。第二,敢于跟随这一线微光前进的勇气。

——克劳塞维茨

诺基亚:一个时代的终结[一]

2013年9月2日晚间,微软正式宣布,将以54.4亿欧元现金收购诺基亚的手机业务,以及相关的专利授权。IDC发布报告称,这笔收购标志了一个时代的结束。未来纯粹的手机硬件厂商将需要与内容提供商,甚至运营商和大型连锁零售商整合,否则很难避免破产的命运。

诺基亚的历史可以追溯到1865年。它原本是一家生产木浆的小工厂,其后产业拓展包括造纸、化工、橡胶、电缆、制药、天然气、石油等众多领域。20世纪90年代初,芬兰经历了一次经济危机和大萧条,诺基亚因产业多元、竞争乏力,濒临破产边

[一] 本文根据《南方周末》和《21世纪经济报道》等相关新闻报道整理改写。

缘。当时，诺基亚的高层果断地将其他品类繁多的产业统统舍弃，仅保留了电子部门。1992年11月10日，诺基亚推出了全球首款商用和首款量产的 GSM 手机 1011，其全球累计销售 2.5 亿部。从 20 世纪 90 年代到 2007 年，诺基亚一直雄居全球手机市场首位。在诺基亚顶峰时，全球平均每 5.7 人就拥有一部它生产的手机。

十多年过去了，诺基亚的行业领先者地位没有遇到太大的挑战。尽管 2005 年前后，中国东南沿海的山寨手机以价格低廉、功能多样，受到中国以及东南亚、中东地区消费者的追捧，分食了全球低端手机市场的份额，但并未对诺基亚造成较大冲击。真正将诺基亚拉下马的，是智能手机时代的快速降临。对于这一趋势，诺基亚也并非一点没有觉察。早在 1986 年诺基亚就成立了研究中心，致力于改进和提升诺基亚手机的功能。为迎接 3G 时代的到来，1998 年 6 月诺基亚联合摩托罗拉、爱立信、三菱和 Psion 在伦敦共同投资成立 Symbian 公司，研发手机智能操作系统。结果却被 Android 抢去风头，因为它免费又开源。2004 年诺基亚发布了第一款触摸屏手机，没想到却遭遇到苹果的冲击。苹果携 iPhone 大触屏、应用商城杀入手机市场。见势不妙，诺基亚也赶紧上马了手机应用商店，买下 Symbian，实施了开源，可惜还是转瞬间从领先者沦为追随者的角色。

2007 年，苹果推出了第一代 iPhone 手机，尽管存在着信号差、待机时间短等问题，但是它时尚的设计、彻底抛弃传统键盘的触摸式交互、潜力无穷的应用商店模式，表现令人惊艳，宣告了智能手机新时代的到来。当颠覆者乔布斯骄傲地说出"今天，苹果重新发明了手机"之时，诺基亚的高管却断言，"苹果在手机市场不会成为一个强有力的对手"。诺基亚对塞班 (Symbian) 系依然恋恋不舍、新机型推出缓慢，导致生态链上的开发者加速逃离。尽管到 2007 年末，诺基亚的全球市场占有率达 49%，仍是全球最有价值的品牌之一，而苹果的市场份额还不到 3%。然而四年之后剧情反转，诺基亚手机业务的市场份额仅剩 3%，随后微软收购了诺基亚手机业务。

诺基亚的落幕宣告了功能手机时代的过去，崭新的智能手机时代的到来。诺基亚的困局是对发展形势缺乏深刻洞察和果断抉择的结果。科尔尼管理咨询公司 CEO 罗德侠认为，最可怕的事情，并不是做错了，也不是做得不够好，而是对于即将发生的事情毫无察觉。人工智能、3D 打印、智能机器人、大数据、云计算等新技术不断涌现，催生了层出不穷的新技术、新产业、新业态、新模式。世界正因此发生深刻变化，新的图景需要我们去洞察：下一轮的机会与风口究竟在哪里？

推演目的

机会洞察是战略推演的逻辑起点，旨在帮助企业识别市场机会，明确发展方向。机会洞察推演实质上是建立对未来市场和产业发展的基本假设，为战略定位、路线设计指明方位。

例如，乔布斯认为，移动互联网时代手机即服务。他将手机定义为连接互联网应用与用户的智能终端，用超出预期的软件体验取悦用户。乔布斯颠覆了功能手机厂商的传统认知，在陆续推出 iTunes、iPod 之后，划时代意义的智能手机 iPhone 面世，宣告了诺基亚、摩托罗拉等传统功能手机厂商好运的终结。

另一个典型例子是，20 世纪 90 年代波音与空客竞争激烈，然而两家企业对未来航空旅行市场有着截然不同的判断，促使它们做出不同的战略路线选择。当时空客认定未来航空旅行是枢纽型的，旅客先到枢纽机场再中转小城市。因此，空客主攻巨型宽体客机市场；而波音却敏锐地洞察到了航空业正从"轴辐网络"转变为"点对点网络"，旅客不需要枢纽中转就直达小城市。因此，波音转而在"省""快""小"上做文章，主攻点对点、速度更快的中型客机市场。事实也证明，波音的假设更合乎航空市场发展的趋势，随后空客也改弦更张并于2006年设计了全新的A350，但已是棋输一着。

机会洞察推演将为我们建立起战略假设，是进一步进行路线设计推演的前提基础。

推演逻辑

机会洞察推演遵循"形势研判—矛盾识别—中心任务"战略三段论逻辑：

- 形势研判：发现机会窗口，建立战略推演的基本假设。
- 矛盾识别：抓住所处发展阶段的主要矛盾。
- 中心任务：因势利导捕捉机会，或突破瓶颈弥补短板，标定企业发展新方位。

战略三段论有着强大的分析逻辑，既吸收了SWOT分析框架的精髓，又明确了战略指向的问题，帮助我们聚焦于战略靶心。说到底，"战略三段论"是种结构化的思维方式，有着广泛的应用价值。回顾我国经济社会的重大战略决策，如对新时代、社会主要矛盾转化等的研判，就会发现底层逻辑其实就是"战略三段论"。经过改革开放40余年的努力，中国已经成为世界第二大经济体。中国经济的长足发展，显示出战略三段论具有严密逻辑性、鲜明指向性的特点。它将推演的注意力集中在发展形势的研判上，聚焦解决此阶段的主要矛盾，从而针对企业发展新阶段的中心任务给出正确结论（见图 2-1）。

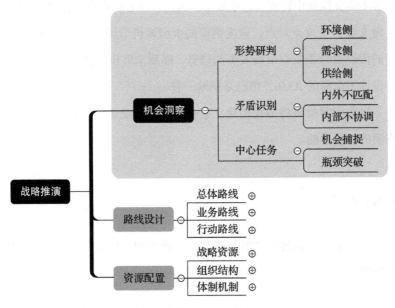

图 2-1　机会洞察推演思维导图

形势研判

形势研判是机会洞察的首要工作，重点是"察三侧"——环境侧、需求侧、供给侧，识别企业发展的机会和可能的威胁，判断行业发展趋势及其驱动因素。形势研判的主要任务是"三察三看"，即通过察环境侧看发展大势，察需求侧看市场变化，察供给侧看竞争格局，最终目的是发现机会窗口（见图 2-2）。

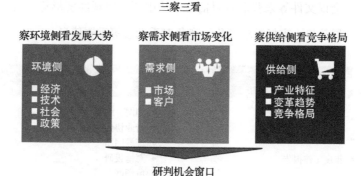

图 2-2 形势研判结构图

1987年，54岁的张忠谋回到台湾创立台积电，首创半导体晶圆代工服务，让半导体公司专注于设计，把制造交给台积电。这一模式创新带动了高通等IC设计业者的兴起，引导产业走向设计、制造、封测的专业分工模式。张忠谋看准了很多大公司里面的设计工程师都有自己出来创业的想法，但苦于芯片制造投资、技术、用地等门槛太高，因此，台积电把市场瞄准了这些设计公司，最终获得了巨大的成功。

形势研判建立在大量信息、数据和事实收集、分析的基础上，通过假设、推理，做出趋势与机会的判断。资料收集是形势研判推演的基础工作，它将涉及企业内外两个方面的信息资料的收集（见图 2-3）。

- 从企业内部看，主要通过收集公司文件、领导讲话、年度工作报告、发展规划、工作计划、财务报表、宣传画册、内部刊物、企业志、大事记等来获取资料信息，从中梳理出企业的发展脉络，掌握企业的基本情况、发展战略、经营状况等重要信息。

- 从企业外部看，主要通过行业期刊、协会文件、政府网站、券商研报、招股说明书、行业报告、专业数据库以及会展、行业会议文件等来获取资料信息,从中研判宏观经济形势、行业发展趋势、市场需求变化、竞争对手动态等重要信息。

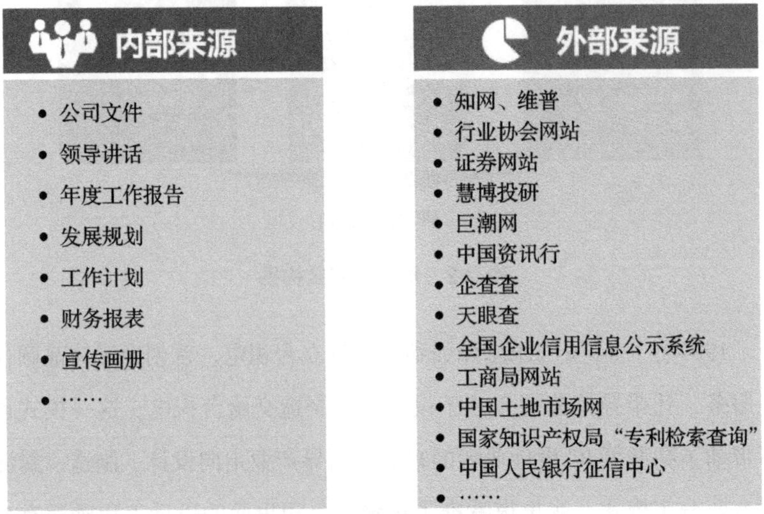

内部来源
- 公司文件
- 领导讲话
- 年度工作报告
- 发展规划
- 工作计划
- 财务报表
- 宣传画册
- ……

外部来源
- 知网、维普
- 行业协会网站
- 证券网站
- 慧博投研
- 巨潮网
- 中国资讯行
- 企查查
- 天眼查
- 全国企业信用信息公示系统
- 工商局网站
- 中国土地市场网
- 国家知识产权局"专利检索查询"
- 中国人民银行征信中心
- ……

图 2-3 形势研判的资料收集

在今天信息爆炸的时代,大量信息可以从公开的信息渠道获取,部分信息也可以从非公开的渠道来获取,如供应商、客户、专业机构等。目前,90%的世界500强企业都建有企业竞争情报系统,通常设在企业战略发展部门或者市场部门,一般有10～20名专业人员,主要职能是了解竞争态势,预测市场变化趋势、技术动向,发现潜在竞争对手。

美国施乐公司曾长期垄断全球复印机市场,但随着20世纪80年代理光、佳能等日本企业的崛起,施乐公司的市场受到重创。在此背景下,施乐公司以公司市场调研部为基础,成立了专门的竞争情报研究部门,在以下三个层次上开展了竞争情报研究。

- 全球性的,由总部营业部负责收集和分析影响公司战略计划的信息。

- 全国性的，由总部顾客服务部收集美国国内的竞争情报。
- 地区性的，充分利用公司销售服务网点，通过市场经理收集和分析所在地区的信息，建立起"竞争数据库"和"顾客数据库"。

同时，施乐公司还成立了竞争评估实验室，组织实施逆向工程（reverse engineering），专门用以剖析竞争对手产品或有竞争威胁的产品。通过这些竞争策略的实施，施乐公司终于挽回了市场颓势。

形势研判帮助我们发现机会窗口，如果没有可靠的情报信息做支撑，形势研判就成了无本之木、无源之水，所做出的研判也就成了雾里看花。

环境侧推演

环境侧推演重点分析对行业和企业具有战略性影响力的各种宏观力量，识别3～5年宏观环境发展趋势及其影响，主要运用PEST模型来推演，包括政治法律环境（political factors）、经济环境（economic factors）、社会文化环境（sociocultural factors）以及技术环境（technological factors）。

政治法律环境。重点关注产业政策、监管法规等方面的变化趋势及其驱动因素。政府主管部门、行业协会的官网、官方微信公众号会有相关政策信息的发布，这为我们观察产业政策动态提供了重要的信息来源。国家政策的变化对企业发展的影响至关重要。以新能源汽车为例，国家为了扶持新能源汽车行业发展，2009年开始实施大规模的财政补贴政策。中国新能源汽车发展进入了快车道，到2017年国内新能源汽车的销量占据了全球市场的半壁江山。在巨额补贴的诱惑下，许多不具备资质的车企也相继进入造车行业，有些车企甚至铤而走险骗取国家补贴。2018年新能源汽车补贴退坡新政正式实施，国家补贴比2016年退坡20%。受此影响，比亚迪、宇通等龙头企业利润大幅下滑，股价应声大跌，部分靠补贴生存的新能源汽车企业面临出局的境地。

经济环境。重点关注经济增长、经济周期、经济景气等方面的变化趋势及其驱动因素。通过观察政府统计部门定期发布的GDP、CPI、PMI、宏观经济景气指数等重要显示性指标，可以帮助我们研判宏观经济表现。2008年世界金融危机后，中国经济增速持续下行，面临"三期叠加"（增速换挡期、结构阵痛期、前期政策消化期）的压力。到2014年，中国经济进入新常态，呈现出三大特征：速度从高速增长转为中高速增长；经济结构不断优化升级；经济增长动力从要素驱动、投资驱动转向创新驱动。这意味着靠要素驱动、投资拉动的产业将深受影响，钢铁、有色、造船、光伏、房地产等产业出现了严重的产能过剩，中国重化工产业结构面临深度调整。

社会文化环境。重点关注社会价值观、生活方式、人口结构、人均收入水平等方面的变化趋势及其驱动因素。阿里研究院、腾讯研究院通过挖掘大数据，经常发布社会文化、消费行为方面的研究报告，具有借鉴价值。以餐饮业为例，近年80后、90后成为社会消费的主力军，他们爱吃爱玩爱拍照，关注效率和健康，外出就餐频率远比上一代人高。餐饮业也随之掀起了一股走精致时尚路线的新风，主题鲜明，店面小而美，注重体验，与过去以豪华、讲究主打商务宴请的大酒楼风格迥异。

技术环境。重点关注主流成熟技术的应用趋势、前沿技术的研发趋势及其对市场的冲击影响。麦肯锡、SAP、IBM、MIT科技评论、Gartner等机构经常发布前沿技术的研究报告，专业协会一般也会定期组织行业技术方面的研讨会，均是信息收集的重要渠道。对技术发展趋势的研判，将会为企业技术路线的选择提供依据。2003年，彩电行业初步形成共识：传统显像管技术将被新技术取代。然而，到底是走等离子技术路线，还是液晶电视技术路线？业界莫衷一是。当时的彩电大王长虹重金押宝等离子，结果却是液晶电视市场胜出。经此失误，长虹元气大伤，市值大幅缩水，让出了彩电老大的宝座。

环境侧推演关注的是宏观层面，所以它并不是对所有企业都一样重要。有些企业属于宏观经济敏感性企业，如房地产企业、钢铁企业、有色企业、建筑企业、地方投融资平台等，它们的经营活动深受宏观环境影响，经营业绩波动较大。这类企业尤其需要加强环境侧的推演。

以宋卫平创立的绿城为例，经历过金融危机后，2009年中国房市开始回暖，房价一路飙升。房市太过火爆使得宋卫平对形势过于看好，没有考虑到政府对房市以及银行信贷调控政策影响，持续大笔举债，高速扩张，错误地预计了市场的潜在风险。2011年中央出台"新国八条"政策，强力调控楼市。结果绿城大量商品房积压，资金急速减少，资金链面临断裂。最后，通过采取降价促销、引入战略投资者、转让部分项目等多种自救措施，绿城才挺过难关。事后，宋卫平检讨道："自我感觉太好，对宏观经济里的不利因素警惕性不足。"

无独有偶，2017年王健林也遭遇"滑铁卢"。当年6月中国银监会排查授信风险，剑指万达境外融资项目。在过去几年间，万达卖掉国内近八成持有项目，转而大规模海外投资，并购涉及房地产、影城、酒店、娱乐业、体育俱乐部等非实体领域。为了化解资金链断裂风险，王健林不得不断臂求生，闪电甩卖600多亿元资产包，万达才勉强度过危机。

同年12月，另一家房地产巨头恒大爆出新闻，许家印以1500万元天价年薪聘请原方正证券首席经济学家任泽平入职恒大组建经济研究院。经过市场的几番洗礼，房地产企业已经意识到宏观环境推演的重要性。

考察环境侧，将有助于我们看清发展大势。环境侧推演，需要聚焦以下问题：

经济
- 市场环境正在发生哪些重要变化？
- 驱动市场变化的关键因素有哪些？

技术
- 在行业市场外，主要的技术趋势是什么？
- 哪种技术代表着重要市场机会或扰乱市场的威胁？

社会
- 哪些社会价值观或文化趋势可能会影响消费者行为？
- 哪种消费行为变化可能会影响你的商业模式？

政策
- 哪些规则、税收制度会影响客户端需求？
- 哪种监管法规会影响你的商业模式？

需求侧推演

需求侧推演重点分析客户的需求和消费行为的变化，识别 3~5 年市场需求发展趋势及其影响。主要推演的内容包括市场容量、客户画像和客户行为分析。

市场前景。重点分析不同细分市场的规模和成长前景，识别有吸引力的细分市场。企业资源的有限性与市场的成熟程度决定了企业很难多线作战，一般选择单点突破，集中资源聚焦细分市场。即便是体量巨大的房地产企业也各有专注的细分市场，如万科主打住宅地产，万达主攻商业地产，华夏幸福基业则发展产业新城。

客户画像。重点描绘目标客户画像，分析客户的特征、需求痛点，洞察需求偏好的变化趋势。例如，家庭用户对电视的需求发生巨大变化。用户对电视科技时尚的外观和细节的颜值要求越来越高；更清晰的画质、高品质音效成为用户普遍关注的共性功能需求，对电视系统、遥控器和 App 的简单易用的交互体验成为使用者的一致性要求；丰富的内容及应用资源、多设备的互联互通是用户对智能电视的共同期望。

客户行为。重点分析客户购买行为发生场景和决定因素，并分清产品购买角色。例如，有些工业品并不由采购人员决定，可能是由更高层级的决策者确定。而消费品一般由个体消费者决定，社会文化和产品供给过剩会导致客户偏好的变化，导致他们对新的属性的追求和购买方式的改变。如中国现已是世界第一大网络零售市场，网购成为人们最常见的购买方式和消遣行为。2018 年天猫"双十一"开场 2 分 5 秒交易额破 100 亿元，当天全场交易额破 2 000 亿元大关。便利的购物流程和丰富的产品类型、真实有效的用户评论、快速的物流配送以及便捷的延保和售后服务，已成为影响网购行为的关键因素。

需求侧推演关键要把握消费升级这条主线，消费升级与科技革命是驱动产业变革的双轮。当前，我国已告别温饱、小康阶段，消费需求从生存型向享受型、品质型转变（见图 2-4）。消费升级正沿着两条路径展开：

- 一条是按照衣、食、住、行、学、用的传统需求路径向娱乐、健康等新兴需求延展，大健康、文化娱乐、旅游、教育等产业得到蓬勃发展。例如，随着人们文化消费需求提升，我国电影产业爆发式增长。2015 年产业规模首次破千亿元。2017 年国产大片《战狼 2》更是大卖，票房收入达到创纪录的 56 亿元。

- 另一条是移动互联网技术赋能传统行业，原有的需求实现方式被数字化改造，变得更加便捷、更加便宜、体验更好。猫眼让购票观影更方便，美团让餐饮消费更便捷，无忧 TALK 让口语学习可以随时随地。

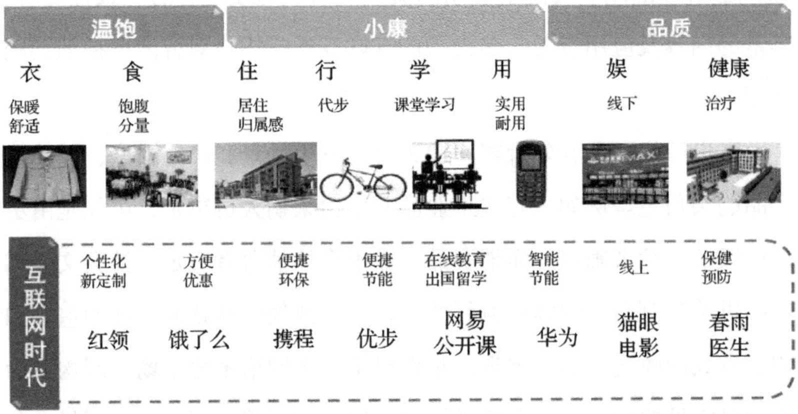

	温饱		小康				品质	
	衣	食	住	行	学	用	娱	健康
	保暖舒适	饱腹分量	居住归属感	代步	课堂学习	实用耐用	线下	治疗
互联网时代	个性化新定制	方便优惠	便捷环保	便捷节省	在线教育出国留学	智能节能	线上	保健预防
	红领	饿了么	携程	优步	网易公开课	华为	猫眼电影	春雨医生

图 2-4　我国消费升级的路径

随着传统消费提质升级、新兴消费蓬勃兴起，服务消费、信息消费、绿色消费、时尚消费、品质消费、农村消费将成为新消费升级的重点领域和方向。新一轮消费升级正从有形物质产品向更多服务消费转变，从模仿型排浪式消费向个性化多样化消费转变，尤其是80后、90后逐渐成长为消费的主力军，消费理念、购物方式和消费热点都同70后、60后差别很大。

例如，中文虚拟歌手洛天依，诞生于2012年3月22日，被设定为穿着一身女学生装和超短裙，有一双大长腿的15岁美少女。出道至今拥有的青少年粉丝已经超过1 000万，旗下的原创歌曲超过1万首，每年都有1万名内容创作者在坚持为她写歌。洛天依其实是基于雅马哈集团发行的歌声合成器应用程序VOCALOID构建出的第一个中文虚拟形象。较之更早的是来自日本的"初音未来"（诞生于2007年），其被设定为拥有葱绿色头发的 16 岁少女，现已成为世界级的流行歌手，年收入达到 100 亿日元。不管是洛天依，还是初音未来，她们都迎合了二次元新世代的审美需求。准确洞察需求的热点和市场发展的趋势，是企业必做的日常功课。

需求侧推演，需要聚焦以下问题：

市场前景

- 行业内如何对目标市场进行细分？各自有何特征？
- 不同细分市场增长趋势与前景如何？
- 哪类细分市场有吸引力？为什么？

客户画像

- 目标客户的特征是什么？有何关键诉求？
- 目标客户需求满足程度如何？需求偏好有哪些变化？
- 哪些是目标客户最重要的需求？哪些是最极端的痛点？请按照重要性将痛点和收益排序。
- 维系目标客户的纽带和渠道是什么？阻止目标客户转向竞争对手的转移成本是什么？

客户行为

- 决定目标客户购买的决定性因素是什么？购买场景是什么？
- 购买的发动者、影响者、决定者、执行者和使用者是谁？如何引起这五种购买角色的注意，激发他们的购买行为？

供给侧推演

供给侧推演重点在于分析行业特征，识别影响行业变化的驱动因素，判断行业的吸引力，识别潜在的风险。供给侧推演主要包括产业特征、变革趋势和竞争格局。

产业特征。随着产业融合趋势的加剧，产业边界模糊。我们需要重新定义产业，认清产业的边界和本质特征。行业的本质是它存在的价值逻辑，也就是为客户创造价值的基点。如机场、码头的行业本质是人流、物流汇聚的流量平台；酒店行业本质是良好的生活体验；传媒行业的本质是创造注意力。只有认清行业本质，才能知道从何处入手创造价值。

运用产业链地图可以帮助我们认清产业特征，它是刻画产业部门间的技术经济关联关系形态，描绘特定产业中价值链、企业链、供需链和空间链的耦合关联关系的可视化工具。产业链地图特别有助于我们提高对新兴产业的认知（图 2-5 为人工智能的产业地图），厘清产业链条关系以及关键企业的领域分布，此外也可判断行业或产品所处生命周期的阶段，分析行业整合的程度和潜在空间。如华润集团擅长于行业的整合，它对国内的啤酒、零售等行业进行了深度整合；中国建材则看准了水泥行业的整合机会，迅速通过区域整合壮大起来。

图 2-5　人工智能产业地图

变革趋势。捕捉行业变革的信号,判断行业变革的趋势。重点关注以下方面:产品价格及结构的变化、产业技术的变革、渠道通路的变化、主流商业模式的演变。以彩电行业为例,新兴互联网模式逐渐被市场接受,并促进了跨行业整合,行业从价值链竞争转向生态竞争。渠道变革速度加快,线上线下互补性加强。日本彩电品牌的衰退给中国企业带来很大机会,中国彩电企业加快海外市场布局,彩电行业正在发生深刻变革。

竞争格局。重点分析产业的竞争强度、竞争者动态,识别改变竞争格局的关键力量。一个产业竞争的强度根源于内在经济结构,运用波特的五力模型,可以帮助我们分析竞争格局,如图2-6所示。供应商议价能力、买方议价能力、新进入者的威胁、替代产品或服务的威胁和现有企业间的竞争五种基本竞争力量的对比决定着竞争格局,每一个力量的强弱程度都影响行业赢利能力,稳定的行业结构决定了行业长期获利能力。

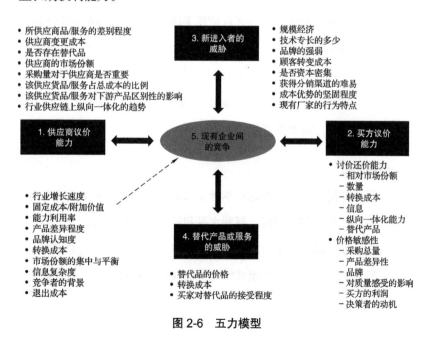

图 2-6 五力模型

处于产业链"龙头"和"七寸"环节的企业，因掌握终端市场和核心技术，在竞争格局中占据优势地位，有着强大的利润攫取能力。以苹果手机为例，我国是它的组装生产基地，每生产一部手机我国加工企业仅获取总利润的3.63%，美国企业获取近50%的利润，日韩企业则获取40%的利润。供应商有时也是改变行业力量对比的关键力量。2009年，联发科一改英特尔等上游供应商专供芯片的做法，生产手机芯片组产品，集运算芯片、音效芯片与软件于一身。过去生产商需花费2 000万元，由100位工程师耗时至少9个月完成的新手机产品开发，现在变得只要50万元、10位工程师、3个月就办到了，深刻影响了全球手机产业生态。

值得注意的是，政府有时也可能成为改变竞争格局的第六种力量。2018年4月16日，美国商务部宣布对中兴通讯禁运7年。中兴事件暴露了中国企业长期缺芯少屏的现状，在中美贸易摩擦背景下中兴被美国政府卡住了脖子，这个世界第四大的通信企业立马陷入休克境地。中国芯片需求量占全球50%，九成依赖美国进口，仅2016年进口芯片金额就达2 300亿美元之巨。由于核心技术缺乏，中国企业长期受制于人，缺乏讨论还价的能力。这正是国家近年大力推进供给侧结构性改革、实施创新驱动战略和《中国制造2025》的根本原因。

供给侧推演，需要重点聚焦以下问题：

行业特征
- 行业如何定义？行业的基本特征及关键的成功要素是什么？
- 不同产业环节的规模、赢利水平和经营特点是什么？
- 行业或产品处于生命周期的什么阶段？行业整合程度如何？
- 行业有哪些典型商业模式？哪些商业模式有吸引力？为什么？

变革趋势

- 行业技术、产品价格及结构、渠道通路等正在发生什么样的变化？是否驱动行业变革？

竞争格局

- 竞争对手数量和竞争强度如何？市场壁垒情况如何？谁在主导行业游戏规则？
- 市场竞争格局发生了怎样的变化？哪些力量在改变行业竞争格局？
- 谁是你所在市场的新进入者？它们有什么不同？优劣势是什么？主要关注重点在哪个细分市场？
- 哪些产品或服务可以替代我们？优劣势是什么？
- 产业供应链是否在发生变化？有何影响？

通过"三察三看"，推演发展形势，发现战略机会点，有助于我们下一步进行路线设计。利用表 2-1 可就形势研判做出推演结论，帮助我们达成基本共识。

表 2-1　形势研判推演表

要素	变化趋势（机遇或威胁）	可能对策
环境侧		
需求侧		
供给侧		

□ 专栏 2-1　站在风口，猪也能飞上天

雷军曾是中国 IT 界教父级人物。在办小米之前，他已经成功创办过金山软件、卓越网，还干了三四年天使投资。40 岁时，雷军功成名就，宣布退休了。可是不久雷军又重出江湖，一头扎入小米的创办中。手机市场竞争极为激烈，前面有三星、苹果、华为，后面有联想，老牌的摩

托罗拉、诺基亚、黑莓、索尼都不行了，连新秀 HTC 也不行了。

那么，雷军把握的是什么机会呢？他精准地踏到了智能手机换机的时间点，诺基亚不行了，苹果刚刚起来，小米应运而生。雷军总结了一套七字诀，即"专注、极致、口碑、快"。

"只要站在风口，猪也能飞上天。"雷军说，做任何事情都需要看 5 年以后的事情，想 3 年，认认真真做好 1～2 年。以前他觉得，美国市场、日本市场、韩国市场，比我们领先 5 年以上，每年多去几趟就预见到了未来。他在 2006 年、2007 年，成功地预见了今天的移动互联网，从 2006 年就开始在台风口那儿等着，投了一堆的移动互联网公司。2013 年，在小米手机业务取得突破之后，雷军又看准了物联网的机遇。于是他启动了生态链计划，计划 5 年内投资 100 家生态链企业，以把握智能硬件和万物互联组成物联网的巨大风口。

矛盾识别

形势研判推演任务立足于发现机会窗口，而矛盾推演任务则是将企业内外环境联系起来，识别新形势下企业面临的主要问题，使路线设计具有针对性。

一切事物都包含着矛盾，矛盾方面的相互依赖和相互斗争推动一切事物的发展。研究任何过程（只要是存在两个以上矛盾的复杂过程）都要用全力去找出它的主要矛盾（见图 2-7）。

矛盾推演就是要抓住新形势下的主要矛盾，不将有限资源浪费在无关紧要的事物上，企业也就不至于偏离主航向。企业面临的矛盾冲突主要有两组：一组是内外不匹配的矛盾冲突，另一组是内部不协调的矛盾冲突。前者推演，通过横向对标发现机会差距；后者推演，通过能力分析查找内部短板。

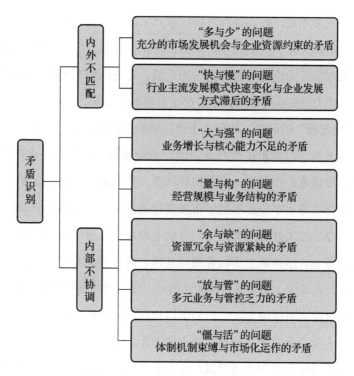

图 2-7 主要矛盾的表现形式

内外不匹配的矛盾冲突

内外不匹配的矛盾冲突,主要表现为企业发展方式、能力体系与市场发展形势的不适应(见图 2-7)。以波特为代表的定位学派认为,外部环境尤其产业结构是影响企业竞争强度、范围和潜在利润水平的决定因素。因此,企业内部条件与外部环境之间的匹配关系,是我们进行矛盾推演的首要任务,主要表现形式有以下两种。

"多与少"的问题,即充分的市场发展机会与企业资源约束的矛盾。这是初创企业常遇见的问题,一方面市场刚刚兴起,增长较快,充满机会;另一方面企业处在初创阶段,缺人、缺钱、缺技术,捕捉市场机会面临内部资源瓶颈的约束。李彦宏回国创办百度之初,资金匮乏、人手不足。好在顺利从美国拿到了风险投资，资源瓶颈才顺利突破。随着人才、资本等生产要素市场发育成熟，企业获取资源的概率大大增加。无论是团购网的千团大战，还是网约车大战，这些初创企业有能力烧钱唤醒市场，背后都是有资本的支撑。

"**快与慢**"**的问题**，即行业主流发展模式快速变化与企业发展方式滞后的矛盾。以城市矿产产业为例，2010年以来国家出台多项政策，鼓励建设城市矿产基地，发展回收体系，扩大基金补助的品类。格林美、中再生等领军企业嗅到了市场变化的信息，一方面在全国范围内抢滩布点、扩大处置品类；另一方面上市融资，积极储备扩大生产和并购的资金，迅速确立了行业领导地位。而有些企业并未意识到市场巨变，行动滞缓，结果要么被淘汰出局，要么难逃被并购的命运。

通过横向对标的方法，我们可以识别内外不匹配的矛盾冲突，发现相比主要竞争对手在捕捉机会上的差距，从而去认识内部条件与外部环境不适应的种种表现及其产生的根源。选择合适的标杆是对标分析的前提，标杆选择的标准是：

- **公认性**。标杆企业是业内的领先者，具有不可辩驳的公认程度。
- **代表性**。标杆企业在业务组合、地域组合、商业模式、管理模式上都具有可比性，代表行业发展的方向。
- **可学性**。标杆企业的经验和做法是可以学习的。

例如，2016年小米推出"新零售"的战略定位。雷军提出向美国零售企业好市多（Costco）学精选商品，提升效率，6.5%的毛利率就能生存；学同仁堂工匠精神，选真材实料，建百年老店；学海底捞讲口碑，把市场营销全部干掉；学无印良品商业模式，做科技业的无印良品。通过对标杆的学习和借鉴，小米提升了企业能力。对标内容包括主要业绩指标比较、战略路线比较、行业关键成功因素比较等方面，如表2-2

所示。

- **主要业绩指标比较**：主要是发现运营绩效的差别，反映相比对手的竞争水平与能力。
- **战略路线比较**：通过观察竞争对手战略意图、经营活动的变化，从而推断行业主流发展方式及其与自身的差距。
- **行业关键成功因素比较**：发现相比竞争对手在构建发展充分条件上的差距。

表 2-2　形势研判推演

要素	公司	对标企业 1	对标企业 2	对标企业 3
战略意图				
战略目标				
主导产品				
技术布局				
营销渠道				
市场布局				
商业模式				
行业关键成功因素（主要财务指标、优劣势）				

对标分析主要聚焦以下问题：

- 与行业内主要竞争对手相比，在哪些方面我们存在差距？
- 哪些是我们尚未把握的市场机会？
- 哪些是最关键的差距（考虑大的结果性的差距，尽量具体和量化）？
- 形成差距的主要原因是什么？
- 行业关键成功因素哪些已经具备？哪些还有差距？

内部不协调的矛盾冲突

内部不协调的矛盾冲突，主要表现为公司核心能力不足、内部利益冲突、体制机制障碍等方面。以普拉哈拉德和哈默尔为代表的能力学派发现，行业之间的平均利润水平差距并不大，反而是行业内部企业间赢利水平的差距更大，由此认为，企业发展不能只归咎于外因，内因才是根本性原因，核心能力是企业持久竞争优势的来源。所谓核心能力，是组织中的积累性学识，特别是关于如何协调不同的生产技能和有机结合多种技术的学识，它具有价值性、稀有性、难以模仿性、不可替代性、可转移性等特征。企业对外部环境的种种不适应性，追根溯源还是能力不足的问题。内部不协调的矛盾冲突，主要有以下表现形式。

"大与强"的问题，即业务增长与核心能力不足的矛盾。我国企业大多是从代工或生产制造环节发展起来的，产品附加值不高，研发水平低下，"大而不强"是普遍面临的问题。2015年国家出台《中国制造2025》，特别指出发展核心基础零部件（元器件）、关键基础材料、先进基础工艺、产业技术基础体系，旨在通过工业强基，提高企业的核心竞争力。

"量与构"的问题，即经营规模与业务结构的矛盾。2013年，我国钢铁产业出现了严重的产能过剩，出现了行业大面积亏损。据媒体报道，当时一斤钢材还买不到一斤白菜，甚至还便宜过一两猪肉。武汉钢铁集团竟宣称将投资390亿元养猪种菜。中国钢产量世界第一，但特种钢材却严重依赖进口。中国钢铁产能过剩的背后是产品结构的不合理。

"余与缺"的问题，即资源冗余与资源紧缺的矛盾。盘活存量，发展增量，是企业转型期常遇到的问题。2005年，由于对彩电技术市场转型的决策性误判以及核心技术能力的缺失，TCL集团并购汤姆逊彩电业务步履维艰，国际化的失利几乎将TCL集团拖入亏损泥沼。李东生决定，一方面出售旗下的TCL国际电工、智能楼宇、电脑以及低压电器业务和资产，并大幅度大裁员；另一方面，集中资源推动产业链的纵深整合，重点布局上游液晶面板技术，花重金吸引人才，建设华星光电，提升核心技术能力。2012年，华星光电建成赢利，为TCL集团贡献了近一半的利润，TCL集团走出了困境。

"放与管"的问题，即多元业务与管控乏力的矛盾。"一放就乱，一管就死"是多元化企业普遍面临的问题，管与放的平衡不仅仅是管理问题，还是战略问题。时间回到1998年，广东省政府建在香港的"窗口企业"粤海投资，受金融危机冲击，巨额亏损、管理失控、企业混乱等问题浮出水面。时任广东省省长助理的武捷思出任新粤海董事长，他迅速关闭大量扭亏无望的企业和业务，500多家企业近3万名员工被压减至57家企业数千名员工；将保留业务分成主营和非主营业务，并将同类业务整合成专业化经营的二级公司；引领各专业化经营的二级公司展开"赛马"竞争，以优胜劣汰的方式确立集团优势企业。同时，完善集团管控体系，建立严格的战略质询制度。新粤海重组当年就实现了赢利。

"僵与活"的问题，即体制机制束缚与市场化运作的矛盾。中国联通曾经"三分天下，有其一"，但在4G时代发展明显落后了。联通在三大运营商中业绩最低，用户数最少，盈利常年只是移动的零头。面对即将到来的5G时代，2017年联通决定实施混改改组董事会，形成多元化董事会和经理层。通过引进腾讯、百度、京东、阿里巴巴等关联度高、互补性强的战略投资者，联通在云计算、大数据、物联网、人工智能、家庭互联网、数字内容、零售体系、支付金融等领域开展深度战略合作，发展创新业务，促进企业治理机制现代化和经营机制市场化，重新焕发企业活力。

通过能力分析，我们可以查找内部的短板，发现产生内部不协调的矛盾根源。能力是<u>企业协调和利用资源</u>的<u>企业特质</u>，可运用价值链方法辅助做能力分析。价值链是企业所有互不相同但又相互联系的生产经营活动，构成了创造价值的动态过程，如图 2-8 所示。基本活动涉及企业进料后勤、生产、发货后勤、销售、售后服务，支持性活动涉及财务、计划、人事、研究与开发、采购等。基本活动和支持性活动构成了企业价值链。根据价值链，企业能力主要包括生产运作、营销、研发、财务会计、管理、信息化能力等，如图 2-9 所示。

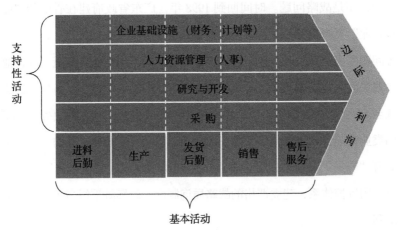

图 2-8　价值链

能力分析主要聚焦以下问题：

- <u>企业的发展历程</u>是怎样的？
- <u>企业的主要产品、市场地位、发展速度</u>如何？
- <u>企业近三年的财务状况</u>如何？
- <u>企业的主要客户情况</u>如何？<u>企业现在的商业模式</u>是怎样的？

第 2 章 机会洞察推演 49

图 2-9 能力分析

—— 企业1　-- 企业2　-·- 企业3　…… 企业4

- 管理

是否引入了战略管理的概念？目标是否可以衡量且易于沟通？管理层是否开展了计划管理工作？是否进行了适当的授权？组织架构是否合适？工作说明和工作流程是否清楚？员工士气是否高涨？员工流动和缺勤率是否很低？企业奖励与控制机制是否有效？

- 财务会计

通过财务比率分析，企业的优势和劣势何在？能够得短期资金吗？能够通过发行股票或者长期债券获得长期资金吗？有足够的流动资金吗？股利支付政策是否合理吗？同投资者及债权人之间的关系融洽吗？财务团队素质过硬吗？

- 研发

是否拥有研究与开发所需要的资金、设施是否齐备？如果委托外部研究开发，在成本效率方面是否合算？研发人员是否胜任工作吗？研发资源分配是否有效？是否有管理信息系统和计算机系统？部门与企业其他部门之间的沟通是否有成效？现有产品是否有很强的技术竞争力？

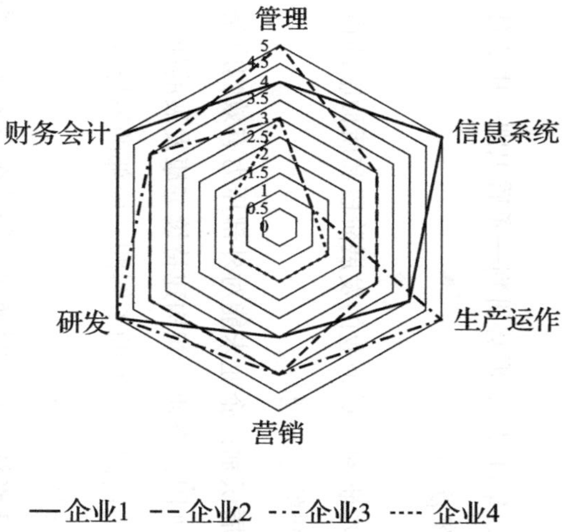

- 信息系统

管理人员都使用计算机系统进行决策吗？信息系统中的数据定期更新吗？各职能部门的管理人员都向信息系统提供输入信息吗？故障管理系统熟悉竞争对手的信息系统吗？故障管理人员对信息系统使用人员提供的内容改进操作方便吗？信息系统使用人员提供的内容改进操作方法吗？不断更新信息系统的内容并改进操作方法吗？

- 生产运作

供应商可靠吗？要价合理吗？设施、设备、机器和办公条件是否完备？库存控制程序、质量控制程序和流程是否有效？设施、资源和市场是否按照战略要求进行了部署？企业是否有技术核心能力？

- 营销

市场细分有效吗？定位适当吗？市场份额有增长吗？分销渠道可靠并有效率吗？拥有有效的营销组织吗？开展营销研究工作吗？产品质量和客户服务是否优秀吗？产品和服务的定价合理吗？拥有有效的促销、广告和公关战略吗？营销计划和经费预算有效吗？营销团队的素质能力过硬吗？

- 企业的原材料采购、加工和成本控制等能力怎样?
- 企业的技术、品牌和营销怎样?
- 企业的团队、组织架构和管理水平怎样?
- 企业核心能力在哪?企业内部的优劣势在哪?
- 企业和行业标杆、竞争对手的对比分析如何?我们应当提升哪些能力?

中心任务

时易世变,事亦变。"形势研判—矛盾识别—中心任务"是机会洞察遵循的一套推演逻辑。

- **形势基本研判**:对企业的发展阶段和所面临的市场机会及行业变革趋势的总体判断。
- **主要矛盾识别**:企业未能对外部压力有效响应是企业矛盾冲突产生的外因;企业未能构建持续健康发展的能力是企业矛盾冲突产生的内因。内外的不匹配和内部的不协调,会形成制约企业发展的基本矛盾。
- **中心任务确认**:就是明确解决制约企业未来发展的、事关全局的、根本性的、关键性的问题,即瞄准解决企业所处发展阶段面临的主要矛盾,而不是次要矛盾。用精练的语言将结构化分析内容加以提炼,形成企业战略主线和战略意图。

企业在不同发展阶段面临不同的主要矛盾,决定了一定战略时期的中心任务。中心任务推演是机会洞察的落足点,为企业战略路线设计标明方位。

中心任务的确定有如下两种方式。

- **捕捉机会式**：基于形势研判发现机会窗口，运用塑造型战略思维，把捕捉机会作为中心任务。
- **突破瓶颈式**：针对发现的主要矛盾，运用适应型战略思维，把突破瓶颈作为中心任务。

现实商业环境中，前者更适合于新经济，它们往往难以与现有生态系统对接，开创新的商业生态系统成为必然；后者更适合传统企业，外部环境没有出现颠覆性变化，重点还是通过解决企业自身内在矛盾，改善管理，提升能力，保持竞争优势。

下面以中国五矿为例，这是一家持续战略转型的央企。它在2010年底实现了由外贸型企业向金属矿产综合产业集团的转变、由政策依赖型企业向完全市场竞争型企业的转变，锻造了资源获取与整合、海外开发与运作等核心能力。但五矿认识到，公司面临全球矿业竞争日趋激烈的形势，全球矿业垄断格局基本形成，行业发展对资金、技术、环境等要求日益提高，公司自身与国际矿业的实力差距较大。

五矿认为，公司战略转型期的基本矛盾是，竞争日趋激烈的全球矿业市场环境与企业可持续健康发展能力之间的矛盾。其主要表现为：业绩波动性较大，对市场敏感，未能建立稳健的业务模式与资产组合；近年增长主要依靠外部扩张，内涵增长的潜力未能充分挖掘；管理体系、制度、流程有待进一步优化提升。

为此，五矿提出，公司进入战略提升期，公司的中心任务是实施"五个再造"：经营业绩再造、发展方式再造、竞争能力再造、体制机制再造、管理体系再造。

推演呈现

本模块推演结束后,需要进一步归总、概括、精炼,形成对机会洞察的基本结论,可以通过填写表2-3来辅助完成。

表2-3 机会洞察推演呈现表

机会洞察	描述
形势研判	
基本矛盾	
中心任务	

□ 专栏2-2 大变局已来

在新一轮科技革命与产业变革的冲击下,人类商业社会正在经历前所未有的大变局,也将深刻影响企业的发展。

变局一:经济进入新常态

改革开放40多年来,中国经济保持年均近10%的高速增长,并已成为世界第二大经济体。但自全球金融危机爆发后,面临"三期叠加"(增长速度换挡期、结构调整阵痛期、前期刺激政策消化期)的压力,中国经济进入新常态。经济增长放缓,速度从高速增长转为中高速增长。2012年我国经济增速已回落到八(8%)以下,未来增速可能在"五至七"区间徘徊。受资源与环境的双重影响,中国经济增长面临新旧动能的转换,动力从要素驱动、投资驱动向创新驱动转变。为此,国家2012年开始实施创新驱动发展战略,2015年又大力推进"大众创业,万众创新"。

随着经济结构不断优化调整,经济增长放缓并没有对就业造成重大冲击。过去,我国GDP每增长1个百分点,就会拉动100万人就业。随着服务业的加快发展，现在 GDP 每增长 1 个百分点，能够拉动 130 万～150 万人就业。2013 年，我国国民经济三次产业结构已由"二、三、一"转为"三、二、一"。中国经济由高速增长转向高质量发展，社会的主要矛盾从过去要解决"有没有"的问题，转为现在要解决"好不好"的问题，即人民日益增长的美好生活需要和不平衡不充分发展之间的矛盾。解决这个问题要靠供给侧结构性改革，推动中国经济长期保持"中高速增长"，迈向"中高端水平"。在此背景下，"双中高"将成为企业转型升级的新目标。

变局二：新一轮科技革命蓄势待发

纵观历史，人类社会已经经历了三次产业革命，第一次工业革命（1760～1850 年）以蒸汽机革命为特征，第二次工业革命（1850～1950 年）以电力和石油技术革命为特征，第三次工业革命（1950 年以来）以计算机革命为特征。历次工业革命都是以百年为周期，每次工业革命经历了两次技术革命的浪潮。当前，进入到第三次工业革命的后半段，正在掀起的以新能源革命，制造业智能化革命，生物电子、新材料和纳米技术革命为特征的第六次技术革命浪潮，将给全球工业化带来更加深远的影响。2013 年麦肯锡发布的一项报告指出，未来十多年最具经济影响的技术是那些已经取得良好进展的技术，如移动互联网、知识型工作自动化、物联网、云计算等。到 2025 年，这些技术每一个对全球经济的价值贡献均超过 1 万亿美元。为了顺应新一轮科技革命和产业革命，美国推动工业互联网战略，德国实施工业 4.0 战略，日本大力发展人工智能，中国发布《中国制造 2025》，各国纷纷争夺未来产业发展的战略制高点。2018 年，中美贸易战爆发，表面上看是贸易问题，实则是技术战。美国重点打压《中国制造 2025》重点发展领域，试图遏制中国抢占技术创新的制高点。

历史经验表明，美国和德国正是抓住了第二次工业革命主导部门技术革命的机会，才实现了跳跃式发展，迎头赶上并超过英国这个老牌工业化国家。新科技革命几乎会将所有国家"拉回到同一起跑线上"[一]。中国企业面临前所未有的赶超机会，依托庞大的国内市场，从新兴产业的价值链高端入手，就有可能会实现从"跟跑""并跑"到部分前沿领域的"领跑"。

变局三：大数据成为新生产要素

生产要素是社会生产经营活动需要的各种社会资源，通常包括劳动、土地、资本、技术和企业家才能等基本要素。随着新一代信息技术的高速发展，各种数据正在以惊人的指数增长，大数据也成为现代经济活动中重要的生产要素，它具有 Volume（大量）、Velocity（高速）、Variety（多样）、Veracity（精确）等 4 V 特征。IBM 研究称，在整个人类文明所获得的全部数据中，有 90% 是过去两年内产生的。到 2020 年，全世界所产生的数据规模将达到今天的 44 倍。每一天，全世界会上传超过 5 亿张图片，每分钟就有 20 小时时长的视频被分享，每分钟发出的社区帖子达 200 万个，相当于《时代》杂志 770 年的文字量。大数据时代，一切都在数据化。我们的一言一行、一举一动都迅速地转变成大数据。央视纪录片《互联网时代》说道："你的行为结束了，但你的数据却留下来了。沃尔玛通过大数据发现，婴儿的尿片通常是男人们在购买，啤酒与尿片被出人意料地放在了一起。"英国《经济学人》评论道："数据就像上个世纪（20 世纪）的石油一样，是增长和变革的动力。数据的流动创造新的基础设施、新商业、新垄断、新政治，以及更关键的新经济。"

[一] 贾根良. 第三次工业革命与新型工业化道路的新思维——来自演化经济学和经济史的视角 [J]. 中国人民大学学报, 2013, 27（2）: 43-52.

2018年4月11日，Facebook的创始人扎克伯格接受美国国会质询，起因是Facebook上超过5 000万用户数据被一家名为Cambridge Analytical的公司泄露。这家政治数据分析公司曾受雇于特朗普竞选团队，也曾为英国脱欧推波助澜。它通过获取的用户的私人信息，辨别用户的性格，推送广告影响选举人的行为。这起事件也从侧面表明，大数据已经在商业领域得到广泛应用。大数据就像水和电一样，成为新的生产要素驱动所有产业进行革命。大数据已经超越数据本身，逐步转向数据的资产化和服务化，这将为信息服务产业和传统商业模式带来巨大的机遇与挑战。[⊖]

变局四：新商业基础设施为企业数字化赋能

"要想富先修路"，发展基础设施是促进经济发展的基本前提。如国家为了应对世界金融危机，把4万亿经济刺激重点投放在"铁（路）公（路）机（场）"等基础设施上，以拉动经济增长。在新一轮科技革命与产业变革的背景下，物联网、大数据、云计算、分布式能源、电子支付系统、5G等已经成为新的商业基础设施，它们正为新经济提供数字化赋能，催生出新零售、新金融、新制造、新技术和新能源。

根据2016年财报，阿里巴巴的经济体量按GDP换算，已经在世界国家经济排名中列第26位。阿里巴巴正在进行整体升级，从过去提供企业的电商解决方案向为新商业转型提供新基础设施服务转型。这些新商业基础设施包括阿里巴巴云计算平台、阿里妈妈支撑的全渠道营销平台、菜鸟网络搭建的社会化物流服务平台、为"全球买，全球卖"准备的进出口平台等。在阿里巴巴的平台上，每天有1 000万

⊖ 张涵诚. 大数据驱动企业的创新发展与管理变革［EB/OL］. http://www.sohu.com/a/193812361_400678.

家小企业做交易，买家达 3.5 亿，而且每天有超过 1.2 亿消费者上去逛店。阿里靠数据驱动为新经济提供新商业基础设施服务。三只松鼠是一家创建于 2012 年的从事坚果售卖的电商，通过天猫平台四年时间做到 55 亿元（年销售额）。天猫利用互联网技术，帮助三只松鼠快速获取消费者和后台数据，驱动三只松鼠更好地管理供应链，并进行有效的创意设计和营销。2019 年 7 月 12 日，三只松鼠在深交所创业板上市，市值已达百亿元级。新商业基础设施为新经济的发展创造了条件。

变局五：万物互联重塑新生产关系

随着新一代产品内置传感器、处理器和软件的发展，万物互联的时代已经到来，它改变了物与物、人与物以及人与人的关系。当产品与互联网相连，信息在产品、运行系统、制造商和用户之间联通，海量产品运行数据让产品智能化、制造服务化。智能终端成为流量的新入口，产品即服务成为物联网时代奉行的金科玉律。生产者与消费者的关系被重塑，一切驱动都来自用户体验，消费者可以参与到产品的设计、生产与销售过程，消费者不再是尊贵的"伪上帝"。小米率先建立起粉丝社群，将用户的口碑作为战略"七字诀"的核心；而以红领为代表的智能制造，则通过用户大数据驱动将大规模定制变为现实。

万物互联也打通了企业部门间无形的墙，企业由高耸型科层组织变得扁平化、平台化、去中心化，企业与员工之间的管理关系面临重构。海尔发起了一场"企业平台化、员工创客化、用户个性化"的组织变革，把员工从雇用者、执行者转变成创业者、合伙人，不再是企业付薪，而是变成用户付薪，在创业过程中他们利益与风险共担。企业 1 万多管理人员变为 2 000 个小微企业的创业者。海创汇平台已汇聚了1 333家风险投资机构、118家孵化器空间、120亿元创投基金和15家创业创新孵化基地，成为创客们的"梦工厂"。万物互联时代，企业间基于产业链的竞争将演化成生态系统的竞争。波特认为，物联网时代将开启企业竞争新时代。[⊖]

变局六：消费升级引领新需求

消费升级是产业变革的重要驱动力。改革开放以来，我国经历了三轮消费升级：1978～1992年是我国的第一轮消费升级，当时还处在短缺经济时代，优先要解决的是老百姓"吃得饱、穿得暖"的问题，来自乡镇企业的边缘革命，刺激了轻纺产业的发展。1993～1998年是我国第二轮消费升级，我国进入社会主义市场经济阶段，从卖方市场向买方市场过渡，此轮消费升级重点解决老百姓"用"的需求，电视机、电冰箱等家电产业蓬勃发展。1999～2013年是我国的第三轮消费升级，国家通过解决人们"住、行、学"等方面需求，拉动内需市场，先是为解决1998年东南亚金融危机，实现经济软着陆，国家推动房地产、教育、医疗等产业化；再之后是为化解2008年世界金融危机的影响，国家实施4万亿刺激计划，加快房地产、汽车等产业发展，并带动了钢铁、有色、水泥、建材、工程机械等相关产业发展，中国产业结构也进而完成了由轻工业向重化工产业结构的转型。随着前期刺激政策的消退，2013年我国不少传统产业出现严重产能过剩、供需错配，供给侧面临结构性改革。

根据2017年阿里研究院和波士顿咨询公司联合发布的《中国消费新趋势》报告，崛起的富裕阶层、新世代消费者和全渠道的普及是未来五年的三大主要消费动力。伴随着这三大力量的兴起，消费者需求、

⊖ Porter M, Heppelmann J. How Smart, Connected Products Are Transforming Competition [J]. Harvard Business Review, 2014, 92（11）: 3-23.

消费行为和生活方式也都发生了变化。西南财经大学调查表明，全国中产阶层已达 2.04 亿人之多。他们追求便捷、讲究品质、注重体验、相信口碑，新兴中产阶层的壮大带来小众消费时代的到来。随着人口结构性的变化，80 后、90 后已成长为消费的主力军，他们不仅有更高的产品品质和购物体验的需求，还有精神层面对休闲娱乐的需求。根据 2017 年科技部火炬中心等发布的《2016 中国独角兽企业发展报告》，中国独角兽企业高度密集分布在文化娱乐、电子商务、汽车交通和科技金融这些领域。这也印证了我国已告别温饱、小康阶段，新一轮消费升级从生存型向享受型、品质型转变。

变局七：共享经济创造资源配置新方式

随着互联网的发展，共享经济作为一种消费模式正在兴起，借助互联网技术迅速整合碎片化分散的闲置资源，实现供需双方的精准匹配，满足消费者个性化需求，大幅度降低交易成本。早期的共享出现在 2000 年前后，大多是在各种 BBS、论坛、微博、视频网站上分享观点、信息、图片、视频，以无偿信息分享为主；2010 年前后，随着 Uber、Airbnb、Zipcar、摩拜等一系列产品、空间、劳务、知识技能、资金等共享平台的出现，共享经济成为以获得一定报酬为主要目的的基于陌生人且存在物品使用权暂时转移的商业模式。

共享经济的本质是整合线下的闲散物品或服务者，它是连接供需双方最优化的资源配置方式。共享经济平台公司并不直接拥有固定资产，而是通过利用移动设备、评价系统、支付、LBS 等技术手段，对供需双方进行撮合和最优匹配，从中获取经纪佣金。供给方通过在特定时间内让渡物品的使用权或提供服务，而获得一定的报酬；需求方通过租、借等方式使用物品，但不直接拥有物品的所有权。共享经济并不发生所有权的转移，化解了资源短缺与闲置浪费的双重难题，也打破了劳动者对商业组织的依附。共享经济已成为社会服务行业内最重要的一股力量。据中国电子商务研究中心发布的《中国共享经济年度发展报告（2016）》，2016年中国"共享经济"市场规模达3.9万亿元，增长率为76.4%；提供服务者约为6 000万人，分享经济平台的就业人数约585万人。中国正掀起一股"共享经济"的热潮，共享经济图谱涵盖共享交通、共享单车、共享房屋、共享餐饮、共享物流、共享金融、共享充电宝等，创造出新的万亿市场机会。中银国际证券预测，全球共享经济将以年均36%的速度增长。《福布斯》的评论文章指出："这是一场前所未有的革命，正悄悄地把数百万人变成兼职的创业者，打破了消费和所有权的旧有观念。"

随着上述产业变革的驱动因素发生系统性、连续性的变化，不断催生出新技术、新产业、新业态、新模式等"新经济"。2017年5月，来自"一带一路"沿线的20国青年评选出了中国的"新四大发明"：高铁、扫码支付、共享单车和网购，都属于"新经济"范畴。目前，"新经济"概念已被正式写入中央政府工作报告。新经济将增添中国经济发展新动能，促进产业不断转型升级。

第 3 章

路线设计之一：总体路线

真正的战略抉择必然包含恐惧和不安。领导者需要如履薄冰，如临深渊，做艰难抉择，甚至下赌注。制定战略的目标是增长成功概率，而非完全消除风险。

——罗杰·马丁

特斯拉：愿景驱动的钢铁侠

2016 年 7 月，特斯拉创始人兼 CEO 埃隆·马斯克（Elon Musk）在公司官网上更新了一篇博客。他说，十年前发布的特斯拉规划蓝图，现已进入最后的完成阶段。这条特斯拉的发展总体路线如图 3-1 所示。

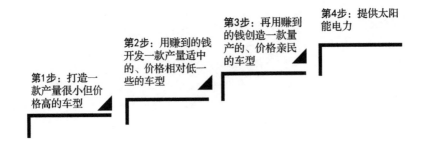

图 3-1 特斯拉发展总体路线图

马斯克的愿景是，为了加速可持续能源的到来，使人们能够畅想未来和依然拥有美好的生活。为实现这一愿景，并让所有规划、行动目的都能服务、服从于这一大愿景，而不至于随意改变，马斯克便公布了这项特斯拉战略。

马斯克说，为了使这一天尽快到来，下一个十年特斯拉的行动路线将从以下四个方面展开：

行动一：加快能源再生与储存的整合。

特斯拉计划把特斯拉能源与SolarCity整合到一起，提供整体的、美观的太阳能板和电池的集成产品。按照"一次订购，一次安装，一个服务点，一个手机应用"的运营模式，为个人提供供电设备，并向全球扩展，实现规模效应。

行动二：丰富涵盖主要地面交通形式的产品线。

尽管目前特斯拉只开发了两个相对较小的高端轿车和SUV细分市场，但马斯克认为有必要进一步丰富产品线，并加紧扩大产能。特斯拉计划除开发乘用车外，还将进军重型卡车和高载客密度的城市交通工具。

行动三：推进自动驾驶技术的研发与应用。

马斯克认为，如果自动驾驶能做到正确使用，那么它将比人类驾驶要安全得多。特斯拉计划采用全自动驾驶，通过将全部车型搭载必要的硬件，实现具有容错功能的全自动驾驶。这样车辆即便出现系统故障，都能自动安全行驶。此外，也解放了用户，他们可以在途中睡觉、阅读及做任何事情。

行动四：探索汽车共享新服务模式。

马斯克发现，现在的汽车只有5%～10%的时间在使用。为此，特斯拉准备实施分享舰队计划。一旦无人驾驶被法律允许，特斯拉的车主就可以将车放到此平台上。用户只需要在App上按一个键，就可以召唤到特斯拉，车主则可以实现出租创收。这项数据技术既大幅度降低车主的使用成本，也让更多的人能拥有特斯拉。

马斯克是特斯拉汽车、SpaceX、PayPal公司的创始人，一位连续创业的大神级人物，据说还是好莱坞大片《钢铁侠》的现实生活原型。他不仅打造出世界上最早的网络支付平台，还完成了私人公司发射火箭的壮举，更是造出了全世界最好的电动汽车。马斯克有着深邃的洞察力，较早看到了互联网、太空和新能源汽车发展的巨大机遇，绘就战略蓝图，并坚定地按照设计的路线图实施，成就了他非同寻常的商业神话。

马斯克的成功带给我们一个重要的启示：

> 做正确的事比正确做事更重要。

推演目的

路线设计回答的是"举什么旗、走什么路"的问题，即统一思想，凝聚共识，实现战略蓝图。路线设计就是围绕"做正确的事"展开的，它是战略推演的核心环节，起到承上启下的枢纽作用。路线设计把机会洞察转化为可操作的战略路线图，并指导资源配置。正是因为路线设计如此重要，我们专门在本书中开辟3章来讨论路线设计问题。

推演逻辑

哈佛商学院科里斯教授研究发现，大多数企业高管无法用一句话讲清楚自己公司的战略。这往往意味着你的战略不够清晰明确，更糟的是，这很可能说明你的企业根本从未有过战略。㊀ 好的战略凝聚在总体路线中，60秒就能介绍完毕。如何来设计路线呢？

我们以住房装修打个比方，家装公司一般会在装修前提供三张图——效果图、平面布置图和施工图。

- **效果图**：用视图把施工后的实际效果表现出来。
- **平面布置图**：展示构筑物、设施、设备等的相对平面位置。
- **施工图**：包括分部工程详图及具体尺寸、规格、标准、材料和设备等要求。

这三张图具有鲜明的层次性和针对性，效果图好比是总纲，平面布置图是细目，而施工图则是操作路线图。根据三张图，一套心仪的装修好的新房很快就诞生了。

我们在路线设计推演中，也会有类似三张图的设计任务，分别是总体路线设计、业务路线设计和行动路线设计。

- **总体路线设计**：针对的是公司层战略，回答我们是谁、我们要去哪里、将来会是什么样等问题，标定企业的发展方位、奋斗目标，绘就战略蓝图，好比家装的效果图。
- **业务路线设计**：针对的是业务层战略，回答干什么、凭什么干等问题，明确价值创造的逻辑和业务系统，类似平面布置图。
- **行动路线图**：针对的是职能层战略，回答怎么干、如何竞争等问题，确定战略实现路径和策略，好似施工图。

总体路线作为总纲，决定着业务路线的选择，两者又共同指引着行动路线的抉择。

㊀ 王成. 战略罗盘：破解企业四大困局［J］. 哈佛商业评论中文版，2014（03）.

因此，路线设计推演，将围绕"总体路线—业务路线—行动路线"依次展开三线设计。

发展思路

总体路线设计的首要工作是确定发展思路，明确企业发展方向、增长方式。厘清发展思路，核心抓住以下五个要素：

- **战略定位**：标定企业发展方位。
- **主题**：确定企业发展基调。
- **主线**：明确企业发展主轴。
- **主攻方向**：锚定企业重点发展领域。
- **着力点**：聚焦着手之处。

这五个要素是相互联系的（见图3-2）。抓住了这些要素，企业发展总体路线便跃然纸上。

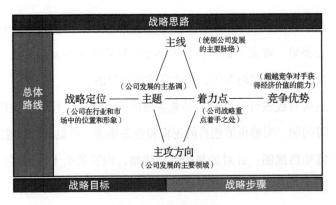

图 3-2　总体路线架构

下面以"十三五"时期，TCL、美的、海信等家电巨头为例，对它们的总体路线比较如表3-1所示，TCL信息化、服务化转型意图明显,美的则凸显战略布局智能制造,而海信显示出全系统智能化的决心。

表 3-1 TCL、美的、海信的总体路线推演

指导原则	TCL	美的	海信
主题	"双+"转型战略	"双智"战略	智能化战略
主线	推进"智能+互联网"战略转型,建立"产品+服务"商业模式	产品领先、效率驱动、全球经营	以智能化为灵魂,统一推进多媒体、通信、家用电器、智能交通、地产等全系统智能化
主攻方向	巩固和提升显示器件、芯片以及软件、核心部件、整机生产工艺与互联网技术服务优势	"智能家居+智能制造"布局业务成长空间	加强智能多媒体运营平台以及智能商店建设,以期提高服务在海信硬件中的收入比重
着力点	加强产品技术能力、工业能力、品牌及全球化能力、互联网应用服务能力等	优化产品结构、推动互联网生态链打造、加大对基础技术、前沿技术的研究、加强组织再造和文化再造等	观念体制、创新组织、人才结构全部"智能化"
竞争优势	垂直一体化产业链	产品优势、效率优势	智能化技术优势
战略定位	全球化智能产品制造及互联网应用服务企业集团	领先的消费电器、暖通空调、机器人及工业自动化系统的科技企业集团	精工制造企业集团

值得注意的是,好的总体路线要便于传播和理解。因此,需求对具体的内容进行高度的总结和精炼。通常主要有以下几种方式来表述(见图3-3)。

- **数字化表述**。即将公司的重要战略意图和行动以数字的方式表达出来。如上汽集团新四化战略。
- **俗语化表述**。即用人们耳熟能详的俗语、成语来概括战略意图。如 TCL 多媒体纵横四海战略。

- **形象化表述**。用形象的事物来类比企业的战略思路。如中车株洲所提出的同心圆战略。

数字化表述	俗语化表述	形象化表述
案例：上汽集团新四化战略	案例：TCL多媒体纵横四海战略	案例：中车株洲电力机车研究所同心圆战略
• 电动化：到2020年，上汽新能源年销量目标突破60万辆 • 网联化：上汽基于当代科学技术与互联网生态环境，耗费8年时间开发互联网汽车 • 智能化：业务智能化，上汽正在同步发展大数据、云计算和人工智能 • 共享化：使汽车公司从纯粹的制造商变成一个产品和服务综合供应商	• 纵向建立垂直电商平台，实现与O2O的一体化融合 • 横向加强企业内部及外部的协同，打通智能产品平台与互联网生态圈的结合 • 四种能力推动业务转型，满足新商业模式的要求 • 海内外市场同步发展。海外重点推广品牌业务，力求重点国家的重点突破；中国区恢复市场领导地位	• 在专注于核心技术的同时，在核心技术相关产业领域拓展市场，积极实施多元化的战略 • 专注于核心技术牵引传动和控制系统，布局铁路、城轨、轨道工程机械、通信信号、大功率半导体、海工装备、关键部件、乘用汽车等多元化产业，逐步实现跨国、跨界经营

图 3-3　上汽、TCL、中车株洲的总体路线推演

战略定位

战略定位指企业谋划相对竞争对手在行业中占有的有利位置或展现的市场形象，其实质就是选择与竞争对手不同的运营活动，实现独特的价值创造。战略定位是"想做""可做"和"能做"的交集，如图 3-4 所示。

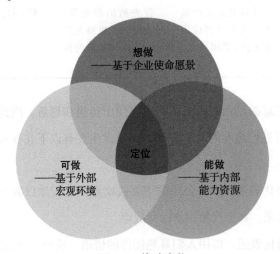

图 3-4　战略定位

想做什么，指的是企业的使命与愿景，描述的是企业为什么存在，会发展成什么样，涉及企业设立的宗旨和核心价值观，是对企业未来发展目标的终极阐述，将沉淀为企业的 DNA，并由此决定着企业的特质。

以我国两家优秀企业华为和联想为例。华为的使命是"聚焦客户关注的挑战和压力，提供有竞争力的通信与信息解决方案和服务，持续为客户创造最大价值"。正是坚守这样的使命，华为走的是技术创新驱动的路线，"坚定不移 28 年只对准通信领域这个城墙口冲锋"，最终在大数据传送上世界领先。反观联想，其使命是"为客户利益而努力创新"，基于市场需求去定位。联想选择的是贸工技的路线，前期靠销售代理，后来靠不停并购收购。30 多年过去了，联想不断追逐市场热点，业务横跨 PC、手机、房地产、投资等多个行业，但是主业却不见起色。早年，联想的营收一度是华为的 17 倍，而现在不及华为的一半。

"想做"反映的是企业的初心，而"可做"指的是外部的现实条件。离开"可做"的前提条件，"想做"也就缺乏土壤。在战略推演中，机会洞察环节就是要明确"可做"的问题。马斯克开发特斯拉汽车，是因为看到了新能源汽车的前所未有的机遇。为了治理空气污染，最近法国宣布 2040 年不再出售柴油和汽油车型。此前印度宣布 2030 年禁售燃油车，德国 2030 年或将禁止出售传统内燃机汽车。荷兰政府讨论 2025 年前禁止销售燃油车。马斯克的前瞻布局，让他的企业占据了领先位置，颠覆了传统汽车的游戏规则。

"想做"和"可做"共同构建了企业战略定位的充分条件，而"能做"则提供了必要条件。没有内部的资源能力做坚实后盾，战略定位就成了无本之木。2013 年底，小米开启了生态链计划，雷军定下了 5 年内投资 100 家生态链企业的目标。雷军当初的目标是建立以手机为核心的智能硬件生态圈，先依靠小米品牌红利孵化小米生态链，然后反哺小米，形成互利共生的生态优势。小米生态链投资从起初的以品类和领域为标准，扩展到现在以用户群为中心，捕捉消费升级的机遇。2017年小米产业布局也从"软件+硬件+互联网"升级为"硬件+新零售+互联网"。小米强大的平台赋能支持了新的战略定位和产品升级。

战略定位推演是一个客观分析的过程，然而战略定位的最终抉择却是由决策者战略思维模式决定的，烙着决策者或决策团队偏好的印记。所以有人说，乔布斯去世后的苹果公司不再是以前的苹果公司，那种鲜明科技时尚范儿似乎远去。库克接棒后的苹果公司，展现的是一副中规中矩的模样。我们将战略思维模式分为两大类：一类是塑造型思维，另一类是适应型思维。这两类思维最终会影响企业的战略定位。

1. 塑造型战略定位

基于塑造型思维的战略定位，重点聚焦"想做"和"可做"上，偏好颠覆式创新，跨界或相邻拓展打破旧有格局。主要有以下两种定位形式。

- **使命愿景驱动型定位**。这种定位不循于旧规，放眼于新物种的打造，开辟前所未有的蓝海。它既需要有领先于人的洞察力，又需要有现实的机会土壤。例如，阿里巴巴将自己定位为"打造社会未来的商业基础设施"，这个定位使得阿里巴巴区别于亚马逊，也使两者形成迥异的商业模式。
- **未来引领型定位**。这种定位瞄准新技术窗口，致力于前沿技术领先，着力使自己在产业变革中维持领先的位置。实施这种定位的企业，通常也是现阶段的行业领导者，为谋求继续保持领导地位，提前立足于未来趋势来定位。如大众汽车最新宣布将从一家传统的汽车制造商向"一个全球移动出行解决方案的提供者"转变,未来十年将把"电动车、数字化、自动驾驶、汽车共享服务"作为聚焦点。

2. 适应型战略定位

基于适应型思维的战略定位,更在意"可做"与"能做",偏好能力驱动型战略,谋求在现有竞争格局中找到自己的缝隙市场或相对有利的位置。主要有以下三种定位形式:

- **竞争地位型定位**。这种定位旗帜鲜明地表明自己所担负的责任和使命,或者谋求占据行业优势地位。国有企业一般承担政府指定的功能,相对偏好行业领导地位的定位。例如,央企中粮集团是国家的大型粮食企业,其战略定位是"国家粮食安全战略和食品安全战略执行主体"。
- **独特价值型定位**。这种定位针对当前行业已经有领导品牌的时候,通过特性抢占消费者心智。神州租车 2010 年开始做租车的时候,前面已经有一嗨租车和至尊租车,分别拥有 1 200 辆车、1 000 辆车,而当时神州只有 600 辆车。神州专车提出要做"专业司机,专业车辆,更安全的专车",突出自己的安全特性,因此迅速占据市场一席之地。
- **垂直聚焦型定位**。这种定位针对相对成熟的市场格局,后发企业通过细分市场,开辟新品类,做深做专,占据缝隙市场。中国的电商市场主要份额被淘宝、天猫、京东占据,要想在电商市场分一杯羹,必须另辟蹊径。唯品会一出场,就将自己定位为"一个专门做特卖的网站",在专卖缝隙市场里,占了一席之地。

如图 3-5 列举了几个主要的例子。

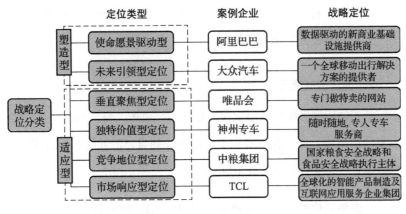

图 3-5 战略定位分类

主题与主线

不同时期企业面临的发展环境与主要矛盾都会有所不同，自然也会有不同主题与主线的问题，它将决定以企业为主人公的"故事"走向。明确战略主题就是确定统率企业发展的总基调，彰显企业发展的战略意图。

主线则指企业发展的主轴，贯穿一系列战略任务的主要线索。围绕主题，抓住主线，凝聚共识，明确主航道，把企业的精力与资源集中瞄准于主要矛盾，不为次要矛盾所干扰，以统一的主旋律协调相关利益者共谋企业发展。

以《中国制造2025》为例，我国为应对新一轮科技革命与产业变革，制定了"制造强国战略"。面对智能制造的全新机会窗口，中国制造业将获得前所未有的机遇，将站在全新的起跑线上，从过去的赶超转向部分前沿领域领先，彻底改变中国制造业"大而不强"的问题。所以，《中国制造2025》是以"创新发展"为主题，强调转变传统拼资源、拼消耗的发展方式，以"新一代信息技术与制造业深度融合"为主线，为制造业插上信息化的翅膀，使"两化融合"成为制造强国战略的主轴。这就要求战略任务围绕这条主线来展开部署。

具体从企业发展生命周期来看，先后会遇到如下四大战略主题。

- **起步期**：一般以"做大"为主题，以"业务增长"为主线，旨在做大体量，谋求在快速成长的市场上占有一席之地。
- **成长期**：通常以"求快"为主题，以"市场领先"为主线，争先在即将稳定的市场格局中形成自己有利的基本盘。
- **成熟期**：以"做强"为主题，以"创新赶超"为主线，提升核心能力，保持市场领先地位。
- **衰退期**：以"谋存"为主题，以"战略转型"为主线，变革商业模式，重塑能力，图存新生。

在一段战略时期内，企业战略主题通常不会有重大变化，但在具体阶段的主线侧重点可以有区分。企业根据所面临的形势、基本矛盾，可以进一步细化表述主线，以便更加精准地表明此阶段的中心任务。

以中车旗下的时代电气为例，面对过去擅长的变流控制的晶体管技术已被 IGBT 芯片技术取代的压力，时代电气决定以"做强"为主题，分如下三个阶段来实现"创新赶超"。

- 第一个阶段以"技术寻求"为主线，以"确定弥补关键技术缺口的路线"为中心任务。2008 年，时代电气决定抓住全球金融危机的时机，低价并购英国 Dynex 公司。
- 第二个阶段以"技术转移"为主线，以"知识吸收学习"为中心任务，实现并购后的技术资源的整合和逆向知识的转移，分别在英国建立国际研发中心，在国内建立制造中心。
- 第三个阶段以"技术升级"为主线，以"双方协同持续创新"为中心任务。2013 年，时代电气实现了 IGBT 技术从第三代

SPT 到第四代 SPT+ 的技术升级。

围绕主题，抓住主线，路线设计的问题才会迎刃而解。

主攻方向

所谓主攻方向，指企业锚定的重点领域，即企业是干什么的，企业的边界与范围在哪里。

- 对于多元业务的企业，它的主攻方向就是明确业务组合规划，它将决定企业的成长方式。
- 对于单元企业，它的主攻方向就是确定产品组合规划，它将决定企业业务的发展重点。

企业一旦迷失主攻方向，它就离衰亡不远了。下面以湘鄂情为例，它由湖北人孟凯于20世纪90年代初创办，专做高档餐饮，瞄准公务宴请市场，并于2009年成为我国第一家在国内A股上市的民营餐饮企业，一时风光无限。然而，2012年，中央"八项规定"出台，公款消费处于风口浪尖，湘鄂情陷入了前所未有的危机。孟凯选择寻求"跨界"自救，主业从环保到影视，从大数据到互联网不断变脸。2014年8月，湘鄂情干脆更名为"中科云网"，然而主业不断变脸并未让企业走出困境。2015年1月，孟凯辞职离开了自己一手创办的企业。战略定位不清晰、主攻方向迷失是湘鄂情陷入窘境的根本原因。

多元化企业的主攻方向，可采用麦肯锡三层面理论（见图3-6）来指导。麦肯锡通过研究世界上不同行业的40个高速增长企业，发现真正伟大的企业是能维持增长同时追求增长的企业，企业实现增长就必须同时管好三个层面的业务。

- 第一层面是守卫和拓展核心业务。种业务基本确立了经营模式，并且具有高成长性，已经产生收入或利润，能为其他业务成长提供现金流支撑。

- 第二层面是建立即将涌现增长动力的成长业务。期望在不久的将来这种业务也会带来盈利，顺利成为新的核心业务。
- 第三层面是创造有生命力的未来业务。这些业务有的将来能发展为成长业务，甚至成为核心业务，有的可能会被剥离或退出。

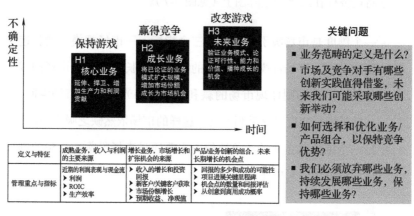

图 3-6　麦肯锡三层面理论

总的来说，麦肯锡的三层面理论，是在一个宏伟的远景目标指导下，结合长、中、短三个时间层面，对业务进行组合规划，从而明确一段时期的主攻方向。

多元化企业的业务单元主攻方向既要匹配市场机会，又要服务并服从于企业的战略意图。波士顿矩阵是指导业务单元进行产品组合规划的流行工具。从规划逻辑来看，波士顿矩阵与麦肯锡三层面理论都是以协保效应为理论基础，即把战略规划和资本预算紧密结合了起来，通过结合各种长度回报期的业务（或产品）优化组合，实现企业的现金流量平衡，以实现回报期上的风险分散。

以李嘉诚的和记黄埔为例，它将业务的协保效应发挥到极致，它有港口、地产及酒店、零售、基建业务、能源、财务及投资和电信业务等，分布在全球。如果从单个行业的盈利成长率看，最低的是 -50%，而最高的是 200%；但从整个业务组合的盈利成长率来看，最低是 -5%，最高是 20%，盈利波幅足足减少了 10 倍。由于和记黄埔的七大行业间有很大的互补性，因此有效地降低了和记黄埔的整体营运风险。

波士顿矩阵是波士顿咨询集团在 20 世纪 70 年代初开发的管理工具。它将业务标在二维的矩阵图上（见图 3-7）。

- 一个维度是市场吸引力，涉及三个指标——市场规模、增长速度和利润。市场规模衡量市场的空间，增长速度反映市场的成长性，而利润则体现市场的赢利性。如果光有巨大市场空间，却缺乏增长速度或是毛利不高，这样的市场依然缺乏吸引力。

- 另一个维度是企业的竞争地位，主要通过市场份额、战略控制点和竞争优势来描述。

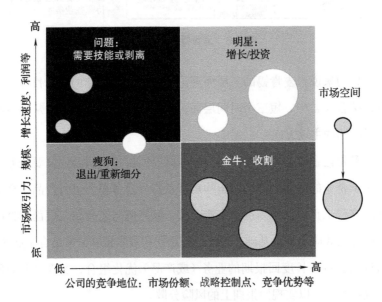

图 3-7　波士顿矩阵

由此将业务分布在不同区间,从而显示出哪块业务提供高额的潜在收益,以及哪块业务是企业资源的漏斗,以帮助企业制定业务分类管理的策略:投资、收割、剥离或退出等。

波士顿矩阵中金牛业务(现金牛业务)类似于麦肯锡三层面理论中的核心业务,明星业务对应的是成长业务,而问题业务则相当于未来种子业务。例如,现今排在全球Top5的华为手机业务,一度被视为问题业务差点被出售。后借助智能手机发展的机遇,华为手机弯道超车成为公司的明星业务,现在已经成为金牛业务。

□ 专栏3-1 归核化战略

20世纪90年代末,人们发现同一产业内企业间的利润差距并不比产业间的利润差距小。即使在看上去没有吸引力的产业中,也可以发现利润水平很高的企业。即使在吸引力很高的产业中,也有经营状况不佳的企业。贝恩公司的调查也表明,1997~2002年全球惨痛的企业灾难,有75%直接是由多元化的失败引发的。这些现象迫切需要新的理论来解释。

1990年哈默尔和普拉哈拉德在《哈佛商业评论》上发表了《公司的核心竞争力》一文,从此开辟了核心能力理论的新篇章。核心能力是组织中的积累性学识,特别是关于如何协调不同的生产技能和有机结合多种技术流派的学识。核心能力具有价值性、独特性、难以模仿性、延伸性、动态性、综合性。核心能力决定了企业的规模和边界,业务组合规划要以培育核心能力为依据。适度相关多元化,可促进核心能力的发展和融合。[⊖] 比如,佳能公司生产复印机、传真机、照相机、投影仪、光学仪器等十几种很有竞争力的产品,都是凭借该公司的精

⊖ C. K. Prahalad, G. Hamel. The core competence of the corporation [J]. The Harvard Business Review, 1990, 68 (3): 79-91.

密机加工、光学、微电子技术三种核心能力生产的。"核心能力"概念的提出，引发了各界对"多元化与专业化"的讨论，"归核化"战略逐渐成为众多企业成长战略的新选项。

"归核化战略"是由贝恩公司的咨询专家艾伦和祖克在《回归核心》一书中提出的。所谓"归核化"，就是指把公司的业务归拢到最具竞争优势的核心业务上，把经营重点放在核心行业价值链中自己优势最大的环节上。⊖"归核化"并不是简单的做减法，同样也可以做加法，即核心业务的相邻扩展，指依靠核心业务的客户关系、技术和手段，创造一套可重复运用的扩展模式，向周边的相邻领域扩展，实现业务的持续增长，并选择适当时机不断重新界定自己的核心业务。

核心业务的相邻扩展主要有六个方向（见图 3-8）：

- 第一个代表可能扩展的客户部分（新客户）。
- 第二个扩展代表新渠道。
- 第三个代表新地域分布。
- 第四个代表价值链的改变。
- 第五个代表新业务。
- 第六个代表新产品。

例如，耐克（Nike）公司通过发现新的、合乎逻辑的大规模的相邻业务，利用其核心业务的优势不断成长。首先，耐克在目标市场确立运动鞋的领先地位；接下来，耐克在该市场推出由顶尖运动员代言的服装系列；然后，耐克开始在目标市场上推出利润较高的运动装备；最后，耐克跨出美国市场，在全球分销。耐克运用同一扩展模式，打入一个又一个的体育用品市场，并从锐步（Reebok）手中夺走了体育

⊖ 克里斯·祖克，詹姆斯·艾伦. 回归核心 [M]. 罗宁，译. 北京：中信出版社，2004.

用品市场领导者的宝座。

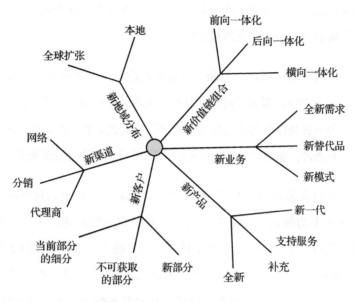

图 3-8　核心业务的相邻扩展

随着 20 世纪 90 年代末多元化浪潮退却，"归核化战略"逐渐成为新主流。业务组合规划不再只是考虑业务之间的接替关系、现金流的协保效应，核心能力的驱动成为业务扩展的新动力。核心能力不会随着使用而递减，也不会像物质资产那样会随时间的流逝而损耗，反而会因使用与分享而提高价值，企业才能充分地发挥战略杠杆的作用。

着力点

俗话说"牵牛要牵牛鼻子"，鼻子是牛身上最脆弱最怕疼的地方，抓住牛鼻子就制住了牛。人们常用此来比喻抓工作要抓住要害。战略事关企业发展大局，涉及的内容千头万绪，只有抓准着力点，才能以四两拨千斤。

战略着力点是放在精力和资源集中使用效力的关节点或支点。找到了"着力点"，只需要在这一点上做出一个相对较小的调整，就能释放出更大的、被压抑的力量。[⊖] 因此，着力点的推演是总体路线设计中的重要内容之一。找准了战略着力点，就找准了企业发力的方向。

战略着力点的选择有两种思路：

- 一种是瓶颈突破的思路，查找企业的短板，通过补短提升企业竞争优势，那么需重点弥补的短板便是企业战略的着力点。
- 另一种是以终为始的思路，按照拟寻求的竞争优势要求，构建充分条件，那么最为核心的充分且必要的条件就是企业战略着力点。

下面以京东为例，外界一直质疑京东就算巨亏也要自建物流，然而刘强东不为所动。在刘强东看来，减少物品的流动，正是京东的战略着力点，也是构筑京东竞争优势的关键所在。京东长期以来采用"倒三角模型"指导公司战略（见图3-9），产品、价格、服务是用户看得见、体验得到的，需要通过成本和效率来驱动实现。自建物流，实现仓配一体化，让货物离消费者更近，既能减少搬运、降低搬运次数、降低成本、提高效率，又能提升用户体验，创造更多价值。

在美国，也有一家长年亏损却受资本市场追捧的企业——亚马逊，它从1994年创立（最初名叫Cadabra）到2004年前是年年亏损，之后虽然赢利，但一直赢利不多。2016年的赢利破天荒达到42亿美元，可还是不到Facebook利润的一半、不到谷歌的1/6。然而亚马逊的股价较1997年上市到最近翻了一千多倍，公司市值5 750亿美元。创始人贝佐斯以超过1 000亿美元的个人财富，成为世界首富。最初亚马逊以书籍为着力点，致力于"成为领先的信息产品和服务的在线零售商"。后来亚马逊将战略定位修正为"致力于成为地表上最以客户为中心的公司"，便将AWS（Amazon Web Services）视为战略着力点，加大

⊖ 理查德·鲁梅尔特. 好战略，坏战略 [M]. 蒋宗强，译. 北京：中信出版社，2012.

了此领域的战略投入。AWS 将亚马逊的基础设施模块化，有效地使原始数据中心组件转变为存储、计算、数据库等，从而在公共云上建立了一个具有互联网功能的业务，以从"所有经济活动中分一杯羹"。

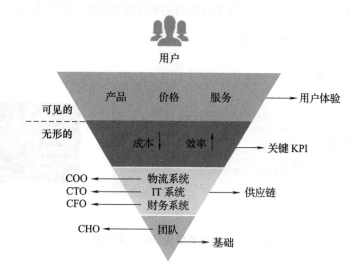

图 3-9　刘强东的倒三角形管理模型

上述亚马逊与京东两家企业都属于"新兴物种"，偏好塑造型思维，都是用以终为始的思路来确定自身的战略着力点。

竞争优势

竞争优势好比是企业的护城河，护城河越宽越有利于保护企业的利润池免受侵袭。立足于公司层面的总体路线设计，讨论企业如何"活得久""活得好"的问题，思考企业怎样形成持久的竞争优势。

然而，随着市场环境的快速多变，已鲜有公司能保持可持续的竞争优势（sustained competitive advantage）。如果想要保持领先，公司需要持续不断地开展新的战略行动，同时建立并利用多个瞬时优势

(transient advantage)。尽管单个优势的持续时间短暂,但多个瞬时优势聚合在一起,就能够保证公司在较长的周期内保持领先[一]。

但不管如何变化,企业的竞争优势终究是由企业资源与能力决定的,并通过成本领先或差异化战略的实施得以形成的(见图3-10)。我们归纳出以下五种竞争优势。

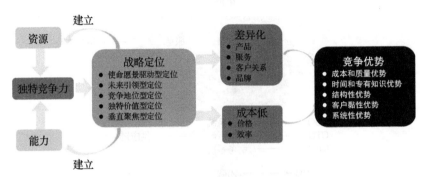

图 3-10　形成竞争优势的相关因素

1. 成本和质量优势

不管什么时代,"价廉物美"总是消费者的至爱;不管什么国家和地区,价格始终是撬开市场大门的最有力武器。当产品质量相近时,价格就是关键。当价格相近,或价格对市场供求影响不大的时候,质量又成为市场成败的关键。这里的质量显然是一个综合性的概念,它包含了产品的功能、稳定性、服务以及差异化等多项内容。随着市场竞争愈发激烈,许多企业总是希望通过提升产品性价比或者是聚焦细分市场来避免与对手肉搏。

2. 时间和专有知识优势

先发优势。善于捕捉市场机遇,率先改变原有竞争模式的企业,

[一] 丽塔·麦克格兰斯. 瞬时竞争力:快经济时代的6大制胜战略[M]. 姚虹,译. 成都:四川人民出版社,2018.

可以形成先行者的时间优势。这种优势包含市场的知名度、市场新规则设立的优先权、人们对新事物的偏爱以及先行者在行动过程中得到的市场经验等。20世纪90年代末，有一则家喻户晓的广告："呼机、手机、商务通，一个也不能少！"这是恒基伟业为其首推的"商务通"定制的广告。"商务通"很快就在市场上一炮而红，一度把"商务通"这个自有品牌做成了PDA产品的代名词，造就了所谓"商务通"的神话。

专有知识优势。市场先行企业也有可能会建立起自己的某些专有知识，如专利、诀窍和管理知识，从而形成专有知识的竞争优势。如施乐公司正是因为买断了静电复印的专利技术，几乎统治了复印机市场达20年之久；可口可乐公司因其特殊的配方，近200年始终保持世界软饮料市场的领先地位；丰田通过发明精益生产模式，一举奠定了全球领先车企的地位。

然而令人遗憾的是，无论谁拥有先发优势或专有知识的优势，都不可能有办法杜绝别人的模仿，曾经横行的"山寨经济"就是典型的例子。领先者经常发现模仿的速度总是大大超过原先的估计，而进一步创新的成本和难度变得越来越大，不得不更加注重差异化，试图摆脱追随者的袭扰。

3. 结构性优势

价格、成本优势以及时间和专有知识优势总是难以长期保持，因为会面临后发企业的挑战。领先者通过设置壁垒阻碍或推迟竞争对手的进入，使市场对竞争对手来说并不具有吸引力，或者即使进入也很难与之匹敌，从而形成有利于自己的市场竞争的结构性优势。

规模壁垒。现有行业中企业通过建立经济规模经济，提高行业进入的门槛，使得新进入者很难在一段时间内达到经济规模，进而降低潜在进入者的意愿。以格兰仕为例，中国的家电品牌林立，唯独微波炉市场上格兰仕一枝独秀。格兰仕一手提高产能规模，降低盈亏平衡点，建立规模壁垒，一手挥舞价格战大棒，主动牺牲短期利润，降低行业吸引力，从而确定了格兰仕的领导者地位。

资源垄断。垄断资源是企业减少竞争，维持自身有利地位的重要手段。一类是企业通过占有关键资源，掌握市场的话语权。如跨国矿业公司通过垄断大宗矿产的供应，形成资源的定价权；一类是自然垄断行业，少数生产者比大量生产者更有效率，如铁路、通信、环保等行业，但这种垄断往往会造成低效；还有一类是政府造就的垄断，政府给予一家企业排他性地生产某种产品或劳务的权利，或者现有行业的企业通过游说政府设置政策性障碍来阻碍新对手的加入。如中资企业华为、中兴等进军美国市场，屡屡被美国政府以国家安全为由阻挠，背后是相关利益集团游说的结果。

关系锁定。关系锁定一般是先发企业市场竞争的结果，而非政治关联的产物。企业通过与供应商长期的合作关系得到更便宜的供货；或者抢先在最有利的地点设立自己的网点；抑或与行业有关的其他关键利益相关者保持良好的关系，使得新进入者难以在短时间内打开缺口。

4. 客户黏性优势

客户黏性表现的是企业与客户建立起的亲密关系，企业的形象和产品长期占据着客户的心智。尤其是在移动互联网时代，客户深度参与企业的产品设计、生产和销售，甚至客户成为企业的粉丝。一些擅长此道的企业如小米，形成自带"流量"的能力，甚至可以将粉丝"流量"导流到新品中。

品牌声誉。企业通过多年的努力，所提供的产品或服务为用户带来良好的体验或者能彰显用户的身份，由此建立起良好的品牌和声誉，使得竞争对手很难改变客户业已形成的品牌认同或者消费习惯。

转换成本。客户从购买一个供应商的产品转向购买另一个供应商的产品时所增加的费用，如增加新设备、重新设计产品、调整检测工具、对使用者进行再培训等发生的费用。转换成本的形成既有经济因素，也有时间、精力和情感因素。转换成本越高，客户重新换新供应商的意愿就越小。

5. 系统性优势

系统性优势反映的是企业整体的对外部环境快速响应和集体协同行动的能力，如同军队那样可以快速组织强有力的冲锋，或者是呼唤后方炮火支援精准打击敌人。这种系统性优势既体现为企业内部的组织效率，也表现为企业组织动员外部资源的系统响应能力。企业系统性优势来源于企业文化内在的认同和集体行动的组织能力，当然也离不开IT等信息手段的使用带来的信息畅通、沟通便捷、响应迅速。大型零售企业沃尔玛具有鲜明的系统性优势，沃尔玛的门店遍布全球、配送的货物上千万种，然而它利用信息技术实现了对顾客需求的精准预测、库存的有效管理、物流的高效配送，比竞争对手无论在资产周转率，还是客户满意度上都有更好的表现。

对五种竞争优势的更多理解还可见图3-11。

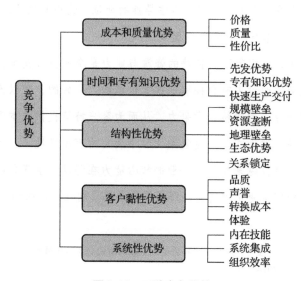

图3-11 五种竞争优势

□ 专栏 3-2　物联网时代企业拼的是生态优势

物联网时代的到来，推动新一代信息技术的发展和智能产品的普及，并将带来产业环境、企业竞争格局以及市场偏好的变化。从需求侧看，消费者对产品与服务的整合性需求提高，不再满足于单一化产品功能，更加希望通过简单、极致的交互，在某一接触点上获得一揽子的个性化解决方案；从供给侧看，智能产品出现，它不同于传统的硬件，是由物理部件、智能部件和连接部件等三大核心元素构成。⊖ 其中，智能部件能强化物理部件功能与价值，连接部件则是实现万物互联的技术基础，它让智能产品成为流量入口，具有产生数据的新能力，从而赋予企业跨边界整合提供整体解决方案的服务能力。例如，电视不只是接收电视节目的播放器，而是提供"内容+服务"的家庭流量入口；冰箱不再只是单纯的食物储存，它担负起家庭食物和营养及时配送的功能。正是由于供需两侧的深刻变化，导致行业的竞争基础从单一产品功能转向产品系统的性能乃至生态系统。如果一家企业的产品能对整个系统的性能产生最大影响，那么它就有可能成为生态系统中的核心企业或平台，并将占有主导性的地位。这种变化已经在电商、智能家居、共享汽车等行业中显现。

在经典战略框架下，独特的资源与能力是企业持久竞争优势的源泉。企业必须通过占有和控制那些有价值的、稀缺的、难以模仿和无法替代的资源，形成核心竞争力，从而为客户持续提供成本领先或差异化的产品。然而在越来越复杂化和不确定的市场环境下，企业竞争优势的可保持性越来越低。企业的核心能力在环境发生变化时很容易表现出某种抗拒变化的惰性，即所谓的"核心刚性"（core rigidities）。

⊖ 迈克尔·波特，詹姆斯·贺普曼. 物联网时代企业竞争战略 [J]. 哈佛商业评论，2014（11）.

一些企业在获得核心能力的同时，可能因为核心刚性而丧失竞争优势。

在物联网时代，产业融合加速、相邻竞争者以及颠覆式创新的不断出现，不再允许企业故步自封，消费者的需求升级也迫使企业必须保持开放、灵活。2011年腾讯实施开放共生战略，2016年小米也对外开放生态。企业的目光从关注自身价值链，转向重新定义和优化价值网，管理好不曾拥有的资源。企业通过不断地增加生态圈内伙伴的异质性、嵌入性和互惠性，灵活地组合不同企业的核心竞争力、适应不断变化的环境，形成协同和放大效应。企业竞争正从产业链竞争转向生态系统竞争，过去的"三四规则"将失灵。在"赢者通吃"的游戏规则下，追随者、挣扎者都将失去生存空间，市场竞争将会更加惨烈。事实上，这一幕已经在诸多新经济领域上演。

今天，经典理论的适用条件已经发生了变化。我们必须重新思考新背景下企业竞争优势的来源：生态优势。这里的"生态"是指具有异质性的企业、个人在相互依赖和互惠的基础上形成互利共生的生态系统。企业的优势不仅仅来源于内部价值链活动的优化和资源能力的积累，还来源于对外部资源的有效利用，也就是企业组合商业生态系统元素，协调、优化生态系统内伙伴关系的能力。⊖ 归结起来，这种生态优势主要表现在以下三个方面：一是机会开发。通过不断发现新机会，开拓缝隙市场，拓展生存空间，保持生态系统的新陈代谢。二是适应能力。核心企业与生态链企业互利共生，实现信息连接、资源与能力共享，增强生态系统应对环境变化的能力，保持组织的内稳态。三是放大效应。通过生态系统的构建，实现生态链企业之间的良好协同效应，放大了成员企业的竞争优势。

⊖ 廖建文，崔之瑜. 企业优势矩阵：竞争VS生态［J］. 哈佛商业评论，2016（7）.

新时代是竞争规则大变革的时代，企业将只有两种选择：要么成为网络核心企业或者平台，要么主动嵌入到已有的生态系统中成为生态链的一员。除此，将别无他法。

战略目标

战略目标是企业根据自身的战略需要，提出的在一定时期内所要达到的预期成果。一般规划未来3～5年的目标为中期目标，未来10年的目标为长期目标，15年以上目标为远景目标。战略规划期越长，战略目标就越难以量化，主观描述性就会越多，通常需要设置阶段性目标来完善。

战略目标是总体路线推演的重要内容，它是对总体路线所期望达成结果的具象化表达。因此，战略目标具有指向性、标志性、可测性。

- 指向性，指战略导向意图明确。
- 标示性，指有里程碑式的指标或事件界定结果。
- 可测性，指目标量化可衡量。

战略推演的主要目的是梳理战略逻辑，重在达成内部战略共识，并不求设计出一套完整的战略方案。因此，战略目标的推演不要求全而细，重在阐明战略指向性目标，如定位目标、财务目标、结构目标、管理目标等总体性目标，反映企业对经营规模、结构水平和地位的预期（见表3-2）。具体的目标体系设计及其目标分解将是下一环节"战略执行"的头号任务，将会运用平衡计分卡或战略地图等工具来辅助完成。

战略目标设定需要考虑企业所处的发展阶段、面临的主要矛盾以及战略定位等因素。

表 3-2 战略目标类型

目标		目标描述
定位目标	达成整体态势	
	阶段要求	
财务目标	收入目标	
	效益目标	
	效率目标	
结构目标	业务结构目标	
	收入结构目标	
	市场结构目标	
管理目标	计划管理目标	
	人力资源管理目标	
	信息化管理目标	

- 当企业所在行业处于起步期，一般奉行业务增长型战略，尽快上量上规模是企业的核心诉求，产能、产量、收入等是重点考量的战略目标。

- 当行业进入成长期，企业面临市场重组洗牌的压力，不占据有利的市场地位就有可能被淘汰。企业开始实施市场领先型战略，扩大市场份额、上市融资、保持高于行业平均水平的业绩增长是企业重点关注的战略目标。

- 当行业进入成熟期，企业战略意图由做大转向做强，旨在提升核心能力，转而实施创新赶超战略，创新性、结构性、效益性指标成为重点战略目标。

- 当行业进入衰退期或者巨变期，企业为适应变化而进行战略转型，结构性指标如新业务的贡献率成为最具指示性的战略目标。

因此，我们在推演过程中不必求全责备，而是重点抓住关键性战略目标，尽快达成共识。

下面以华星光电为例，它是 TCL 集团 2009 年投资新建的新世代面板生产企业。不同发展阶段，华星光电均有明确指向的战略目标。早期产线爬坡、效率领先是重点战略目标；近年以提升良品率和品质、实现产品领先为重点战略目标；下一阶段，华星光电将以技术创新、客户领先为重点战略目标。

推演呈现

通过总体路线的推演我们将会勾勒出企业的战略意图，借助表 3-3 可以完成此项任务。这项工具同时也同样帮助我们进行对标分析，发现同业竞争对手的战略意图。

表 3-3　总体路线推演表

要素	描述
战略定位	
主　题	
主　线	
主攻方向	
着 力 点	
竞争优势	

第 4 章 路线设计之二：业务路线

> 当今企业之间的竞争，不是产品之间的竞争，而是商业模式之间的竞争。
>
> ——彼得·德鲁克

喜马拉雅 FM：创造耳朵经济新"声"活㊀

音频具有伴随性特点，随着移动互联网时代的到来，它的价值被重新挖掘出来。让你一边做事情的时候，一边不受影响地获取信息，可以填补移动碎片化场景。

2012 年 8 月，喜马拉雅 FM 正式创立，定位为满足受众碎片化时间之下的休闲娱乐需求。面向 4 亿用户，喜马拉雅 FM "打破" 传统电台所固有的用户只能通过直播来收听节目、不能定制喜欢的内容，以及收听地域有限等硬伤，重新在内容、互动上定义了移动电台的概念，重塑了音频的使用场景，将音频从原先的小众领域拓展为大众应用，创造出耳朵经济新"声"活。喜马拉雅 FM 瞄准的是生活闲暇时间和开车场景，搭建"平台＋内容＋硬件"的音频生态圈。

㊀ 本文根据中国管理案例共享中心丁栋虹和王辰《喜马拉雅 FM：随时听我想听，引领新"声"活》、李海涛和米楠《耳朵经济的唤醒者：喜马拉雅 FM》及相关新闻报道等整理编写。

在上游，喜马拉雅 FM 通过创建"大平台＋小老板"内容创业的孵化体系，从空间、投资、大数据、流量推广等各方面提供支持，让平台内的主播实现有声内容"微创业"，培育内容创业生态。目前，喜马拉雅 FM 已经拥有 400 万名主播，200 多家媒体，1 200 个入驻品牌。其中，10 万名认证主播，包括罗振宇、郭德纲、吴晓波、马东等自媒体"大咖"，投身音频"微创业"，也有诸多草根主播通过平台孵化成为声音"大咖"共同创造了 3 000 万条有声内容。

在下游，结合手机、车和智能硬件做内容的分发，通过成立"喜马拉雅 INSIDE"开放平台，专攻智能硬件市场。目前，喜马拉雅 FM 已经和宝马、福特等汽车品牌达成合作，推出车载硬件产品"随车听"，通过手机与车机的连接让车主收听平台的音频节目。此外，还和冰箱、智能灯、音响、油烟机等数百家硬件公司合作开发音频应用。

通过音频生态圈的搭建，喜马拉雅 FM 实现了流量变现，获取了广告收入、订阅费、版权分销及出版、粉丝经济和硬件增值等多种形式收入。目前，喜马拉雅 FM 正通过打造独特的产品属性、版权保护以及对用户需求的精准把握，拉长用户使用产品的时长，并通过各类增值服务与功能增加产品使用的黏度，建立保护利润池的护城河，实现对流量入口的把控。

喜马拉雅 FM 能成功从众多 App 中脱颖而出，在于它捕捉到移动碎片化场景的音频需求，迅速搭建起一个"平台＋内容＋硬件"的音频生态圈。这个案例告诉我们：在当今变革的新时代，不仅要有发现机会的慧眼，还要有设计好业务路线的能力。上一章的总体路线推演解决的是战略定位和目标的问题，为企业锚定主航向。本章的业务路线推演则是进一步解决以什么样的商业逻辑来实现战略意图的问题：企业需要根据对市场机会的判断，结合自身的资源能力，选择什么样的客户？做什么样的业务？以及如何建立起稳定的利润池？

推演目的

业务设计是业务路线推演的重要方法和工具，它是企业战略意图得以实现的价值创造系统。业务设计旨在明确企业创造价值的核心逻辑，把战略机会点转化成收入和利润，建立起自己的商业模式。业务设计并不是独立的模块，它以捕捉市场机会为导向，以实现战略定位为目标，以资源能力为支撑，如图4-1所示。

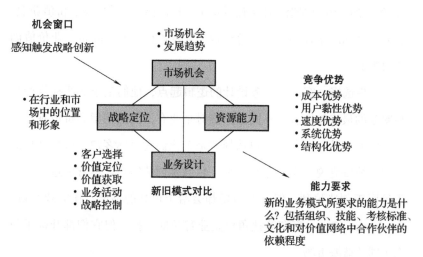

图 4-1　业务设计逻辑

业务设计是对企业商业模式持续创新的过程，需要将外部机会与自身能力有机结合起来通盘考虑。例如，Netflix 是风靡全球的电视剧《纸牌屋》的发行商，它于 1997 年成立。20 年多来，Netflix 的商业模式一直在持续创新。早期它自创的 DVD 出租和寄送方式，颠覆了百事实体店模式；2006 年 Netflix 大胆抓住互联网兴起的契机，率先进入在线视频播放的蓝海市场，向用户所有的设备提供电视节目；2011 年，Netflix 决定摆脱对版权方的依赖，利用超过 100 亿次的用户观看纪录分析观众喜好，自己生产优质视频内容。Netflix 现已发展成为全球最大的流媒体供应商。

推演逻辑

现实商业活动中，常会看到企业忽视业务设计背后的内在逻辑，将业务设计等同于新产品开发，结果很快被竞争对手跟进，产品竞争白热化。根据奥斯特瓦德[一]等人商业模式画布理论和斯莱沃斯基[二]、波维特[三]等人的价值网理论，业务设计可由客户选择、价值定位、价值获取、业务活动和战略控制五个部分组成（见表 4-1），反映的是企业价值创造的逻辑。

客户选择：客户是业务设计的逻辑起点，他们是企业所提供产品与服务的最终使用者。不同客户群对企业有不同的期望和价值观，需要不同的产品与服务。客户选择就是企业识别目标客户、取舍客户的过程。德鲁克说，企业存在的唯一目的是创造客户。尽管创造客户并不等同于创造盈利，但资本市场却会给予很高的估值。比如亚马逊、Facebook、Uber、京东等独角兽企业曾长期亏损，但它们都开辟了与众不同的蓝海市场。

[一] 亚历山大·奥斯特瓦德，伊夫·皮尼厄. 商业模式新生代 [M]. 王帅，等译. 北京：机械工业出版社，2014.

[二] 亚德里安·斯莱沃斯基，大卫·莫里森，劳伦斯·艾伯茨. 发现利润区 [M]. 凌晓东，译. 北京：中信出版社，2007.

[三] 大卫·波维特，约瑟夫·玛撒，柯克·克雷默. 价值网 [M]. 仲伟俊，等译. 北京：人民邮电出版社，2001.

价值定位：针对目标客户的需求和痛点，提出一个有力的价值主张。它是帮助客户完成某项重要工作的方法。凡是成功的企业都能够找到为客户创造价值的方法。大众点评网观察到传统消费指南类网站盛行商家自卖自夸的模式，商家与消费者之间的信息不对称是最大的短板。于是，大众点评网主张消费者分享品味体验后的信息，发展出中立第三方消费点评模式。

价值获取：价值获取是建立企业可持续收益的途径，是企业在为客户提供价值的基础上，为自己创造价值的逻辑与方式。价值获取是业务设计的关键。价值获取方式的变化、交易结构的调整将影响整个业务系统乃至商业模式的变革。2005年11月，盛大游戏《传奇》由计时收费模式转变为道具收费、交易收费模式，一举降低了玩家进入游戏的门槛，带动了游戏行业收费模式的转型。

业务活动：企业通过整合与配置与众不同的业务活动，实现价值创造与传递。它将与战略保持一致，将模仿者阻挡在外，创造出竞争优势和出色的赢利能力。如美国廉价航空公司西南航空对机场和航线选择、航线类型和距离做了严格限制，全部采用波音737机型飞机，让飞机的标准化变得可行，快速泊机周转，不提供餐饮，不指定座位以及跨航线行李转运服务。这些相互关联强化的运营活动，有力实现了西南航空公司便捷性和低成本的价值定位。

战略控制：它是价值创造的保障手段，提高客户的转换成本，防范竞争对手侵蚀利润池。腾讯经历了360与QQ的"3Q大战"洗礼后，告别什么都自己做、自己赚钱的发展模式，转而实施开放共享战略，创业者可以获得腾讯账号关系链、流量、支付等全方位服务，自己专注连接与内容平台，迅速构筑起互利共生的生态优势。

表 4-1 业务设计框架

要素	关键问题	具体问题
客户选择	我们想如何服务好细分客户	我们正在为谁创造价值？谁是我们最重要的客户
价值定位	我们提供什么样的价值	我们该向客户传递什么样的价值？我们正在帮助客户解决哪一类难题？我们正在提供给客户细分群体哪些系列的产品和服务
价值获取	我们如何赢利	我们如何从为客户创造的价值中获利？我们的赢利模式是什么
业务活动	我们从事哪些业务活动	我们想要销售什么样的产品、服务和解决方案？哪些业务活动是公司内部可以完成的？哪些需要分包、外购或者与合作伙伴一起提供
战略控制	我们如何保护利润	为什么客户选择从我们这里买？哪些战略控制能够抵消客户或者竞争对手的力量

业务设计需要考虑以下三组关系：

首先是客户选择与价值定位的关系。企业需要针对客户的需求和痛点进行价值定位。例如，传音是称霸非洲的中国手机公司，一年出口了1亿多部手机，远远把三星、华为、小米等大品牌甩在后面。非洲人普遍肤色较深，用面部识别拍照效果不佳。传音看到非洲朋友也有美颜需求的痛点，为此研发了基于眼睛和牙齿来定位的拍照，在此基础上加强曝光，深受非洲用户的喜欢。

其次是业务与利润的关系。企业的利润来源于业务收入，而收入来源服从于特定利润逻辑，并连同价值主张融入业务设计中，共同驱动价值创造。传音在非洲培育了多个品牌，TECNO价格较高，针对中高端消费者，获取品牌溢价；itel价格较低，针对年轻消费者，主打活泼、个性的标签，获取用户规模；Infinix是智能高端手机品牌，顺应非洲人换机升级的需求。传音的多品牌布局，形成了现金流的协保效益。

最后是企业与竞争对手关系。企业采取措施将自己与竞争对手间隔开来，设置各种壁垒，阻击对手进入与模仿，维持业务长期的竞争优势。传音是如何建立起自己的护城河的呢？它不仅开发深受非洲人喜欢的产品，还利用自己三个畅销品牌做排他协议，把控着非洲大手机批发商，建立起线下渠道壁垒，阻止对手进入非洲市场。

值得注意的是，所见非真见。同业企业因遵循不同的商业逻辑，也可能有迥异的业务设计。苹果和三星是面向全球的手机领军企业，它们开发一个产品要卖向全球，并不做本土化的改造，业务设计与传音有着鲜明差异，又各自有特色（见表4-2）。

表 4-2 苹果与三星业务设计比较

	苹　　果		三　　星	
客户选择	电子产品用户	App 开发企业	电子产品用户	电子产品制造商
价值定位	设备提供商、平台提供商和重要的服务提供商的"三合一"		从安全存储信息的内存芯片到轻松连接全球用户的手机设备制造商	
价值获取	销售苹果系列电子产品（手机、电脑、MP3 等）	通过 App 商店获取服务，收益分成	销售三星系列电子产品（手机、电脑、生活家电等）	较高溢价的硬件销售
业务活动	封闭的 iOS 操作系统，自己主要做产品设计和销售，其他外包	建立平台连接供需双方，构筑跨边网络效应	手机使用安卓系统，电脑使用 Win 系统，拥有完整的产品生产线	拥有整个硬件产业链条，给制造商提供全方位服务
战略控制	商业模式和营销模式的创新品牌与用户体验		从上游核心零部件，到下游终端产品的垂直一体化产业链	

苹果拥有自己相对封闭的 iOS 操作系统，自己主要做设计、研发和销售，生产制造则采用外包的形式，打造"产品＋服务"生态系统。它既通过售卖手机获得产品收入，又以智能手机为流量入口，通过 App Store 获得服务收入，成就它成为全球手机业的赢利大户。

三星尽管属于开放性操作系统的安卓阵营，但它已掌握主板、芯片、闪存等手机重要元器件的核心技术，并成为苹果等多家电子巨头的芯片供应商。它依靠自身强大的制造能力，打造垂直一体化的智能手机产业链，形成产业链关键环节的控制力，获取了较高溢价的硬件收入。

因此，业务设计必须量身打造，否则水土不服。

客户选择

管理大师德鲁克说："企业的目的不在自身，必须存在于企业本身之外，必须存在于社会之中，这就是造就顾客。顾客决定了企业是什么，决定企业生产什么，企业是否能够取得好的业绩。由于顾客的需求总是潜在的，企业的功能就是通过产品和服务的提供激发顾客的需求。"

客户选择是业务设计的出发点，没有客户就没有企业存在的价值。客户选择解决"我们在为谁创造价值"的问题，确定企业的产品或者服务的对象。客户群对我们有什么价值，我们对客户有什么价值，这是客户选择的重要逻辑。不同的产品可有不同的客户选择，相同的产品也可有不同的客户需求。

为了更好地满足客户需求，我们需要细分客户，识别具有类似需求与痛点、行为特征和其他共同属性的客户群。华为手机如今是全球知名品牌，但在2010年前，它选择电信运营商为客户，专门为其定制低端手机，不做渠道，也不做品牌。此后转向服务大众消费市场，华为手机业务在设计、品牌和体验上重新设计，迅速脱颖而出。

客户细分标准

客户调查是客户选择的前提。客户类型不同，影响客户购买行为的驱动因素存在着差异。消费品主要面向终端消费者，通过对消费者人口统计学、心理、行为和地理等因素的调查分析，进行客户细分，如表4-3所示。

表4-3 消费品客户细分标准

标准		类别
地理变量	地　　区	国内、西欧、北美、非洲等
	城市大小	小于5 000人、5 000～19 999人、20 000～49 999人、50 000～99 999人、100 000～249 999人、250 000～499 999人、500 000～999 999人、1 000 000～3 999 999人、4 000 000人及以上
	人口密度	都市、郊区、乡村
	气　　候	热带、亚热带、温带
行为因素	使用时机	一般时机、特殊时机
	追求的价值	方便、经济、易于购买
	使用者状况	从来未用、以前用过、有可能使用、第一次使用、经常使用
	使用率	偶尔使用、一般使用、经常使用
	品牌忠诚度	无、一般、强烈、绝对
	准备程度	未知晓、知晓、已知道、有兴趣、想得到、企图购买
	对产品的态度	热情、积极、不关心、否定、敌视
人口统计因素	年　　龄	6岁以下、6～11岁、12～20岁、21～30岁、31～50岁、51～60岁、60岁以上
	代　　沟	中国开放的一代，老三届
	家庭类型	独身家庭、丁克家庭、三口之家、三代同堂
	性　　别	男、女
	月 收 入	少于1 000元、1 000～2 499元、2 500～4 999元、5 000～9 999元、10 000～24 999元、25 000元及以上
	职　　业	专业人员、技术人员、管理人员、官员和老板、资源、农民、学术、自由职业、退休、失业
	家庭生命周期	青年、单身；青年、已婚、无子女；青年、已婚、最小子女不到6岁；青年、已婚、最小子女6岁或6岁以上；中年、已婚、与子女同住；中老年、已婚、子女都超过18岁；中老年、单身；其他
心理因素	个　　性	冲动型、积极型、交际型、权利主义、有野心
	生活方式	变化型、参与型、自由型、稳定型

工业品主要面向厂商、组织，通过对决策者特征、人文变量、采购方法、经营特征等因素的调查分析，进行客户细分，如表4-4所示。根据市场吸引力和自身竞争力，企业可选择一个或多个、或大或小的客户细分群体。对于初创企业，一个细小的缝隙市场就能让它得以生存下来；而对于大企业，也许缺乏吸引力。

表4-4　工业品客户细分标准

标准		类别
人文变量	行业	我们应该把重点放在购买这种产品的哪些行业
	公司规模	我们应该把重点放在多大规模的公司
	地址	我们应该把重点放在哪些地区
经营特征	技术	我们应把重点放在顾客关注的哪些技术上
	使用者情况	从来未用、以前用过、有可能使用、第一次使用、经常使用
	顾客能力	需要很多服务的顾客，还是需要很少服务的顾客
情境因素	紧急	迅速和突然交货的公司，还是提供完善服务的公司
	订货量	大宗订货，还是少量订货
个性特征	购销双方的相似性	是否应该把重点放在那些人员和价值观念与本公司相似的公司
	对待风险的态度	敢于冒险的公司，还是避免冒险的公司
	忠诚度	我们是否应该把重点放在那些对供应商非常忠诚的公司
采购方法	采购职能组织	采购高度集中的公司，还是高度分散的公司
	权利结构	有牢固关系的公司，还是追求最理想的公司
	现有关系的性质	关系紧密的公司，还是追求最值得我们考虑的公司
	采购政策	租赁、服务合同、系统采购、秘密投标
	购买标准	追求质量、追求服务还是注重价格

目标客户类型

根据客户创造的价值与参与度，目标客户一般可分为以下4种，如图4-2所示。

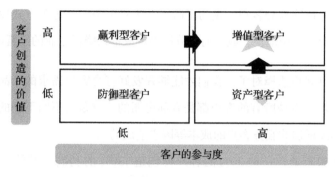

图 4-2　客户类型

- **赢利型客户**：是指那些给企业带来的总收益大于企业为之付出的总成本，因此能够为企业带来盈利的客户。赢利型客户是企业利润的直接来源，其数量的多少和质量的好坏直接决定了企业的赢利能力。

- **资产型客户**：那些能够融入企业价值创造活动中，通过发挥自身所拥有的知识和技能、学习和试验的欲望，以及他们参与积极对话的能力，成为企业的战略资产一部分的客户。这部分顾客是企业的宝贵资产，能够为企业提供大量的、有价值的隐藏信息。如小米的米粉、华为的花粉，他们都是企业忠实的粉丝，有强烈的参与意愿。

- **增值型客户**：指那些能够通过网络效应、口碑效应、形象效应等方面的作用，使企业提供的价值发生增值的客户。这种类型顾客的作用在网络性行业、体验性行业中体现得更为明显，企业经常需要迅速取得大量的、高质量的增值型客户，从而确立自身产品或服务的价值。如网络社区的意见领袖、微博大V、网红等，他们有很大的影响力。

- **防御型客户**：指那些给企业带来的总收益小于或等于企业为之付出的总成本，因此无法为企业带来盈利的客户。企业之所以保留这部分客户，是为了防止竞争对手采取渗透等方式侵害企业的市场地位，或者通过分摊固定成本来降低企业的经营风险。

只有客户选择对了，我们才能够开发好符合客户需求的产品。在不少市场，不是所有的客户都是有利可图的，这是由不断下降的毛利润和不断增加的服务客户的成本等因素造成的。

在银行业，一般30%的客户群创造130%的利润，另外30%持平，而最后的40%造成银行运营利润30%的损失。面对这种客户利润转移，银行开始尝试放弃这些无利可图的客户，甚至将他们引向竞争对手。有的银行大量采取ATM机，压缩代价较多的人工储蓄服务；有的对没有利润的客户收取从储蓄账目到支票签发等业务的服务费。

因此，我们提供的产品或服务必须是针对正确的客户群：①客户对所提供的服务给予高度的重视；②这些客户服务是可赢利的。

在客户选择推演中，需要聚焦以下问题：

- 我们在为谁创造价值？谁是我们最重要的客户？
- 我们选择的目标客户是相对独立、有一定规模的客户群体吗？
- 我们有为客户群体提供满足其需求与痛点的产品或服务的能力吗？
- 客户群体愿意为我们提供的产品或服务付费吗？

□ 专栏4-1 华为手机的艰难抉择：运营商，还是消费者？

今天，华为手机已位居全球前列，性能足以和任何手机抗衡，然而华为当初成立手机业务却是被逼的。早在1998年，华为就进行了大规模的3G手机系统研发。2002年3月，华为联合NEC、松下合资成立上海宇梦通信，专门从事3G手机研发和技术转让。2003年，华为做出的3G系统一度卖不出去。因为没有配套手机，华为被逼成立手机事业部。

随后历经数次更名，终端业务于 2011 年更名为消费者业务部。

2010 年以前，华为基本上是在为运营商生产手机，与 3G 网络设备一起捆绑式销售给运营商。手机是网络设备的"添头"，不直接卖给消费者，很少进行推广宣传，定位是运营商终端定制，因此华为手机没有独立的市场营销渠道。手机终端定位是辅助华为通信设备销售的重要筹码。由于长期过分依赖运营商渠道，华为手机销量高但利润低，缺乏品牌建设。

2010 年 12 月，任正非组织召开了一次高级座谈会，他在会上说："现在我们要改变我们以前不做品牌的策略。以前我们做低端手机，我们不做品牌，不做渠道，我们怎么确定客户需求？……产品设计一定要贴近客户，而不是闭门造车。采取什么样的战略需要我们自己想明白，现在提升自己的竞争能力是最重要的。只有进攻才可能成功，防御是不可能成功的。"正是这次会议明确了华为终端做品牌、主动进攻的战略发展思路。2011 年 11 月，"三亚会议"决定，华为终端不做运营商定制服务，要做消费者自己的品牌业务，还确定了三大转变：从中低端机转向高端机，从运营商贴牌手机转向自有品牌，从功能手机转向智能手机。

然而华为是做运营商起家的，擅长制造"傻大黑粗"的设备。由于常年缺少直面消费者的机会，缺乏个人消费者基因，对消费者理解不深刻，华为手机的产品设计是软肋，难以在越来越追求用户体验和差异化的智能手机市场得到消费者认可。于是，华为当时就从米兰聘请设计团体，布局社会渠道，培养贴近消费者的文化。同时，重金布局麒麟芯片，并建立华为和荣耀双品牌，分别向高端市场和年轻用户群体发起冲击，提高整个智能手机市场渗透率。

通过这些努力，华为成功地完成了从白牌手机到自有品牌手机的转型（见图 4-3）。

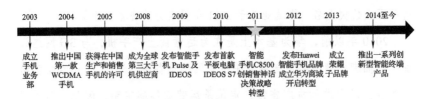

图 4-3　华为手机业务发展历程

价值定位

哈佛商学院西奥多·莱维特（Theodore Levitt）教授说："顾客不是想买一个 6 毫米的钻孔机，而是想要一个 6 毫米的钻孔！"价值定位是通过满足目标客户群体需求的独特组合来创造价值。价值可以是量化的，如价格、性价比；也可以是感性的，如客户体验、品牌。价值定位对应的就是客户的痛点和需求。客户凭什么买我们的产品，而不买竞争对手的产品？这是价值定位的重要逻辑。

星巴克、麦当劳、雀巢同样都在卖咖啡，但他们面对客户或者是场景不一样，价值定位就有明显的差异。星巴克面对的是休憩和社交的人群，卖的是现磨咖啡，需要去店里喝咖啡，定位的是体验；麦当劳也卖咖啡，但面对的是快餐人群，定位与快餐搭配的饮料；雀巢则卖的是便利性，你可以随时冲一杯速溶咖啡。选择正确的价值定位是业务设计的关键，也是与竞争对手差异化的依据。

价值定位方式

价值定位主要有两种方式：

- **价值改善**：遵循"你好我更好"的逻辑。企业提供的价值与现有市场产品或服务类似，但在功能、性价比、售后等方面有所改进。如格力诉求好空调格力造，大打品质牌、民族品牌牌，让自己在竞争激烈的家电市场中脱颖而出。京东为了迎合消费者从追求便宜转向讲究品质生活的新趋势，将价值定位的重点转向品质和体验。

- **价值创新**：遵循的是"我有你没有"的逻辑。企业通过将不同市场的买方价值元素进行筛选和重新排序，对客户提出真正有诱惑力的价值主张，并用自己的资源和流程去满足客户需求，将会开创新的市场空间。

价值创新不同于价值改善，企业探寻新的价值创造逻辑，通过对市场的买方价值元素筛选与重新排序，企业就有可能重建市场和产业边界，开启巨大的潜在需求，从而摆脱"红海"（已知的市场空间），开创"蓝海"（新的市场空间），实现获利性增长。LinkedIn 是一家提供高效、安全并且有商务价值的社交服务的网络平台，注册用户遍布 200 多个国家，高达 8 亿人。该网站通过熟人评价的模式，为雇主提供信息，为职员提供工作机会，向职场关系要利润，取得巨大成功。

如何有效实现价值创新呢？金伟灿和勒妮·莫博涅（Renée Mauborgne）在《蓝海战略》（*Blue Ocean Strategy*）一书中提出了"价值曲线"的概念，它是一种综合分析自身和竞争对手价值要素组合特征的分析工具（见图 4-4）。价值曲线背后，蕴含着关于行业现状和未来商机的宝贵的战略信息。为打破差异化和低成本之间的取舍，创造新的价值曲线，可以采取以下四步动作：

- **剔除**：去除那些长期竞争中被认为理所当然，却不再有价值，甚至还减少价值的元素。
- **减少**：查看现有产品或服务是不是在功能上设计过头，超出了顾客的需求。对于那些陡然增加了企业的成本却没有好效果的元素，将其减少到行业标准以下。

- **增加**：对于那些根据顾客所重视的价值发生根本性变化的元素，将这些元素的含量增加到行业标准以上。
- **创造**：重构买方价值元素，向买方提供全新体验，同时降低企业自身的成本。

通过以上四个动作，促使企业改变竞争元素，从而使现有的竞争规则变得无关紧要，创造新的需求。⊖

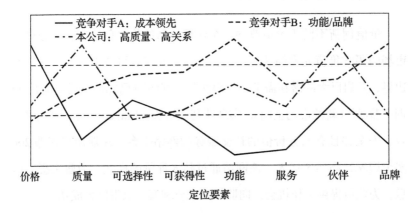

图 4-4　价值曲线

价值主张类型

不管企业采取哪种价值定位的方式，基本上会涉及以下价值主张。

价格。在同质化产品竞争中，诉求于低价格是常见的做法，相比竞争对手以更低的价格提供产品或服务来满足价格敏感客户的需求。对于后进入者，低价通常是敲开市场大门最有效的方式之一。无论是日本汽车，还是后来的韩国汽车，它们进入美国市场最初无不是打价格牌。今天中国汽车进入国际市场，依然是打价格牌。低价主张意味

⊖ 金伟灿，勒妮·莫博涅. 蓝海战略：超越产业竞争，开创全新市场［M］. 吉宓，译. 北京：商务印书馆，2016.

着业务设计合乎成本控制、运营效率的要求，以使企业在同等价格条件下，比竞争对手有更多的利润空间。

性价比。随着消费者可支配收入的增加，低价并不是迎合消费者的唯一选择，产品的性价比变得更为重要。消费者不仅希望价格低，还希望产品性能好。京东、无印良品、H&M 的崛起都反映了此趋势。好市多比沃尔玛晚开 20 多年，现是全球第二大的零售商。它把自己定位为顾客的代理商，为顾客精选低价和好品质的商品，将商品的毛利率控制在 10% 左右，不及沃尔玛一半的水平，获得了顾客忠诚。顾客愿意每年花钱成为这家零售超市的会员，会员费反而是好市多最赚钱的生意。

新颖性。新颖性一般来自技术上的功能突破，或者是外形设计上的出新，以满足用户全新的感受和体验。2015 年，OPPO 率先推出了快充技术 VOOC 闪充，解决智能手机电量短板。一句"充电五分钟，通话两小时"，为 OPPO 带来了大量用户。2017 年，OPPO 打出"前后 2 000 万，拍照更清晰"，主打前后均衡的拍照品质，解决在不同场景、不同需求下的拍照痛点，为 OPPO 赢得了拍照手机的美誉。

可及化。降低产品和服务的市场的门槛，让以前接触不到的客户也能享受得到。这种可及化大多是在新的技术条件下实现的，互联网金融便是典型的例子。它本质上是普惠金融，让过去被银行拒之门外的小微企业、非富裕群体也能得到贷款、理财的服务。如娱乐宝，网民出资 100 元即可投资热门影视剧作品，预期年化收益 7%，并有机会享受剧组探班、明星见面会等娱乐权益。

便利化。将事情变得更方便或易于使用，从而创造价值。苹果公司通过 iCloud 使用户无缝同步 iPhone、iPad、Mac 等不同类型终端的内容，实现"多屏联动"，让用户随时随地、在各种平台之间无缝便捷地收看海量内容。这也使得用户不愿放弃之前创建的内容和连接关系，改买其他品牌的产品，从而提高了用户的转换成本。

品质。品质是对产品和服务的更高要求，需要有更好的性能、质量和可靠性。品质也是产品和服务差异化的重要来源，高品质会给企业带来更高的产品溢价。同时，也需要企业在设计、研发、材料等方面有更大的投入。早些年，大量年轻妈妈涌到我国香港、澳大利亚、新西兰等地疯狂买奶粉。最近，又有大量中国游客跑到日本买马桶盖和电饭煲。这些现象都反映了人们越来越关注产品或服务的品质和安全性。

品牌。品牌是一个企业的形象及其产品、服务、文化价值的综合体现，反映了消费者对它的认知和信任，代表一种时尚、文化、价值观，彰显使用者的身份、地位或者圈层特性。耐克是卖鞋子的，但他们从来不提功能出新，也不提他们的气垫比锐步的好在哪里。他们赞美伟大的竞技体育和运动员，向年轻人传达想做就做、坚持不懈的精神。苹果则在其品牌塑造中体现"有激情的人能让这个世界变得更美好"，让消费者有很强的圈层认同。

体验。通过刺激消费者的知觉、行为和情感，消费者除了获得产品物理功能外，还有美好的体会与感受。产品的快速交付、客户需求的及时响应、满足客户个性化需求的定制、感官刺激和情感联系都会形成消费者良好的体验。像环球影城、迪士尼乐园、世界之窗主题乐园、好莱坞的电影、星巴克咖啡等娱乐业、服务业都属于体验经济范畴。体验是这类企业最为常见的价值定位。

通常以"价格、性价比、可及化"为价值主张的企业，大多会实施成本领先战略。企业尤其会在业务设计上考虑成本控制和价值链重构等因素，以提高企业运营效率，降低运营总成本，实行低成本生产。

那些以"新颖性、便利化、品质、品牌和体验"为价值主张的企业，偏好选择差异化战略。因为这些价值主张，已经对企业在产品、服务、客户关系以及品牌上的差异化提出了基本要求。

如果一个企业既能保持产品和服务的差异化，同时还能保持成本领先，就有可能通过价值创新开辟蓝海市场。

当然，任何企业的价值定位并不是一成不变的。随着市场基础的变化，企业定位表现为一个连续变化的过程。杰弗里·摩尔（Geoffrey Moore）在他所著的《跨越鸿沟》(*Crossing the Chasm*)一书中指出，竞争基础的演变是从功能性到可靠性和便捷性，最后到价格。他发现，在主流市场对功能性的需求得到满足后，市场会大幅扩展；然后供货商开始解决早期绝大多数客户对可靠性的需求；接下来的新一轮增长，创新和竞争的基础将转向便捷性；最后再到价格。

价值定位决定竞争战略的选择，也将指导业务设计，最终促进企业竞争优势的形成。在价值定位推演中，需要聚焦以下问题：

- 我们的客户需要做什么？我们如何满足他们？
- 我们该向客户传递什么样的价值？
- 这些价值对重要客户是否有足够的吸引力？
- 我们正在帮助我们的客户解决哪类难题？
- 客户是否能感知到我们提供的价值？

□ **专栏 4-2　乔布斯：好的营销讲的是价值观**⊖

对我来说，营销讲的是价值观。

这是个复杂的世界、喧嚣的世界，我们没法让人们铭记我们，没有一家公司能做到。所以，我们要非常清楚——我们想让人们铭记我们什么，并非常清楚地把它传达出来。幸运的是，如今苹果已经是世界上最好的六大品牌之一，跟耐克、迪士尼、可口可乐、索尼在同一个级别。

⊖ 据乔布斯内部讲话视频整理。网址：http://www.sohu.com/a/196811145_505895。

苹果是巨头中的巨头，不只是在美国，在世界范围内都是这样。但是一个再伟大的品牌要保持地位和活力，需要投入和关心。显然，过去这些年，苹果忽视了这一点，我们需要找回失去的东西。但找回的方式不是谈论速度和反馈，不是谈论 MIPS（衡量 CPU 速度的一个指标）架构和兆赫，也不是谈论我们比 Windows 系统的优越之处。

乳制品行业花了 20 年说服人们"喝牛奶对你好"。这是谎言，但他们尽力尝试了，牛奶销量是这样（往下滑）；然后他们推出了"Got Milk"（"来一杯"）营销广告，销量因此变成了这样（往上涨）。"Got Milk"广告没有提过产品指标，它甚至特意削弱产品的存在感。

最棒的营销案例是耐克，耐克可以称得上是营销界史无前例的最强者。注意，耐克是卖商品的，他们卖鞋子。但当你想到耐克时，你会觉得它和普通鞋厂不一样。他们的广告也不怎么提产品，他们从来不提 Air Sole 气垫，也不提他们的气垫比锐步的好在哪里。耐克的广告在表达什么呢？他们赞美伟大的竞技体育和运动员。这就是耐克，他们表达了他们是谁，他们代表什么。

你们永远不知道，苹果花费了好大一大笔钱在广告上。当我回来时，苹果刚刚解雇了自己的广告公司。我们在 23 家参加的竞标公司中挑选，挑了 4 年，最后确定了 Shaddai。它是一家多年前我有幸合作过的广告公司，我们创作了一些获奖作品，其中之一是由广告界专家评出的最佳广告《1984》。

8 周前，我们开始工作。我们提的问题是，消费者得知道：苹果是什么？它代表什么？在这个世界上它处于什么位置？

我们不是只是制造一些"盒子"，帮助消费者完成工作或者事情，尽管在这方面我们做得比谁都好，甚至在某些地方，我们做到了最好。但苹果不止于此，苹果的核心价值观在于：我们坚信有激情的人能让这个世界变得更美好。我们一直有机会和这样的人合作，和软件开发者，和用户，和你们，或多或少地在改变这个世界。

我们确信，人们能让这个世界变得更美好。只有那些疯狂到以为自己能够改变世界的人，才能真正改变世界。

所以，近几年内苹果计划开展首个品牌营销活动，让公司回归核心价值观。很多事情都变了，如今的市场行情跟10年前完全不一样了，苹果的产品、制造、分销策略不一样了，苹果的市场地位也是如此。我们明白这一点，但苹果的核心价值观不能变，苹果核心价值观认定的东西，就是今天苹果坚信的和所代表的东西。

所以，我们希望找到一种方式来传达苹果的核心价值观，然后我们做了一个营销广告，它感动了我。它赞美了那些改变世界的人，这些人有的还活着，有的已经逝去。那些逝者，如果他们有机会选用电脑，那肯定是一台Mac。

这次营销的主题是"think different"（不同凡"想"），我们要赞美能"think different"的人，他们是推动这个世界前行的人，我们应该向他们致以崇高敬意。这是苹果做的事，它触及了苹果公司的灵魂。我希望你们能有和我一样，看了之后，能与之产生共鸣。我觉得，这个广告做得很棒。它阐述了我们是谁，我们代表什么，为什么在这个世界上，这很重要。

我知道，有些人会批评，为什么不讲讲我们有更好的"即插即用"功能，但是首先，我们要让消费者明白苹果是什么，为什么苹果在这个世界上仍然很重要。广告里出现的几乎所有人之前都没出现在广告里过，如果我们没有这么做，估计他们永远不会在广告里出现。我不认为这个世界上有另外一家公司能做成这个广告。使用这些人的形象，我们需要得到他们本人（活着的）或者他们继承人（逝去的）的许可。这对我来说，是一段奇妙的经历，这些人，无论是活着，还是逝去了，都有过和苹果共鸣的言论。他们很愿意让我们拿来做广告，这对我很重要，它给了我很大的激励。这个周日我们就以一个诗意的方式开启这个营销。

非常感谢这个房间内外的员工的奉献，大家一起来拯救这个公司。这个公司绝对会活过来。现在的问题不是能不能把苹果救回来，而是我们能否让苹果再次伟大。

价值获取

价值获取是指企业将为客户提供的价值转化为收益的方式。它要解决"企业在何处赢利，如何持续赢利"的问题。为企业构建持续获利的来源和能力，是有效业务设计的核心任务。"利润＝收入－成本"是价值获取遵从的基本会计等式。无论哪种价值获取方式，都离不开从收入与成本的关系处理上，发现利润区。

利润逻辑

利润逻辑是回答企业"凭什么赚钱"，其实质就是构建持续的利润获取机制。每个行业都有它的核心价值追求，也就是行业本质。我们要透过行业本质去发现内在的利润逻辑。

沃尔玛其实是伪装成零售商的物流公司，天天平价是建立在供应链成本节约的基础上的。沃尔玛是最早通过配送中心将门店物流集中管理的零售商，发射了自己的商业卫星，开发了射频识别标签等一系列黑科技。结果沃尔玛的物流成本仅相当于销售额的1%～1.5%，其主要竞争对手凯玛特的物流成本则一度高达8%～9%，西尔斯百货也达到5%。集中配送还使沃尔玛门店的仓库面积压缩了10%～25%，从而可以最大限度增加零售面积，节约租金。

利润逻辑主要有如下几种：

商品差价。流通企业、代理商主要靠商品进货与出售的差价来赚钱。谁能找到进货价格更低的市场畅销货源，谁就更有竞争力。不论线下的沃尔玛，还是线上的京东、唯品会，主要靠商品差价来赚钱。

成本效率。比竞争对手提供品质更高、交付更快、成本更低的产品，是制造企业赚钱的重要逻辑。富士康是全球知名的代工企业，成本效率是它的生存法则。它能比苹果、小米等更高效地生产产品，吸引品牌商委托它代工生产。这也是美国几任总统奥巴马、特朗普要求苹果将生产迁回美国而难以实现的根本原因。

品牌溢价。品牌商通过建立产品金字塔，中低端产品巩固市场份额，高端产品赚取高额利润。如五星级的酒店定价比三、四星级的高，飞天茅台酒比茅台集团其他酒的价格要高。

连锁复制。商家将取得的成功经验、运作模式通过连锁店的方式，快速复制和扩张，以获取更多的利润。国美或苏宁的家电连锁店、老百姓大药房连锁店、海底捞火锅连锁店，都运用了模式复制的利润逻辑。

售后收益。不少企业对易耗商品采取基本产品薄利吸引买家，主要靠耗材来挣钱，或者是卖产品不挣钱，但后续的运营维护利润率高。前者如吉列"刀片+刀架"模式，卖刀架不贵，靠卖刀片赚钱；后者如海康威视，卖摄像头、显示器等硬件不求高价，但在软件设计、运营维护上高收费，与竞争对手展开多点竞争。苹果则采取"逆刀片+刀架"模式，硬件昂贵，软件低价或免费。

资产增值。土地存在级差地租，也具有时间价值。随着周边配套环境的改善和房地产市场价格的总体抬升，土地存在升值的空间。房地产商捂盘或放缓开发，谋取的是土地升值的价值。如李嘉诚将建好的上海四季雅苑先出租了 8 年，顺利收回逾 11 亿元的租金。随着上海房价高涨，近期李嘉诚决定将四季雅苑重新装修后出售，带来了40亿元的销售收入。

衍生应用。内容、IP形象等授权其他行业应用，为知识产权持有企业带来大量利润。迪士尼深谙此道，前期开发卡通故事，并建立以卡通人物为主角的主题公司，还将卡通形象授权服装商、玩具商等企业使用；网络文学产业也是靠衍生应用赚钱，先是内容出版，然后拍影视、出游戏等。

收益分享。企业对所提供的业务只收取基本费用或者暂时不收费用，而是分享未来的收益或者节约出来的成本。爱立信提供给客户的网管系统按基本用户数量级报价，对以后每个新增用户则另外收费，不但降低了首次采购的成本门槛，还获得持续的收益。而节能服务公司能源合同管理则是通过节能改造，与业主分享节约的成本。

速度压制。高技术企业凭借创新实力，持续推出新一代产品，利用领先周期获取高额利润。当竞争对手能够复制出产品，它就迅速把价格迅速降下来，压制竞争对手成长。英特尔的电脑芯片或者三星的Flash芯片都是运用这样的利润逻辑。

上述利润逻辑，主要适用于传统的单边市场，企业通过"一手交钱，一手交货"的方式完成产品的交付和服务。

在新兴的双边或多边市场条件下，企业以平台的角色出现，通过激发同边网络效应和跨边网络效应，为买卖双方交易提供商业基础设施，实现的是"羊毛出在狗身上，猪来买单"的价值获取方式，出现了**流量变现**的新逻辑。它不是从事物本身赚钱，而是从事物的连接上赚钱，即基础服务免费，增值服务收费，或者是从第三方获取收入。以微信为例，它建立的是人与人之间的连接，满足人的社交需求。它在文字与语音传送的基础服务上是免费的，达到了引流目的，然后通过朋友圈推送微广告或在钱包中构建支付场景等来实现流量变现。又如在优酷上看视频，不是付费会员也可以免费观看，前提是观众必须先看广告。事实上优酷把观众的注意力售卖给广告商，由第三方的广告商来买单。

收入来源

收入是企业肌体得以正常运营的血脉，解决的问题是我们以什么样的方式让目标客户为此付费。企业业务设计可以根据客户选择，设计定价机制、付款方式、付款条件及规则、促销策略等，由此形成一个或多个收入来源。

以下是一些可以获取收入的方式：

产品销售。这种收入来源于销售实体产品的所有权，是最为常见的收入来源方式。制造企业、商业企业的收入来源主要为产品销售。如汽车、房产、电器等商品销售，客户一经购买就获得所有权、使用权和处置权，使其成为个人或家庭财产的一部分。值得注意的是，在游戏、直播等领域，也出现了通过卖法宝、武器、电子礼物等虚拟产品或服务来获取收入的新形式。

使用收费。这种收入来源于对特定的服务收费。客户根据服务使用的数量、距离或时间来计费。如快递公司可以按照运送地点的距离来计费；有线电视运营商可以按照客户开通的服务和时长来计费；宾馆按照客人入住天数来计费。

订阅收费。这种收入来自销售重复使用的服务。内容产业大多采用这种收入来源方式，随着订阅人群增多，几乎不增加或少量增加企业成本而大量增加收入。如订购知网、Wind 等数据库，用户在一定期限内可以自由阅读、下载相关资料和数据。QQ 音乐可以让用户按单曲下载付费，也可以按月订阅付费。

租赁收费。这种收入来源于特定资产在固定时间内使用权的暂时性让渡。出租方依然拥有对资产的所有权，租赁方则具有合同期限内的使用权，并为此付费。房屋租赁行业、分时租赁行业主要靠这种收入来源。我国的家电渠道商国美、苏宁，它们并不像美国的百思买靠零售差价来赚钱，而是靠门店的二次分租，即通过吸引家电厂商进驻门店、派驻促销人员，获取分租费用；还依靠销售上量后的厂商返点增加营收。

授权收费。这种收入来自知识产权持有企业通过授权来换取费用。授权方式可以让版权持有者不必将产品制造出来或者将服务商业化，仅靠知识产权本身即可产生收入。这种方式在媒体行业、高技术行业比较普遍，如高通每年专利授权收入占到总收入的 1/3。

经纪收费。这种收入通过提供中介服务来获取佣金。房屋中介等各种各样的中介公司的收入来源主要来自经纪收费。当前盛行的平台型企业，大多也会通过撮合买卖双方的交易来获取佣金，如链家、人人车都是经纪费。

广告收入。这种收入来自广告商提供的广告收入。最为典型的是媒体行业，新兴的互联网企业也会通过基础服务免费引流，转而通过投放第三方的广告来变现，如百度的竞价排名系统。

成本结构

成本结构描绘的是企业开展业务活动所产生的全部成本以及各成本项目的占比关系。确定价值主张、构建客户模式、提供关键业务、整合合作伙伴等业务设计的各个环节都会引发相应的成本费用。这些成本费用通常包括产品生产成本、管理费用、销售费用和财务费用等。成本结构在很大程度上受技术发展、业务类型和生产规模的影响。

按照成本形态分，成本有以下两大类：

固定成本，指成本总额在一定时期和一定业务量范围内，不受业务量增减变动影响而能保持不变的成本项目。例如：主要管理人员工资、设备、租金等。固定成本在成本核算时，可以直接量化或者分摊到每个月。制造企业追求规模经济或者范围经济，目的都是通过生产或销售更多的产品来摊销固定成本。只不过是规模经济侧重于生产领域的固定摊销，而范围经济则通过开发新品共享渠道通路、营销活动、品牌推广等业务来摊销固定成本。

可变成本，指在总成本中随产量的变化而变动的成本项目，主要是原材料、燃料、动力等生产要素的价值。当一定期间的产量增大时，原材料、燃料、动力的消耗会按比例相应增多，所发生的成本也会按比例增大，故称为可变成本。如飞机飞得越远，油耗就越高，燃油成本就是可变成本。然而，互联网经济出现了大量的虚拟商品，如游戏、电子书、搜索服务、Q币等。它们具有可复制性，且其复制的边际成本几乎为零。这就意味着随着销量的增加，并不必然增加可变成本，从而使此类业务具有超强的赢利能力。

成本结构反映了业务的特点，是由业务设计的主导逻辑决定的。成本驱动型的业务设计，倾向于选择构建有利于成本领先的价值创造系统，创造和维持最经济的成本结构。如美国西南航空公司为了使飞行具备汽车旅行同样的经济和便捷，它不在旅行用餐、商务舱候机室和座位的选择上做过多的投资，而是突出友好的服务、速度、频繁的点对点直航班次的特点，改变了航空业长久以来的高成本结构而脱颖而出。

价值驱动型的业务设计对成本并不敏感，更倾向于建立差异化的价值创造系统，在设计、研发、营销、服务等领域舍得投入，以打造高品质的产品或定制化的服务，获取高于同行业的收入回报。如英特尔每年用于芯片研发的总开支超过120亿美元，占了公司年销售额的24%。

价值创新型业务设计则谋求打破差异化和低成本之间的取舍，通过对市场的买方价值元素筛选与重新排序，建立新的价值曲线和价值创造系统。2017 年苹果公司市值达到 7 690 亿美元，比全球 100 多个国家的 GDP 还多，是全球最赚钱的公司。苹果手机占全球市场份额 10% 左右，却拿走 90% 的利润，靠的是苹果价值创新能力。一方面通过先进的供应链管理最小化生产成本并进行最大化定价；另一方面把新技术和强大商业模式相结合，将硬件、软件和服务融为一体，开创了一个全新的商业模式，为客户提供了前所未有的便利。

在价值获取推演中，需要聚焦以下问题：

- 我们究竟是在单边市场，还是在双边或多边市场条件下获取价值？
- 我们价值获取的形式是什么？合乎我们价值主张吗？
- 客户认同我们的利润逻辑吗？愿意为之持续买单吗？
- 我们的客户愿意如何支付费用？每个收入来源占总收入的比例是多少？
- 我们的客户获取与维护需要投入多少成本？最重要的固定成本是什么？

业务活动

业务活动是保证企业按照精心设计的价值定位向目标客户高效率地传递价值内容的系统。它要解决的是"哪些价值活动必须完成""由谁去完成"以及"如何完成"的问题。价值定位、客户选择和企业资源整合能力是影响业务活动设计的关键因素，它决定了企业价值链的选择以及企业与市场的边界。

下面以宜家为例，它是全球最大的家居零售商，主要为全球年轻的中等收入家庭服务，主张"为尽可能多的顾客提供他们能够负担，设计精良，功能齐全，价格低廉的家居用品"。为承载这种价值定位与客户选择，宜家精心设计了业务活动系统，如图4-5所示。

- **降低制造成本**。从设计入手控制成本，并把制造环节外包给供应商。
- **有限的客户服务**。不提供大量的店面人员服务，顾客自行运输、自己选择、自己组装。
- **多样化的选择**。设计组合式家具，易于拆卸和安装。通过这些设计，宜家形成了独具特色的业务模式，并快速复制、推广到世界各地。

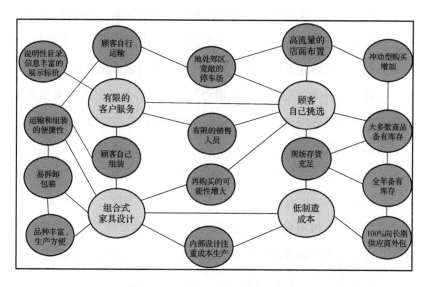

图4-5　宜家独特的业务活动系统

资料来源：迈克尔·波特. 什么是战略[J]. 哈佛商业评论，1996（11-12）.

关键业务

关键业务是企业赖以市场存活的基础，也是企业价值主张实现的载体。不同的业务设计需要相匹配的关键业务支持，它是企业进行价值创造的重要形式，也是业务设计的重要内容，触及价值创造系统的变革。以 IBM 为例，早期 IBM 的关键业务是电脑硬件制造。郭士纳上台后，将 PC 业务出售给联想，并购了普华永道的咨询业务，转型为信息技术和业务解决方案公司。2016 年 IBM 现任 CEO 罗睿兰宣布 IBM 将转型为认知解决方案云平台公司，利用云、大数据分析、物联网、认知计算等新兴技术，让咨询更贴近客户。在 IBM 历次战略转型中，关键业务调整都一马当先，从制造产品到解决方案，再到平台业务的转型。

关键业务可以分以下几类：

- **制造产品**。这类业务活动以传递物质价值为主，业务活动与设计、制造及销售有关，生产适应市场需求的产品。大多数制造企业的关键业务是制造产品，但随着制造服务化转型，不少制造企业开始提供"产品+服务"。如远大不仅出售中央空调，还提供远程维护；TCL、小米等智能硬件生产企业，也开始提供内容及应用服务。

- **提供服务**。这类业务活动以传递体验价值为主，提供满足人们心理、感官以及生理需求的服务。酒店、主题公司、旅游、健身、餐饮等服务行业的企业，都是以提供服务为主业。近年，随着美团外卖等新型服务业态的出现，又对速溶类饮品、速食类食品厂商产生了冲击。

- **内容生产**。这类业务活动以传递信息和文化价值为主，生产视频、音频、文字等。媒体公司、出版社、游戏公司大多从事内容业务。内容生产需要好的创意，对专业人才和技术有很强的依赖性。

- **解决方案**。这类业务活动是为客户提供问题的解决方法和路径。

咨询公司、医院和其他服务机构的关键业务是解决问题。提供这类业务的企业需要进行知识管理，开展持续培训。
- **平台或网络业务**。这类业务活动以撮合交易、经纪业务、服务代理等为主。不少新兴企业运用移动互联网技术，以提供平台服务为主营业务，比如T3出行提供的是网络约车服务，Airbnb则提供的房屋共享服务，携程提供与出行相关的代理服务。平台业务建立在新的商业基础设施上，引爆平台、形成网络效应、流量变现是平台业务的核心活动。

配称系统

战略管理大师波特说："消费者心目中的价值由一连串企业内部物质与技术上的具体活动与利润所构成，当你和其他企业竞争时，其实是内部多项活动在进行竞争，而不是某一项活动的竞争。"

企业的价值主张不仅决定企业的关键业务，还将渗透于各项运营活动中。例如，低成本、某个独特的客户服务理念，或者某个独特的价值理念，主题始终贯穿于由各项运营活动紧密联结而成的系统之中。体现在外部的竞争优势源自企业内各项活动形成的整体系统。各项活动之间的配称（fit）可以大幅降低成本或者增加差异性，进而将模仿者阻挡在外，由此创造出竞争优势和出色的赢利能力。⊖

企业提供给顾客的特定利益组合，是由一系列相互关联的价值活动来完成，构建起涵盖商流、资金流、信息流的价值网络，主要包括以下三个界面：

- **生产界面活动**：主要指由企业内部组织完成的价值活动。每一个企业都是在设计、生产、销售、发送和辅助其产品的过程中

⊖ 迈克尔·波特. 什么是战略[J]. 哈佛商业评论, 1996（11-12）.

进行种种活动的集合体。这些活动可以用一个价值链来表明。在众多的"价值活动"中，并不是每一个环节都创造价值。企业所创造的价值，实际上来自企业价值链上的某些特定的价值活动。如印度塔塔汽车公司针对尚未进入汽车市场的广大民众，提出为他们"提供一款更安全、可挡风遮雨的廉价汽车"。然而塔塔汽车公司现有的商业模式无法满足廉价车价值主张。于是，它成立了一个由年轻工程师组成的小组，大胆摆脱固有模式束缚，重新构想廉价汽车 Nano 的设计、制造和分销方式。尽可能减少汽车零部件的数量，大幅降低生产成本；把汽车模件高达 85% 的零部件生产进行外包，减少供应商的数量；组建由公司下属的装配厂和独立业主的装配厂组成的联合网络，由该网络负责按订单生产汽车。

- **伙伴界面活动**：在高度专业化分工的社会里，企业越来越专注于其核心专长，而将其他业务交由更加高效的产业链合作伙伴来完成。如耐克选择做运动产品的设计、研发、品牌与营销，而将制造外包给生产成本较低的发展中国家企业来完成。重要伙伴的选择与合作的过程，其实就是特定价值网络的形成过程。企业与合作伙伴在价值网络中的位置，将决定着价值分配。只有那些面向终端市场、提供完整功能产品与服务的龙头企业和面向上游市场、引领行业技术与产品技术创新的核心企业才具备重构价值网络的能力，主导价值的分配；而产业配套环节那些的关联企业处于从属地位，在价值分配中讨价还价能力并不强。因此，对于大多数配套企业、缝隙企业，能做的就是寻找机会去主动嵌入核心企业主导的价值网络。

- **客户界面活动**：万物互联时代，客户与生产者的关系被重塑，企业从以产品为中心转向以客户为中心。因此，企业必须关注连接客户的渠道通路、客户关系管理等业务活动,通过激发客户的参与与购买行为,吸引新客户,保留老客户并将老客户转为忠实客户。海尔利用 SCRM 数据平台,连接 1.2 亿线下实名数据、18 亿线上匿名数据,通过挖掘用户的网上行为数据,可生成用户画像,贴上用户标签,建立客户联系;小米一直在探索参与式消费。开放参与节点,它的 MIUI 系统除工程代码编写部分,其他产品需求、测试和发布都开放给用户参与;设计互动形式,每周二让用户提交使用过后的四格体验报告,通过论坛讨论收集需求;扩散口碑事件,把基于互动产生的内容做成可传播的话题事件,让口碑产生裂变,让更多人参与,放大已参与用户的成就感,推动弱用户关系向更高信任度的强用户关系进化。

企业的战略意图和拥有的资源能力决定了业务活动的选择,同时也塑造了企业在产业价值链中的地位和讨价还价的能力。下面以卤制品业的双雄周黑鸭和绝味为例对此进行说明(见表 4-5)。周黑鸭和绝味收入端相仿,但绝味实际的销量几乎是周黑鸭的两倍,绝味店铺数量十倍于周黑鸭,而周黑鸭的毛利率是绝味的两倍。这其中的差异是由两家企业不同业务活动设计决定的。周黑鸭的创始人最早因开在武汉的富裕怪味鸭店广受好评而发迹。周黑鸭团队以产品作为招牌,以直营的模式谨慎开拓市场,生产模式上选择高度集中的规模化生产方式,全国仅有武汉、上海两个工厂;而绝味的初创团队背景主要是药业公司的市场部经理、营销总监等,习惯的是市场和渠道的打法。绝味以加盟连锁为主体,全国布局有 21 个生产基地。周黑鸭的直营模式、集中化生产易于控制品质,提升毛利率,但难以快速扩张;绝味加盟模式则有利于快速扩张,但毛利率普遍相对偏低。

表 4-5　周黑鸭与绝味业务设计比较图

业务设计	周黑鸭		绝味	
客户选择	线上客户：自营网店客户、外卖平台用户	线下客户：自营门店客户	线上客户：外卖平台用户	线下客户：加盟商、自营门店客户
价值定位	优质、方便、安全的娱乐美食潮牌		打造国内现代化休闲卤制品连锁企业领先品牌	
价值获取	产品的高溢价、价差来自产品口味、高标准服务、MAP 锁鲜包装的高质量		赚取加盟和供应费，实现薄利多销	
业务活动	建立武汉、上海两大工厂进行产品开发与生产，再配送到全国直营店		全国建立 21 个生产基地，通过批发价卖给加盟商	
战略控制	采取"中央工厂+直营店"的经营模式和"气调锁鲜"包装，控制品质		通过"以直营连锁为引导、加盟连锁为主体"的方式进行全国复制	

关键规程

当关键活动确定后，企业必须考虑各项活动的连接关系，并建立起一系列的运营流程、管理规范和规则，以确保其价值创造和传递方式具备可复制性和扩展性。企业几乎总是通过独特的方式把自己的关键活动、流程以及规则整合在一起，以达到帮助客户圆满完成任务的目的。

例如，喜利得是一家总部位于列支敦士登的高端电动工具制造公司，它认识到建筑承包商通过完成工程项目来获利，然而拥有电动工具并不能赚钱。要想赚钱，他们就必须尽量提高工具的使用效率。喜利得公司从向承包商出售工具转向出售工具使用权、提供运维服务，实行合约管理，收取客户月租费。喜利得公司利用 IT 技术开发了一个合理的流程来维持大型工具队的运行，该流程比客户自己的流程更经济、更高效。他们既有仓储和库存管理系统，又能保证替代工具的供应。施工经理还可通过网站查看所有出租工具及其效率，并完成成本

核算。○

在业务活动推演中，需要聚焦以下问题：

- 我们的价值主张需要哪些关键业务？
- 这些关键业务需要哪些业务活动支撑？
- 我们如何才能构建有竞争力的业务配称系统？
- 谁是我们的重要伙伴？它们执行哪些关键业务活动？
- 我们需要建立哪些关键流程和规则来连接各项业务活动？

战略控制

战略控制是企业加强业务差异化、提升客户的转换成本、阻隔竞争对手、保护利润的控制手段。其目的就是要建立保护利润池的护城河，保证业务可持续性，能持续赚钱，形成一种持久的竞争优势。这些控制手段如下（见表4-6）：

生态圈。生态圈能发挥强大的网络效应，具有"赢者通吃"的特点。如我们选用微信，就很难用其他的社交软件，因为它锁定了你的朋友圈。又如，近年BAT凭借强大的生态优势，基本将中国新诞生的独角兽收入自己阵营，不断开拓新的缝隙市场。

标准。"一流企业定标准、二流企业做品牌、三流企业卖技术、四流企业做产品。"标准之争其实是市场主导权之争。谁掌握了标准，就意味着先行拿到市场的入场券，甚至成为行业的定义者。如美国高通公司，它不生产手机，但拥有CDMA核心技术标准。手机厂商每生产一部CDMA手机，都得先向高通交一笔费用。

专利/版权。专利组合是企业的赢利利器，同时也是保护核心技

○ 克莱顿·克里斯坦森. 如何重塑商业模式 [J]. 哈佛商业评论，2008（12）.

术的重要手段。科技企业越来越不只把专利、版权当成知识产权的工具，还视它为阻击竞争对手的手段。如苹果起诉三星专利侵权，导致三星一款手机不得在美国市场销售。

品牌。企业品牌是客户对企业提供的产品和服务品质相当认同的前提下形成的。拥有成功品牌的企业，能享有高的市场知名度、顾客信任度与忠诚度。"可口可乐"商标品牌价值百亿美元，可口可乐公司前总裁伍德拉夫曾宣称：即使整个可口可乐公司一夜之间化为灰烬，只要品牌还在，就能很短时间内东山再起。

客户锁定。企业用一种流程或者习惯偏好的锁定来保护客户的忠诚。例如，UPS的电子货运跟踪将客户锁定在其拥有的跟踪软件之中。这种电子跟踪软件为顾客创造了价值，同时也使顾客转换供应商变得十分昂贵。因为转换供应商必须改变软件系统，且要重新训练使用系统的员工。

伙伴关系。与供应商和服务提供商之间的紧密关系可以产生一种战略控制，在某种程度上这些关系难以被轻易复制。香港利丰公司拥有7 500家位于亚洲、欧洲与美洲的供应商，它努力铸造互利、互信的关系并最终建立战略优势。它成功利用它的关系网控制了它的关键客户——西方消费品公司的利益，新竞争对手很难复制这种关系网。

创新设计。以大规模生产产品的价格去提供异乎寻常的服务或产品的先行者，将成功建立与众不同的差异性，并能获得一种价值控制。特别是一种创新的运作模式比一种产品或技术创新更难模仿，它也为品牌形象提供了后盾。很难想象在今天的买方市场，人们还会通宵达旦地排队，只是为了买苹果公司推出的新一代新款iPhone智能触屏手机。这是与苹果公司卓越的创新能力分不开的，它开发的新产品往往超出人们的预期。

低价格。任何时候价格都是一种敲开市场大门的利器。当企业能以比竞争对手低得多的价格将类似或相同品质的产品交付给顾客，就形成了企业的竞争优势。但这种成本优势是一种相对弱的控制手段。这是因为竞争对手也可以通过大批量的采购、削减管理费用来驱动低价格。

表 4-6 战略控制手段

保护利润强度	指数	战略控制手段	案例
高	10	建立行业标准、生态圈	阿里巴巴
	9	控制价值链、引领创新趋势	苹果
	8	专利组合、掌控核心技术	高通
中	7	提升客户转换成本	微信
	6	品牌、版权	迪士尼
	5	2年的产品提前期（速度模式）	英特尔
低	4	1年的产品提前期	ABB
	3	10%～20%的成本优势	格兰仕
无	2	具有平均成本	许多
	1	成本劣势	许多

值得注意的是，没有一家企业能完全阻止别人模仿，即使是那些控制程度高的公司也是如此。因此，企业必须使用组合的措施，而不是单一的方式，提高模仿者识别和学习的门槛。特别要随着目前的市场环境变化，不断优化自己的价值维护机制。

在战略控制推演中，需要聚焦以下问题：

- 我们选择的战略控制点有助于加强业务差异化吗？
- 我们选择的战略控制点能提升客户的转换成本吗？
- 我们如何把控这些战略控制点？

推演呈现

本模块推演结束后，需要进一步归总、概括、精炼，形成对业务路线的基本结论，可以通过填写表 4-7 来辅助完成。

表 4-7　业务路线推演呈现表

业务路线	描述
客户选择	
价值主张	
价值获取	
业务活动	
战略控制	

□ **专栏 4-3　猪八戒网：从坐地收钱到"海洋数据＋钻井平台"模式**[①]

2006 年猪八戒网络有限公司（即"猪八戒网"）成立于重庆，现已是一个估值超百亿、拥有 1 900 万用户的中国最大的一站式企业全生命周期服务平台，服务交易品类已涵盖平面设计、开发建站、营销推广、文案策划、动画视频、工业设计、建筑设计、装修设计等八大主打类目、六百个细分品类。

"买商品上淘宝，买服务上猪八戒网"，这是猪八戒网曾经主打的宣传语。然而服务交易与实物交易的两种模式差异很大。淘宝网等实物交易平台用户下单就意味着生意基本做成，而服务交易平台用户下单仅意味着生意刚刚开始，而猪八戒这类网卖的正是服务。猪八戒网面临服务非标准化、重复交易频次很低、个性化定制程度高、非专业买家的重重困难，这些决定了它要走一条与众不同的创业之路。

在起步阶段，猪八戒网采取的是最原始的威客模式即抽佣模式，对每笔交易抽取 20% 的佣金。以 LOGO 设计为例，单价为 500 元的交易，猪八戒网可以抽佣 100 元。当时，为了让网站能经营得下去，创

[①] 本文根据中国管理共享案例库何兰萍、张颜撰写的全国百篇优秀管理案例《等风来，二师兄"腾云驾雾"：猪八戒网的商业模式创新》及相关新闻报道整理编写。

始人朱明跃要求网站每天交易额必须突破一万元。然而朱明跃却发现，服务商骂猪八戒网"黑心"，认为抽佣过高；客户则希望服务商能拿走全额佣金而不被抽成。于是，经常出现买卖双方"牵手私奔"现象。原被朱明跃视为生命线的"20%佣金"，成了致命伤痛。

于是朱明跃痛下决心，从2009年开始，猪八戒网共启动了七次"腾云计划"。每一次都把产品模式、赢利模式、运营模式、组织架构等推倒重来。

2010年，猪八戒网在最初的悬赏模式基础上推出招标模式。

2013年，猪八戒网升级为悬赏模式和一对一店铺模式共存。

2014年底开始，猪八戒网设置分行业运营部门，将服务商像员工一样管理起来。猪八戒网从最初一刀切的20%佣金制，转向按不同会员等级抽取不同的佣金。然而前六次腾云行动的核心商业逻辑并没有改变，都是中介收取佣金模式，结果亏损的局面并没有改变，而这一亏就是九年。猪八戒网在试错中迭代成长。

2015年，猪八戒网启动第七次腾云行动，壮士断腕推行"零佣金制"，从撮合买卖双方交易的平台模式，彻底转型为"海洋大数据+钻井平台服务"模式。猪八戒网全免交易佣金，将交易作为用户的入口，成为数据海洋，在海洋里面钻井，最终通过延伸服务获取收益，每一口井可以获得上亿的营收。猪八戒网挖的第一口井是商标注册，旗下的"八戒知识产权"已经快速成长为国内最大知识产权代理平台，并已找到财税、印刷、金融、工程等多口黄金"钻井"，商业模式创新让猪八戒网站在历史发展新拐点上。

过去十年，猪八戒网从最初的威客平台发展到中国领先的服务众包平台，从单一类目的服务发展到涵盖企业全生命周期服务，从单纯为买卖双方撮合交易到围绕企业服务交易打造平台型生态系统，完成了利润模式的腾跃蜕变（见表4-8）。

表 4-8 猪八戒网业务设计优化

优化前	业务设计	优化后
设计师客户	客户选择	有服务需求的中小微企业
威客平台中介	价值定位	服务众包平台
抽佣模式	价值获取	交易服务免费，延伸服务获取收益
撮合买卖双方交易	业务活动	知识产权代理、财税、印刷、金融等企业全生命周期服务
控制交易过程	战略控制	构建平台生态系统

Chapter 5

第 5 章

路线设计之三：行动路线

> 战略是针对整体行动的，不是针对具体的某一件事情，战略的核心必须包括落实各种理念的行动。为了获得良好的结果，各种行动应该相互协调、相互促进，使各方面的资源得到集中利用。
>
> ——查理德·鲁梅尔特

败走乐视：再好的战略都离不开有序的行动

商人贾跃亭酷好穿着"黑T恤、蓝牛仔裤"，喜欢像乔布斯那样开着让人激情澎湃的产品发布会，人称"贾布斯"。从视频网站，到横跨手机、电视、汽车、金融、体育、影视等诸多板块，贾跃亭一手缔造了"平台＋内容＋硬件＋软件＋应用"乐视生态王国。贾跃亭用短短的四年时间，上演了一出中国互联网发展史上难得一见的奇迹。但也正是由于他的蒙眼狂奔，乐视帝国危机重重。

贾跃亭强于战略规划、精于生态布局，但乐视的战略规划也许太过宏大，行动节奏似乎又过快。按照业内的估算，除去电视、手机这些板块，乐视投资的体育产业、汽车产业都是需要大量烧钱的业务。业内人士估计，汽车产业至少是500亿元左右的投入，体育产业也是一个短期很难见效、需要持久长期投入的产业，加起来至少六七百亿元以上的资金投入。这些对于一个年净利润从未超过 10 亿元的企业来说，已是难以承受之重。

贾跃亭模仿苹果和谷歌建业务生态圈，殊不知苹果是凭借其出类拔萃的"硬件＋软件"的竞争力建立起生态圈的，谷歌是依托其搜索行业绝对领导地位建立起生态圈的。乐视生态的核心是乐视网，内容制作、电视、手机等是其产业链上下游的自然延伸，乐视生态围绕其进行广泛布局（见图5-1）。贾跃亭的大战略思路并没有错，然而乐视网未在其所在行业处于领先地位，也没能形成支撑生态发展的核心利润源，因此难以为其他子生态提供足够的资金支持。乐视生态中核心产品、服务规模或销售利润的缺失，使得其必须通过融资来弥补。当外界环境发生变化，难以进一步融资，将导致整个生态系统循环发展的中断，进而造成整个生态系统的崩溃。

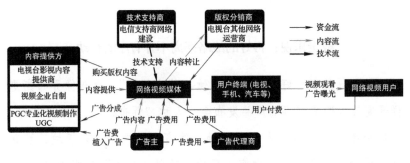

图 5-1　乐视生态布局

尽管贾跃亭从来是以生态圈战略为傲，但他自己也承认："LeEco 节奏过快。乐视生态战略第一阶段，以各个子业务线为主、平台业务为辅。但我们蒙眼狂奔、烧钱追求规模扩张同时，全球化战线一下子拉得过长。结果就是，我们无法把力量集中在一个点上，虽然各位打赢了一场又一场战役、开辟了一片又一片疆土，但粮草供应不及时，后劲已经明显乏力。"

憾局已铸成，贾跃亭开好了上半场，却再也不能出现在下半场。2017 年 7 月 6 日，乐视网的一则公告宣告了贾跃亭的离别。

企业陷入战略误区不外乎两种情况：

一种是埋头拉车，不抬头看路，容易犯方向性错误。柯达曾经是胶卷时代的王者，一度占据过全球 2/3 的市场份额。然而面对数字时代，柯达的决策者们一直迟疑不决。早在 1998 年柯达就深感传统胶卷业务萎缩之痛，但由于担心胶卷销量受到影响，一直未敢大力发展数字业务，直到 2012 年柯达陷入破产境地。而昔日的竞争对手富士胶片早已实现多元化业务转型，传统胶卷业务仅占公司总收入的 2%。中国的"胶卷王"乐凯则选择光学薄膜作为转型突破的新方向。

另一种是虽然大的战略方向是对的，但在战术上、行动策略和节奏上出了错，结果扰乱了阵脚。开篇案例中乐视危机就属于第二种，贾跃亭钟情生态布局，能靠几百页 PPT 就吸引到上百亿的投资，很难说投资人都看走了眼。贾跃亭的战略设想可能是好的，问题出在行动上，小马拉大车，急于求成，想把长期奋斗的战略目标压缩到几年一蹴而就，加上战线拉得过长，远远超出了自身的承受能力。2017 年贾跃亭黯然离开乐视远赴美国，转而专注造车，或许他还有东山再起的机会。

再好的战略都离不开有效的行动路线来实现。开展行动路线推演，就是要对战略意图如何得到贯彻、业务设计如何得以落地等问题进行深入系统思考。

推演目的

行动路线是由关键任务、策略、路径以及顺序等组成的一系列战略举措。开展行动路线推演，旨在把战略意图、业务设计转化为具体的行动，使战略蓝图得以实现。如果说总体路线、业务路线推演的主要任务是确定"什么是正确的事"，那么行动路线推演则是要回答"如何正确做事"的问题。

以无印良品为例，它于1980年底作为日本大型超市西友集团的自有品牌问世。那时全球经济因第二次石油危机而萎靡不振，消费者开始对商品的价值和价格精打细算。无印良品很明确地将"便宜"和"高质量"这两个相互矛盾的要素结合在一起，创造了独一无二的自有品牌理念。伴随着"因为合理，所以便宜"，无印良品闪亮登场，创造了不断成长的"无印神话"。然而这个神话到了2001年便戛然而止，公司竟然出现了38亿日元的亏损。松井忠三临危授命担任社长。他调查发现，无印良品业绩突然下滑主要有八大原因：成功带来的自满情绪、大企业通病的腐蚀、忘记根本只顾眼前、品牌自身的弱化、商铺扩张战略的失败、社长新旧交替、对专于创造的初衷产生了动摇、优衣库及大创等竞争对手出现。随后，松井社长给出七招对症下药：

- 第一招是狠心处理大量不良库存，一口气清空了价值约为38亿日元的不良库存。
- 第二招是止血，关掉不赢利的店铺，特别是海外的店铺，共关掉了10%的店铺。
- 第三招是构建研发、设计、企划一体的功能体系。通过和全世界优秀的设计师合作，把产品的策划从日本放大到全世界。
- 第四招是量化销售端开店标准。
- 第五招是成立"30%委员会"，把公司的运营成本降到营收的30%。
- 第六招是建立全员参与更新的员工手册。
- 第七招是建立完整系统的员工教育体系，员工10%是工作手册学习，80%是工作现场培训，10%是内部课程培训。

通过大刀阔斧的改革，无印良品一年就扭亏为盈，三年后赢利156亿日元。⊖无印良品的复苏，无疑得益于松井社长从主要问题出发，瓶颈突破，精准发力。所以，行动路线推演将帮助我们确定"如何正确做事"，它是一系列战略设想得以落地的关键。

推演逻辑

行动路线推演的关键在于找到行动的出发点、着力点、落脚点，使得任何的行动都有针对性、目的性。下面的"**四从四得**"，是反复精炼后总结出来的行动路线推演口诀：

> 从机会出发，得出应对策略。
> 从问题出发，得出改善方向。
> 从目标出发，得出行动路径。
> 从依存出发，得出行动顺序。

口诀由四句话构成：

第一句话的意思是通过形势研判发现机会，找到利用机会的举措。如随着万物互联的趋势逐渐明朗，小米面临发展手机主业与抢抓家庭物联网市场机会的双重任务。但如何在专注主业发展与捕捉机会之间实现平衡呢？2014年小米启动了生态链的计划，通过输出方法论与资源，投资但不控股，孵化硬件生态链企业，布局以手机为核心的智能家居生态圈。

⊖ 渡边米英. 无印良品的改革［M］. 李树良，张钰，译. 北京：中信出版社，2017.

第二句话的意思是通过矛盾识别，找出主要问题，对症下药，开列行动清单。如面对无印良品业绩突然下滑，松井社长先是诊断出八大原因，然后使出七大招来对症下药。

第三句话的意思是根据战略目标，构建实现的充分条件，由此会派生出相应的行动任务。例如，2018年2月，吉利巨资入股德国戴姆勒-奔驰公司，并成为其第一大股东。原因在于李书福寄望于在新能源、电动化、智能化、无人驾驶与共享出行等技术领域与戴姆勒-奔驰公司携手合作，实现吉利"2020年新能源汽车销量占吉利整体销量90%以上"的战略目标。

第四句话的意思是各行动之间存在相互依存的关系和先后的逻辑次序，通过梳理行动任务之间的内在关系，排列先后顺序，绘制行动路线图，避免各自为政、相互干扰等问题。贾跃亭败走美国，一个重要的原因是贾跃亭没有在生态圈布局上分清主次、把握扩展速度。因此，明确行动顺序是行动路线推演的重要内容，也是影响战略实施的关键因素。

以上四句话口诀，概括了行动路线的推演逻辑，告诉我们应当从哪些方面去思考、去着力。图5-2"四从四得"行动路线推演逻辑，指导我们拿出一整套有相互内在联系的行动方案来。

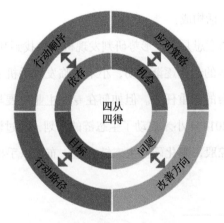

图5-2 "四从四得"行动路线推演逻辑

推演任务

行动路线推演首要任务是认清行动路线的构成要素，主要包括行动主题、行动领域、行动策略、行动路径、行动顺序（见图 5-3）。

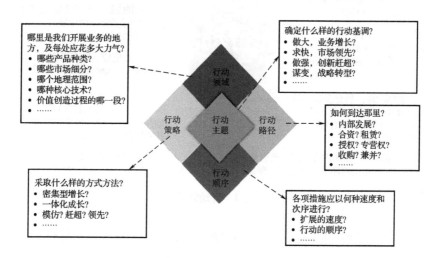

图 5-3　行动路线设计要素

行动主题。行动主题指重大行动的基调，指引企业的行为方式。第 3 章介绍总体路线的主题，如做大、求快、做强、谋变等。这些主题将对企业实施的重大行动具有指导意义，而同时具体到某一项重大行动，还可以有其更为明确的行动主题。比如企业海外市场开发，可以是平稳推进为主，也可以是快速推进为主。

行动领域。尽管企业战略千变万化，但采取的重大行动总是有迹可循的。对于业务单一的中小企业，一般会从客户、产品、产业链、地域和技术（见图 5-4）以及运营系统（含生产、供应、交付等）等方面入手采取行动。对于多元业务的企业集团，往往还会将管理体系、资本运营等纳入考虑范畴。

① **客户**：为谁提供? 谁是你的客户? 客户有哪些未被满足的需求? 如何建立客户关系?
(潜在客户、明星、核心客户、一般客户、退出的客户)

② **产品**：提供什么样的产品和服务? 产品具备什么样的特色?
(核心产品、明星产品、种子产品、防守型产品、陪衬型产品、淘汰型产品)

③ **地域**：在哪里卖? 在哪里展开竞争? 不同地域的销售要点和渠道是什么?
(核心定位、重点进攻的区域、战略性退出的区域)

④ **产业链**：所处整体环节? 所处具体环节? 各环节之间有怎样的联系? 合作伙伴如何选择?
(控制环节、整体构成、需要整合的环节、要退出的环节、整合还是聚集)

⑤ **技术**：以什么样的技术展开竞争? 关键技术及其发展路径是什么?
(核心技术、要研究的技术、要跟踪的技术、要淘汰的技术)

图 5-4　行动领域

行动策略。同一战略目标的实现，可以采用不同的行动策略（见图 5-5）。例如，在产品方面，可以采取着力于现有产业的产品开发，也可以采取进入全新产业的产品多元化策略；在市场方面，可采取立足现有产品和市场的市场渗透策略，也可以是着眼新市场开发的策略；在地理范围方面，可以是区域深耕、全国拓展，也可以是海外扩张；在核心技术方面，可以是紧盯、赶超，也可以是前沿领先；等等。因此，我们需要根据实际情况，采取合适的行动策略。

行动路径。行动路径解决的是策略如何实现的手段与方式方法问题（见图 5-6），也就是回答如何达到那里。以我国汽车企业技术赶超为例，一汽、上汽等企业采取"市场换技术"的策略，通过合资办厂的方式来学习外方技术和管理；而吉利则采取"海外并购"的策略，通过收购沃尔沃、锰铜、宝腾等一系列海外车企，获取技术、品牌、渠道，实现创新赶超。所以，一旦行动策略定下来，行动路径的选择便是关键。

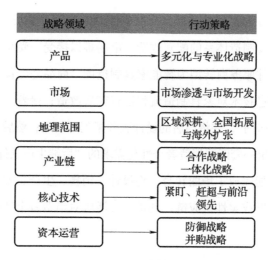

图 5-5　行动策略

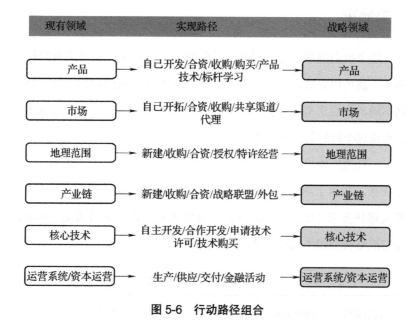

图 5-6　行动路径组合

行动顺序。战略行动是由多个行动任务组成的，各个任务之间存在着相互的依存关系。企业的资源储备和可能出现的风险，决定了各个行动任务需要进一步按照内在逻辑关系、轻重缓急和难易程度，确定行动的次序和扩展的速度。尚品宅配原来是开发家居设计软件的，它的软件需要制造体系的配套改造，市场难以接受。尚品宅配遂毅然决定，从软件服务商转型为智能家具制造商。尚品宅配首先从线下入手，利用信息技术对家具制造流程进行彻底改造；接着，建立线上直销平台"新居网"，并将门店的设计服务搬到了网上；然后，打通线上线下，开发出一套匹配消费者个性化需求的"后端生产软件系统"。自此，尚品宅配完成了华丽转身，将设计、销售、生产、安装、服务等环节贯通，形成柔性供应链，具备了灵活应对消费者个性化需求的定制能力。

分类施策

结合机会洞察、路线设计，我们进一步将以上行动要素有机组合起来，就可以完成行动路线的推演。处在不同发展阶段的企业，会面临不同的发展形势，遇到不同阶段性或长期性的矛盾，应对过程中便会形成这个时期的战略主题。

一旦战略主题确定，行动的主线和方针就清晰了，由此来确定关键任务。在这个思想指导下，我们开发出分类施策的矩阵（见图5-7）及关键任务表（见表5-1），以分类指导业务增长、市场领先、创新赶超与战略转型四类战略行动路线的推演。

表 5-1　战略类型与行动路线

战略类型	战略主题	行动聚焦	关 键 任 务
业务增长型战略	做大	产品开发 运营效率提升	开发创新产品和服务 发展最佳成本结构 优化流程以改进生产力

(续)

战略类型	战略主题	行动聚焦	关键任务
市场领先型战略	求快	市场渗透与开发 产业链扩展 地理区域拓展	进入新市场，寻找新客户 推行新的渠道和交付路径 横向一体化或纵向一体化 区域、全国及全球市场拓展
创新赶超型战略	做强	技术创新 运营创新	掌握核心技术 推动前沿领域创新 改善核心职能领域的效能和效率
战略转型型战略	谋变	模式重塑 能力重构	发展业务运营的新方式 建立伙伴关系快速响应市场 提升业务灵活性 核心能力再造以提高效率

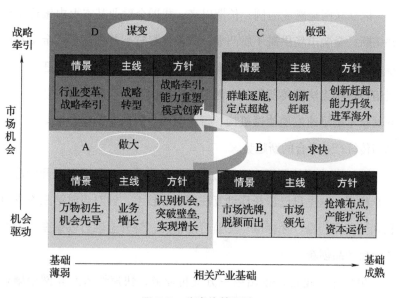

图 5-7　分类施策矩阵

业务增长行动路线

当行业在市场萌芽阶段，万物初生，机会驱动，产业基础比较薄弱。这个时期，企业以"做大"为战略主题，以业务增长为主线，以"识别机会，突破壁垒，实现增长"为行动方针，并不是如何与竞争对手比拼，而是怎样找准适合自己的发展路线，实现规模经济，迅速做大体量、做出效益。

由此，企业的行动路线主要有两条：

- **内涵式增长**：着力于产品与市场的开发，通过提升管理效率、技术升级和产业链覆盖，实现规模增长。
- **外延式增长**：通过收购兼并、对外投资、联盟合作，获取外部资源，实现快速扩张。

以互联网金融业为例，长期以来，我国金融业基本上由银行主导并垄断，金融市场供需矛盾凸显，政策性存贷利差提高了资金交易成本，阻碍了金融资源的优化配置。"三农"、中小企业和日渐旺盛的消费信贷等都无法获得所需的金融服务，国内金融业处于抑制状态。互联网技术的迅速发展使得机构、行业间的界限趋于模糊，推动了互联网与传统产业融合的新趋势。

2013年中国拉开了互联网金融元年的序幕，互联网金融开始进入大众视野。阿里巴巴依托移动互联网核心技术，针对当时第三方支付长期处于无门槛、无标准、无监管的情况，绕开金融行政壁垒，着力于金融产品创新。

2004年阿里巴巴推出第三方支付业务，快速切入互联网金融业务。接着，借助支付宝，通过天弘基金的金融渠道开发出余额宝，后又借助保险公司通道开发出娱乐宝等一系列产品。

2014年阿里巴巴的金融业务牵涉200多家来自金融行业的合作方，成立了专门的金融业务板块。阿里巴巴的互联网金融走了一条内涵式增长与外延式增长相结合的发展道路（见表5-2）。

表5-2 阿里巴巴互联网金融业务增长路线

领域	主要行动
产品	推出支付宝、余额宝、娱乐宝等一系列产品
市场	进入"三农"、中小企业和日渐旺盛的消费信贷等新金融市场
产业链	布局支付、理财、小贷、消费金额，并拥有征信和民营行业牌照
核心技术	依托移动互联网核心技术，着力于金融产品创新

市场领先行动路线

当行业处在成长阶段时，行业技术相对成熟，出现市场认可的主流商业模式，一批生力军涌现出来，产业生态系统初步发展起来，如2010年以来快速发展的环保产业。行业内企业面临的主要问题是，如何在市场洗牌中脱颖而出，并占据行业有利地位。

这个时期，企业以"求快"为战略主题，以市场领先为主线，以"抢滩布点，产能扩张，资本运作"为行动方针。企业需要两手抓，一手抓产业布局，抢占市场先机；一手抓融资，补充粮草。此时，"左手融资，右手重组"成了不少企业主要选择的行动路线。谁率先获得资本的青睐，谁就能领先一步脱颖而出。

2001年成立于深圳的格林美是国内城市矿产循环利用的领军企业。早期格林美主要开展废钴镍钨循环利用业务。

2009年格林美敏锐地感到国家对环保开始高度重视，迅速进入电子废弃物回收与利用的新业务。刚好赶上 2010 年国家开始对废弃电器电子回收行业进行规范，并建立起基金征收与补贴制度。

2015 年新《环保法》实施，高污染的中小作坊面临关停、改造的压力，电子废物资源化行业拐点"信号"出现。格林美一方面迅速展开产业布局，2009 年以来先后在湖北、江西、江苏等地建成八大循环产业园，构建了废旧电池与钴镍钨稀有金属废物循环利用、废旧电子电器循环利用与报废汽车循环利用等三大核心循环产业群。

另一方面通过上市持续融资，为格林美全国抢滩布点、产业布局提供了雄厚的资金保障。2010 年格林美实现 IPO 融资 7.04 亿元，随后在 2011 年、2014 年、2015 年连续定向增发，融资 57 亿元。借此格林美在这一轮城市矿产行业洗牌中拔得头筹（见表 5-3）。

表 5-3　格林美市场领先路线

领域	主要行动
产品	从废钴镍钨循环利用业务扩张到废旧电子电器、报废汽车的循环利用业务
市场	从深圳单一产品市场向全国多产品市场扩张
地理范围	湖北、江西、江苏等地建成八大循环产业园
产业链	构建了废旧电池与钴镍钨稀有金属废物循环利用、报废电子电器循环利用与报废汽车循环利用等三大核心循环产业群
资本运营	通过上市持续融资，为格林美全国抢滩布点、产业布局提供了雄厚的资金保障。2010 年格林美实现 IPO 融资 7.04 亿元，随后在 2011 年、2014 年、2015 年连续定向增发，融资 57 亿元

创新赶超行动路线

当行业处在成熟阶段，市场增长有限，经过多轮洗牌，产业竞争格局已成型，几强把持着行业的绝大部分市场份额，如当前的汽车业。

企业面临的主要问题是，如何由做大转向做强，超越竞争对手，巩固市场地位。这个时期，企业以"做强"为战略主题，以创新赶超为主线，以"完善管理，提升技术，进军海外"为行动方针。企业的发力点在管理、技术与市场。企业从抢占市场为中心向建立规范的运营体系转变；加强技术投入、研发体系建设，从最初的技术模仿逐步转向自主创新，发展核心技术；同时，面对相对饱和的国内市场，企业将目光投向海外，进军海外市场，同跨国公司展开正面竞争。

下面以华为为例（见图 5-8 和表 5-4），它于 1987 年创立，贸易代理起家，三年后开启自主研发之路。征战国内市场 10 年后，华为实现从农村包围城市的转型，于 1997 年开启国际化之路，并于 2000 年标志性地实现 1 亿美元海外市场销售额。当时任正非提出一个口号"脱下草鞋换皮鞋，把这帮土八路改成正规军"，通过向一流的管理要效益，增强公司的核心竞争力。

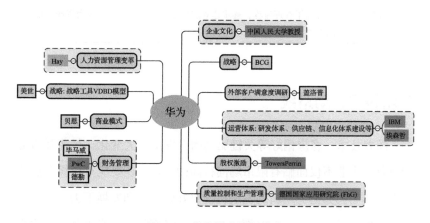

图 5-8 华为提升核心能力

1998 年华为引入 IBM 参与华为 IPD 和 ISC 项目的建立，5 年期间共计花费 4 亿美元升级了管理流程。除了 IBM，华为还曾聘请过埃森哲、波士顿、普华永道、美世和合益等咨询公司，逐步建立起战略、财务、生产、人力资源等现代化管理体系。同时，华为加大研发投入，从 2012 年起研发费用投入就不少于 300 亿元，而且只许花完，不许花不完。华为坚持十几年，将销售收入的 10% 用来做研发。

经过 30 年的艰苦奋斗，华为由一个小作坊成长为全球通信技术行业的领导者和世界 500 强前百强企业，业务遍布全球 170 多个国家和地区，2016 年销售收入达到 5 200 亿元人民币，其中销售收入 65% 都来自海外市场，创造了世界企业发展史上的奇迹。

表 5-4　华为创新赶超路线

领域	主要行动
产　　品	贸易代理起家，后开启自主研发之路，逐渐成长为全球通信技术行业的领导者
市　　场	不断强化国内外市场，业务遍布全球 170 多个国家和地区
地理范围	从农村包围城市，进行国际化，开拓国际市场
核心技术	加大研发投入，从 2012 年起研发费用投入就不少于 300 亿元
运营系统	升级了管理流程，逐步建立起战略、财务、生产、人力资源等现代化管理体系

战略转型行动路线

随着技术、客户偏好等关键驱动因素发生巨大变化，行业开始走向衰落。企业不仅面临有限市场同行间的厮杀，还要应对边缘企业的颠覆式创新。如何寻求新的发展机会更好地生存和发展下去，成了企业应对的头等大事。这个时期，企业以"谋变"为战略主题，以战略转型为主线，以"战略牵引，模式创新，能力重塑"为行动方针。企业从早期机会驱动转向战略牵引，实施归核战略，把公司的业务归拢到最具竞争优势的核心业务上，把经营重点放在核心行业价值链中自己优势最大的环节上。此时，构建双元能力成为企业战略转型的重要前提。企业一方面要处理冗余资产，维持主业经营与员工队伍的稳定；另一方面要寻找机会，开发新业务，开拓新市场，推动商业模式创新与组织再造。

2013 年以乐视、小米为代表的一大批互联网企业跨界进入智能电视领域，对传统家电产业造成很大的冲击。老牌家电制造商 TCL 集团意识到，时代的变化要求 TCL 打造自己的产业生态链：硬件的上游是面板材料，下游是互联网内容服务。TCL 之前所在的硬件端，只是生态链上的一环，所以很容易被面板厂商、内容商跨界打劫。TCL 的主导硬件电视只是承接内容的一个窗口。基于这样的产业生态链背景，TCL 集团需要同时布局面板以及互联网服务。2014 年 2 月，TCL 集团宣布互联网转型时代下的全新战略——"智能＋互联网"与"产品＋服务"的"双＋"战略（见图 5-9）：利用互联网思维抢夺入口、经营用户、建立"产品＋服务"的新商业模式。以用户体验驱动产品的智能化发展，建立"铁粉"平台实现同用户间的深层互动。基于移动互联网、大数据、云计算的平台生产让智能化落实到产品中，充分利用家庭云

图 5-9　TCL 集团战略转型路线

和个人云及游戏平台的功能，打造智能家居生态圈。为此，TCL 集团战略定位随之调整为"全球化智能产品制造及互联网应用服务企业集团"，并着手推动组织、系统、文化等多方面全面转型。

表 5-5 TCL 战略转型行动路线

领域	主要行动
产品	围绕用户打造了智能电视及机顶盒、智能健康电器、智能家居及智能云、智能可穿戴移动终端及可穿戴设备四类智能终端产品
市场	搭建互联网服务平台，拓展视频、教育、游戏等互联网服务市场
地理范围	国内市场，巩固欧美市场，拓展印度和巴西等新兴市场
产业链	打造自己的产业生态链：布局硬件的上游面板材料生产，拓展下游互联网内容服务
核心技术	持续加大技术研发投入，从应用技术工艺向基础和新技术材料延伸

推演呈现

本模块推演结束后，需要进一步归总、概括、精炼，形成对行动路线的基本结论，可以通过填写表 5-6 来辅助完成。

表 5-6 行动路线推演表

序号	战略任务	主要行动 （含策略、路径）	任务要求	责任单位	协同单位

□ 专栏5-1 罗辑思维：从知识网红到知识付费平台⊖

"罗辑思维"是由央视前节目制片人罗振宇于2012年底创立的知识服务商和运营商，凭着"有种、有趣、有料"的价值主张，每天60秒微信的死磕精神，赢得了大量听众。仅过4年"罗辑思维"的粉丝破1 000万，付费App"得到"专栏订阅收入累计近3亿元。

随着用户及带来的流量剧增，"罗辑思维"开始思考如何进行商业变现的问题。尽管拥有了巨量的粉丝和点击观看量，但传统"流量+广告"的内容变现模式却并不是罗振宇心目中自媒体未来的发展方向。因为《罗辑思维》并不是一个收视率导向的节目，它更注重节目实质上的影响力，吸引价值观相似、有购买力的人群。

罗辑思维也尝试过做电商实现流量变现，通过它的粉丝、会员对他的支持，卖书、卖月饼、卖大米等。罗辑思维后来发现，它做电商很难跟其他电商平台竞争，它的天花板是可以看得到的。

面对来自会员们的越来越多的多样化、深层次、专业化、碎片化的知识（焦虑）需求，单单凭借"罗辑思维"周播视频和公众号很难解决问题。从公司发展角度来看，把业务全押宝在一个事情身上，风险也太大了。罗振宇团队决定聚焦在知识内容电商上，打造"得到"这个知识付费平台。于是，罗振宇团队采取了以下战略行动（见表5-7）：

首先，邀请知识网红入驻平台，让"大V"变现。2016年5月28日，"得到"开通收费专栏。首批吸引了包括知名财经媒体人李翔等入驻，并推出《李翔商业内参》等按年订阅的内容产品，定价199元，据称当天订阅总份数达1万，总额达200万元。这些知识网红既有自己的知识产品也有创作能力，同时还自带一批铁杆粉丝，在丰富平台

⊖ 本文根据中国管理案例共享库周文辉等撰写的《从罗辑思维到"得到"：知识分享平台的精益创业之路》及相关新闻报道整理编写。

内容的基础上，迅速以燎原之势引爆平台，增强了用户黏性和活跃度。

接着，邀请领域顶尖人物做知识产品，使"得到"成为用户的翰林院。罗振宇说："这个社会都在为用户赋能，用户都变成一个皇上一样的角色，美团外卖负责他的御膳房，每一个被赋能到极致的用户，将来会不会需要一个翰林院？于是我们就找到这个行业里顶级的老师，为他（们）把守信息的一个风口。"这样一批知识型行家、专家，拥有创作知识产品的潜力，可以将专业知识更通俗地讲授给用户，同时又在其专业领域内享有极高的地位，由他们与"得到"进行合作而带来的知识产品，既有实力保证，也满足了普通用户对享受高级知识产品的需求。

最后，开发生产版权级的产品，为平台带来产业级机会。"得到"几经迭代后，终于找对了知识音频付费订阅这个功能模块，迅速突破平台引爆点，在内容上精耕细作的同时，也在逐步布局自己的知识服务产品，先由知识网红"引流"，再邀请行业顶尖专家"扩渠"，最后坚守自己的市场定位，联手有能力的知识专家做"版权级"的知识产品，牢牢巩固自己的差异化战略。

通过以上行动，"得到"很快突破平台引爆点，迅速靠知识产品完成商业变现，罗辑思维完成了从知识网红到知识付费平台的转型。

表5-7 罗辑思维战略转型行动路线推演表

序号	战略任务	主要行动
1	创建知识付费平台	建立"得到"知识平台 开通收费专栏
2	开发专业知识产品	邀请知识网红入驻引流 邀请行业顶尖专家扩渠
3	提供版权增值服务	提供知识版权等延伸服务

第 6 章

资源配置

> 如果没有资源，规划就是鬼话。
>
> ——任正非

迅雷反思：看准了就要 all in 优势资源[一]

2017年10月，迅雷宣布未来将 all in[二] 区块链的战略新方向，迅雷股价应声一路飙升。迅雷依靠高速下载起家，2010年达到发展高峰，此后却发展平缓。

迅雷新任 CEO 陈磊反思称：迅雷作为当年中国最大的内容分发平台，却没有跟版权方合作。选错了商业模式，路就会越走越窄。迅雷本质上是一个 P2P 技术起家的、去中心化的互联网公司，从基因上讲，迅雷做共享计算才更有机会比别人成功，所以才决定 all in 区块链。

回首发展历程，迅雷曾错过三大风口。

第一个机会是浏览器。迅雷是业界较早启动浏览器项目的。当时

[一] 本文根据程浩《迅雷联合创始人首次反思：我们为什么会错过这三个大风口？》及相关新闻报道整理编写。

[二] all in 意思是全投入。

想把浏览器当作下载的入口，以防止被第三方卡脖子，并不是为了搜索收入。遗憾的是，最后因种种原因产品没有发布。

第二个机会是流媒体。土豆刚发布的时候，迅雷已经看到视频消费从下载到流媒体的趋势，并启动了迅雷看看。但视频业务的实质和核心竞争力是媒体、内容和销售，这和迅雷的技术基因有很大不同，迅雷却没有进行商业模式再造。2015年，迅雷宣布出售迅雷看看的全部股权。

第三个机会是手机的应用商店。2010年安卓兴起，虽然也有91助手、豌豆荚等安卓市场，但当时规模都不大。迅雷也做了自己的应用商店，却没有看清应用市场的前景，更没有站在公司战略全局的高度投入优势资源。当碰到用户投诉和主营业务压力时，这个项目就搁浅了。后来360、百度和腾讯开始重点投入，机会窗口也就彻底关闭了。

这几年迅雷联合创始人程浩也经常反思，为什么这些重大机会，迅雷都没有抓住？事实上，迅雷在浏览器和应用商店上不是没做，而是没有投入重兵做，没有坚持做，根源还是战略思考得少，导致方向没看清。而腾讯能将微信做起来，是因为这事对于腾讯太重要了，马化腾不想错过移动互联网时代的机会。腾讯重兵部署三个团队同时上，结果张小龙团队胜出。

对此，程浩反思道："商业里没有惊喜，也没有四两拨千斤。一切都基于逻辑，基于你的战略，以及战略背后有多少投入。战略上看不清楚，战术上是绝对不可能给你惊喜的，战略上是否重视决定了你是否会 all in 你的优势资源。"

尽管迅雷错过了三大风口，但它是"幸运"的，毕竟看准了区块链的机会，并勇敢地 all in 优势资源。然而现实中，像迅雷那样深刻反思的企业毕竟是少数。不少企业既看不清战略方向，也不知道如何集中优势资源重点突破，导致踌躇不前。

具有战略定力的企业会站在战略全局来思考资源配置问题。战略导向是资源配置的根本原则，绝不能把资源配置简化为收支平衡逻辑下的财务预算。管理者应该按照公司战略对机遇进行筛选，否则将会把时间和精力浪费在周边项目上，反而让最有可能成功的核心项目缺乏必需的资源。[⊖]

推演目的

任何企业的资源都是有限的，实现资源的精准投放是支撑战略落地的重要保障。明确需要什么资源，整合什么资源，资源优先配置到哪里，是资源配置推演环节要着力解决的核心问题。资源配置是按照战略意图，对资源进行评估、整合与分配的过程。其目的在于为战略实施提供关键资源、组织结构与体制机制的精准配置。

推演逻辑

"兵马未动，粮草先行"，资源配置重在解决确保战略落地的"粮草问题"。资源配置是战略推演的收尾环节，它服务并服从于战略意图和路线设计。资源配置按照"评估—整合—分配"的逻辑来推演。

首先，评估战略与资源的匹配程度。一方面要精心分析战略需求，另一方面要盘整资源，估算资源的可供性，从而研判资源对战略的支撑状况，为资源筹备奠定基础。

其次，根据评估的情况，明确资源筹备的策略。资源的来源无外

⊖ 唐纳德·苏，丽贝卡·霍姆克斯，查尔斯·苏. 战略执行5大误区[J]. 哈佛商业评论，2015（3）.

乎两种途径：一种是企业的自有资源，另一种是外部资源整合。通常企业面向未来进行战略布局，对资源的战略需求常会超越当前手中已有的资源储备，需要有效利用外部资源。因此，制定正确的资源整合策略是资源有效配置的关键。

最后，按照战略的重要性，确定资源配置的优先序。只有当资源遵从战略逻辑来配置，才能规避撒胡椒面的做法，以及人情化、长官意志的倾向。那种"会哭的孩子有奶喝"的资源配置方式，靠向总部跑得勤、向主要领导汇报得多，来获取更多的资源，只会打乱企业发展步伐，导致好钢没有用到刀刃上。

战略资源配置

战略资源保障能力评估

战略资源保障力主要指企业拥有的人、财、物对战略支撑程度。首先，从需求侧，分析战略任务对关键资源的需求程度；其次，从供给侧，分析企业拥有资源的规模、质量以及获取的渠道、成本乃至生成的速度（见表6-1）。

表6-1 战略资源保障能力评估

类型	评估项	匹配程度				
		战略任务1	战略任务2	战略任务3	战略任务4	战略任务5
战略资源	人					
	财					
	物					

注：可以用如下标志填写，○非常不匹配，◐比较不匹配，◐一般，◐比较匹配，●非常匹配。

在此基础上，评估战略与关键资源的匹配程度，以此确定关键资源配置的重点：

- 当企业拥有足够的资源储备，完全可以满足战略需要，这是最理想的情况。
- 通常企业拥有一定资源，但仍需要从外部获取资源。
- 情况最不妙的是企业拥有的资源与战略需求严重不匹配，企业要么考虑对战略进行修正，要么像创业企业那样能找到风险投资机构、战略投资者等外援来注入资源。

人的评估。关键资源中人才最为宝贵，他们担负起战略支撑点的作用。迅雷联合创始人程浩曾反思，当初发展迅雷看看时，如果能看到视频业务内容为王的特点，另起炉灶，吸纳内容制作、知识产权方面的人才加盟，也许"迅雷看看"也不至于以出售告终。正在兴起的大数据经济、人工智能经济、流量经济、创意经济无不是知识密集型的产业，企业对人才的争夺越发激烈。如今更是蔓延到地方，如武汉成立招才局，长沙出台"人才22条"。地方政府开始站到前台为企业争夺人才，说到底还是为抢占新经济的制高点。

财的评估。关键资源中的财，可以用现金流量表来反映。现金流是企业的生命线，经营活动、投资活动和筹资活动共同影响企业现金流入流出。正常的经营活动应当是产生现金注入的核心来源，筹资和投资性收入是补充。但有些企业如地方投融资平台属于典型的资金饥渴型公司，由于大量资金投入公共基础设施建设难以变现，只能借助政府信用背书或土地质押，靠做大资产规模来驱动发展。现金流是影响企业生死的关键因素，一些企业破产不是因为资不抵债了，而是现金流断了。曾创造两年销售额4个亿、利税5 000万元"巨人神话"的史玉柱，1994年决定在珠海大本营建造地标性巨人大厦，从原来的

38 层最后决定盖到 70 层，预算也从 2 亿元增至 12 亿元。结果遇上了史无前例的宏观调控，银根收紧，不得不从保健品业务抽血，形成恶性循环，导致巨人集团倒下。2017 年，"定个小目标，挣一个亿"的中国"前首富"王健林，突然作价 631.7 亿元将万达的文旅和酒店项目出售给了孙宏斌掌舵的融创。这依然是出于现金流的考量，主要是急于解决海外债务偿还问题。

物的评估。关键资源中的物，可以用资产负债表中非流动资产的形式来表现，是企业正常经营活动的物质基础，主要包括股权投资、在建工程、开发支出和固定资产等。在实操中，企业的重要战略部署相当一部分是以重点项目、标志性项目的形式来落地的。所以，在行动路线推演中，有必要对战略级项目重点进行资源需求估算以及布局选择。

2016 年，一则"福耀玻璃董事长曹德旺跑路了"的新闻，炒得沸沸扬扬。起因是福耀玻璃老板曹德旺，在美国莫瑞恩投资 6 亿美元建造的汽车玻璃厂。事实上，不过是企业根据市场和生产经营成本情况，做出一项对外投资的正常决定。美国自特朗普出任总统后，大幅度减税，吸引工业回流美国。曹德旺抓在了这波机遇，顺势拓展海外市场。曹德旺海外建厂的决策本无可厚非，不过是增加了福耀玻璃海外资产配置的比重而已。

配置方式

人的配置方式。人的配置，根据战略需求来确定人力资源规模、结构、质量和接替计划；同时，必须考虑人力资本获取的成本、员工的忠诚度以及文化的认同度。阿里巴巴在快速发展时期，一度大量引进职业经理人替代创业元老，结果发现这些外企来的空降兵与创业企业的氛围格格不入，干不了多久就跳槽了，当年创业的十八罗汉依然是中流砥柱。

人力资源配置的重要途径是建设内部人才市场，促进内部人员流动和人才结构优化，而外部人才市场则是必要的补充。目前，外部各层次的人力资本市场已经发育成熟，高端猎头公司也已出现，外部人才获取已经比过去任何时期都更加方便。但也带来另外一个问题，企业的人才流动加快，忠诚度降低。过去一辈子在一个单位工作的现象已改变。因此，企业有必要建好人才培训体系、开辟成长通道、健全激励机制，做好"留人、育人、用人"的工作。

财的配置方式。财的配置首要解决的是融资。归结起来主要有两大类配置方式：

- **直接融资**：面向股东来融资，增加企业注册资本金，或者通过资本市场公开上市募资，最终体现在资产负债表中增加所有者权益。
- **间接融资**：面向债权人融资，如银行贷款、发行企业债等，最终体现在资产负债表中增加负债。

当前，一些企业融资创新形式也采取"债权＋股权"相结合的形式。地方投融资平台、房地产公司都属于资金饥渴型公司，这类企业通常擅长各种方式的融资。以产业新城运营商华夏幸福为例，2012～2016年的4年时间，不依靠银行贷款，光从外部融得资金就近3 000亿元，涉及融资方式多达21种，堪称是一本"花式融资百科全书"。

物的配置方式。物的配置主要通过战略级项目投资来实现，包括技术研发类项目、固定资产类项目、技术改造类项目、资产收购类项目、股权投资类项目等项目形式。根据企业拥有资源的富裕程度和项目的战略重要性，企业做出自建、合资、共建、并购、外包等决策。

下面以复星为例，复星战略定位为打造一个根植于中国、拥有全球产业整合能力的全球投资集团，并着力实施两大战略。一是，"中国动力嫁接全球资源"的海外投资战略，着力寻找那些在中国市场份额还比较小的公司，投资后帮助它们拓展中国市场业务以及全球业务。二是，"保险+投资"双轮驱动的发展战略，一方面保险公司自身的业务运营为复星带来稳定的利润来源，另一方面，复星核心的全球投资能力与保险资金（尤其是保险浮存金）相嫁接，大大提高了保险公司的投资回报收益，也降低了复星全球投资的资金成本。

优先序安排

关键资源配置与战略有密切关系。一方面战略指导关键资源配置，另一方面关键资源配置又为战略转化成行动提供了物质保证，有利于企业构筑竞争优势。战略优先序的排列，使得资源的配置更加合乎战略逻辑，让资源优先配置到最重要的战略任务上来。

一般来说，企业筹措的关键资源最终通过预算等形式来统筹配置。预算体系和资源分配原则必须合乎战略意图，使关键资源优先配置到重点业务，为重大行动提供资源保障。

组织结构适配

组织结构适配性评估

"结构追随战略"的命题，是1962年美国著名企业史学家钱德勒（Alfred D. Chandler）在《战略与结构：美国工商企业成长的若干篇章》一书中提出的。他认为，战略与结构的关系类似经济基础与上层建筑的关系：战略决定着组织结构，战略重心的转移决定着组织结构的调整，组织结构制约着战略的实施。因此，一旦路线设计推演确定，组织结构也需要重新评估。

典型组织结构形式主要有：直线制、直线职能制、事业部制、矩阵制、母子公司制等。组织结构形式的选择，主要与业务种类和数量多少、地区距离远近以及集权与分权程度等因素综合决定的（见图6-1）。以美国铝业为例，在过去的30年中，美国铝业随着市场和公司业务发展战略的变化，其组织结构模式主要经历了三个阶段的演变：

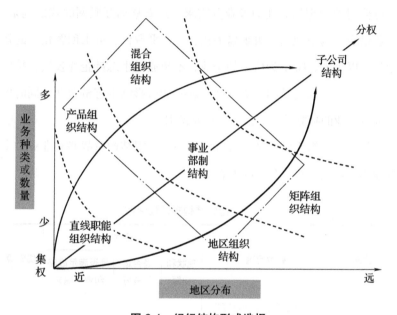

图6-1　组织结构形式选择

- 1991年前美国铝业主要是生产单一产品，采用的是直线职能制，公司有8个层级。
- 1991～1997年，美国铝业不断开发出铝箔等新产品，并将铝应用到新兴的航空和汽车工业，公司转而实现产品事业部制，公司层级降为5个。
- 1997年至今，美国铝业不断海外扩张，在36个国家和地区有超过400个运营机构，在全球共有12.7万名雇员。公司改为全球矩阵制（事业部＋地域组织＋共享服务），公司层级保持为5个。以产品划分的事业部是管理的主线，主要对其自身的利润、资本回报负责；地域组织的主要职责是优化公司跨产品的业务组合、服务共享以及公司在该地区的市场增长；公司总部主要为事业部业务运作提供共享服务。

美国铝业的组织结构沿着"集中—分散—矩阵式"轨迹演变，以适应公司的管理核心能力及业务需求。随着移动互联网时代的到来，企业组织结构呈现出"组织扁平化、企业平台化、员工创客化"的新趋势。以小米、BAT为代表的企业，不断通过生态链企业投资，扩展生态系统，并通过结构、资源和心理赋能来影响生态链企业，同时保持成员企业的独立性、灵活性和创业氛围。

如何评判组织结构适配性呢？即判断组织结构对战略和业务的支撑作用。重点考察三个维度（见表6-2）：

表6-2 组织结构支撑性评估

关键维度		参考问题	评估			优先级
			现状和问题	是否运作良好	是否满足战略和业务需求	
组织结构	结构和效率	● 是否能够前移贴近客户 ● 管理幅度和管理跨度是否合理 ● 响应速度是否够快 ● 运营效率和成本管理		( ) 很好 ( ) 一般 ( ) 较差	( ) 满足 ( ) 一般 ( ) 不满足	( ) 高 ( ) 中 ( ) 低
	组织规模	● 编制、层级、区域布局等是否能支持组织能力		( ) 很好 ( ) 一般 ( ) 较差	( ) 满足 ( ) 一般 ( ) 不满足	( ) 高 ( ) 中 ( ) 低
	组织绩效	● 如何评价和激励组织与个人不断改进		( ) 很好 ( ) 一般 ( ) 较差	( ) 满足 ( ) 一般 ( ) 不满足	( ) 高 ( ) 中 ( ) 低

- **结构和效率**：从管理幅度、响应速度、运营效度和成本等方面进行衡量。

- **组织规模与功能**：主要从编制、层级、区域布局、职能等方面来衡量。
- **组织绩效**：评价激发组织和个人活力创造业绩的情况。

传统企业组织结构一般大幅调整得较少，但互联网企业组织结构则变动得较快。如马化腾说，"腾讯每隔 7 年都会有个比较大的调整，保持架构上的新鲜血液"。这同外部环境的剧烈变化以及新兴业务的不断探索是分不开的。

组织结构优化

组织结构的调整涉及重大利益的调整，受决策层的认知、外部冲击以及客户贴近程度等因素影响。主要调整策略有：

- **优化**：在原有组织结构上调适，但不做根本性改变。
- **重构**：按照新的组织设计意图和逻辑，彻底改造原有组织。
- **新设**：设立全新的组织机构。

从历史文化角度来看，相对暴风骤雨式的激进式变革，渐进式变革更容易让人接受。以改良的方式循序渐进地来调整组织结构，通常能将对主业经营的影响降到最低。中国改革开放四十年，走的就是一条渐进式改革的道路，从摸着石头过河到顶层设计，从边缘突破到进入深水区。事实证明，这是一条合乎中国国情的成功改革之路，这对中国情景下的企业组织变革来说也是有借鉴价值的。

在新一轮科技革命与产业变革的背景下，新技术、新业态、新模式、新产业层出不穷。企业常会面临新兴业务发展与主业的关系如何处理的问题，这也是时下企业组织转型中应对的新挑战。现流行的做法是组织分离，让新兴业务脱离传统主业独立预算、独立经营，使其不受传统的规程和文化束缚。2003年搜狐为了发力搜索内部启动搜狗项目，但网页搜索很不成熟。直到2010年搜狐引进阿里巴巴宣布将分拆搜狗成立独立公司，借由输入法、浏览器和搜索三级火箭的思路，走上了发展的快车道。2017年搜狗成功上市，开发出仅次于百度的中文搜索工具、排名第一的中文输入法。

体制机制优化

体制机制的契合性评估

资源配置推演中的体制机制包括了领导体制、决策机制、管理制度、业务流程、责权体系等内容，构建的是组织内部一整套运行规则和行为规范。体制机制的契合性评估，主要考虑以下方面（见表6-3）：

- **决策机制的科学性**。考察决策者胜任能力，分析组织决策、授权、行权和问责的链条完备性、程序的规范性以及战略风险管理能力。
- **协作机制的顺畅性**。考察跨部门的协作能力，破除部门墙。
- **知识管理与分享**。考察组织内部知识的流动与分享情况，促进组织知识的扩散，有利于形成企业核心能力。
- **责权匹配程度**。考察企业利润中心的划分、职能的分解，以及权责的对等情况。
- **业务流程的通畅性**。考察核心管理流程清晰程度，运行的流畅性。

体制机制的优化

体制机制的建设对形成企业内部良好的制度环境、促进组织内稳态性至关重要。体制机制的优化设计要遵循以下原则：

表 6-3　体制机制的契合性评估

关键维度		参考问题	评估			优先级
			现状和问题	是否运作良好	是否满足战略和业务需求	
体制机制	知识管理和分享	● 是否有良好的知识管理和共享平台 ● 平台的管理和运作是否通畅		( ) 很好 ( ) 一般 ( ) 较差	( ) 满足 ( ) 一般 ( ) 不满足	( ) 高 ( ) 中 ( ) 低
	责权与分配	● 是否有清晰的责任中心和利润中心 ● 责任与权力是否对等 ● 授权体系是否合理		( ) 很好 ( ) 一般 ( ) 较差	( ) 满足 ( ) 一般 ( ) 不满足	( ) 高 ( ) 中 ( ) 低
	业务流程	● 关键核心流程是否通畅 ● 流程是否存在再造的必要		( ) 很好 ( ) 一般 ( ) 较差	( ) 满足 ( ) 一般 ( ) 不满足	( ) 高 ( ) 中 ( ) 低
	决策机制	● 组织如何决策、授权、行权、问责 ● 决策者师父具备相应的领导能力 ● 如何进行风险管理		( ) 很好 ( ) 一般 ( ) 较差	( ) 满足 ( ) 一般 ( ) 不满足	( ) 高 ( ) 中 ( ) 低
	协作机制	● 是否存在部门墙 ● 跨部门运作是否顺畅		( ) 很好 ( ) 一般 ( ) 较差	( ) 满足 ( ) 一般 ( ) 不满足	( ) 高 ( ) 中 ( ) 低

简明性原则。制度表达简洁明了、通俗易懂，便于组织成员理解和运用。红军刚成立时，主要以农民为主，革命性、组织性和纪律性都不太强。毛主席适时地提出了"三大纪律八项注意"，每条通俗易懂，又有很强的现实针对性，如"不拿群众一针一线"等，起到了统一全军纪律，加强部队思想作风建设的作用，这也是红军军队区别于一切旧式军队的显著标志。

又如，当年张瑞敏去青岛电冰箱总厂（海尔的前身）去工作，那是一个杂草丛生的停产企业。他立下的第一条规矩是"不许随地大小便"，现在看来简直是笑话。但当时作为一条厂规对整顿厂容厂貌却起到立竿见影的效果。

适用性原则。机制设计既要求简单又要能解决问题，太复杂的机制会产生更多的运行成本和精力投入，影响实际效果。流传已久的分粥故事形象地揭示了这个道理。

一群人在一起吃粥，为了保证公平，先是轮流来分，结果只有自己分粥的那天才能吃得饱；后来大家改成选出德高望重者来分，可是集权易产生腐败；接着，大家精心设计分权机制，设立分粥委员会和监粥委员会，可是两个委员会每次都争执不休，结果是粥分公平了，大家每次吃到的却是凉粥；最后，大家决定干脆回到轮流分粥的办法，不过要求有分粥权的人放弃选粥权，必须最后一个拿粥，结果皆大欢喜。

这个故事告诉我们，任何机制设计都有其制度成本的存在，管用有效才是最重要的，不必片面追求形式主义。

合理性原则。制度的设计要合乎人性的特点，引导人性善的一面。中西方对人性的假设是不同的，中国的《三字经》说"人之初，性本善"，而西方的《圣经》却认为"人生来就是有罪的"，故西方管理强调制度设计要防止人恶的一面。事实上，比较能让人信服的观点是，人生下来如同白纸一张，人究竟是开出善之花，还是结出恶之果，很多时候是制度环境造就的。

18世纪英国将轻罪犯人流放到澳大利亚去开荒，相传开始让民用船运送犯人，使用的是离岸价，即按照上船的人头付运输费。结果船主只管成本节约，不顾犯人死活，不少犯人因饥饿或疾病夺去了生命。这些犯人罪不至死，却在海上的路途中大批死去，引起了英国朝野震动。于是，英国政府改用到岸价，按照运到澳大利亚活着的犯人来结算运费，结果船主开始为犯人配置专门的厨师和保健医生，犯人的存活率大为提升。

制度是只无形的手,会影响人的行为规范。好的制度一定是释放人的善性。当企业内部战略执行乏力、乱象众生时,领导者应当反思制度层面是否出现了大问题。

推演呈现

本模块推演结束后,根据总体路线、业务路线和行动路线的总体要求,围绕战略任务、主要举措,借助表 6-4 对资源保障、组织保障和机制保障的具体要求做出结论。

表 6-4 配置方式表

序号	战略任务	主要行动	资源配置				
			组织保障	人力资源配置	资金配置	投资保障	机制保障

Part II
中 篇

战略推演手册

- 第7章 战略推演操作手册
- 第8章 战略推演规程手册

第 7 章 战略推演操作手册

> 你不要用战术上的勤奋,掩盖战略上的懒惰。
>
> ——雷军

战略推演是一套针对战略管理进行结构化分析的方法与工具,它与战略执行、战略复盘构成了"战略三部曲",是一套提升企业战略管理能力的解决方案。本书详细介绍了战略推演的逻辑和方法论,旨在帮助读者掌握一套洞察机会、设计路线和配置资源的方法体系,以及通过团队学习达成战略共识的技能。战略推演并不等于战略规划,但通过战略推演有助于形成清晰的战略意图,达成上下一致的战略共识,是战略规划编制的前提基础。

"好记、好学、好用"是我们撰写本书期望达到的目标。本书的上篇介绍了战略推演的方法论;在本书的中篇,我们将本书所有观点汇集,精炼成一套操作性强的行动手册;在本书的下篇,进一步结合典型案例,全景呈现战略推演方法的应用。

本章将重点介绍推演前的知识准备和推演步骤。你可以独自阅读本章,也可以团队一起学习。学完后,最佳做法是进一步展开小组讨论,结合自己所在企业进行战略推演,也可以找一家上市公司,结合其招股说明书、年报、研报以及相关分析资料,模拟开展战略推演,还原目标对象的战略意图。经过多次反复训练,将有助于你改变战略思维方式,提升战略推演技能。

战略推演知识复盘

战略推演是一种极其重要的能力,它能帮助我们突破认知边界、洞悉发展趋势、找准发展路线。战略推演构建起企业内部的战略话语体系,它既是一套逻辑方法体系,也是达成团队共识的过程。初学者要做好战略推演,必须对战略推演的思想和逻辑方法有基本认识,才有利于在团队推演中用共同的话语体系进行交流沟通。掌握战略推演的思维方式和方法体系,其实并不难,关键在于准确领会战略推演的思想精髓,核心是领会十四字心法、用活两种思维模式、记住"三三"口诀、学好四类战略、掌握推演七步法。这些内容在第一部分已有详细介绍,下面我们再次简明扼要地点明要点。

领会十四字心法

知己知彼明方向,
路线行动配资源。

这十四个字是统领战略推演的心法,也是战略推演方法体系的思想源头,它构建了战略推演所遵循的逻辑主线:"机会—路线—资源。"

"**知己知彼明方向**。"第一句话传达的思想是:了解对手,认识自己,研判发展形势,明确未来发展的大方向。这是战略推演的逻辑起点。

"**路线行动配资源**。"第二句话传达的思想是:根据战略方向,设计发展路线,采取重大行动,配置关键资源,解决路线方针和资源保障问题。这是战略推演的核心内容和落足点。

在这部心法中,"知己知彼"是战略前提,"明方向"是战略重点,"路线行动"是战略关键,"资源配置"是战略保障。抓住了这些要点,就抓住了战略的精髓和推演的主线。

用活两种思维

战略思维贯穿战略推演的全过程,决定着重大战略问题的选择。战略思维主要有适应型战略思维与塑造型战略思维两种类型。

适应型战略思维采取的是"情景—适应"的反应模式,应对的是相对稳定的市场环境。它的主导逻辑是建立企业"累积性优势",按照"目标—差距—补短"的逻辑,通过标杆比较和目标对照,发现机会差距和业绩差距,集中资源,实施**瓶颈突破**。

塑造型战略思维采取的是"情景—塑造"的反应模式,应对的是复杂动态的环境。它的主导逻辑是持续创新或颠覆式创新,按照"机会—设想—构建"的逻辑,**以终为始**,围绕愿景和设想,全力整合内外资源,层层构建实现目标的充分条件,捕捉新机会。

这两种思维模式并没有优劣之分,但各有不同的适用条件,需要学会灵活应用。

牢记"三三"口诀

为便于记忆和操作,我们从十四字心法中进一步派生出战略推演的"三三"口诀:

机会洞察察三侧:环境侧、需求侧、供给侧。
路线设计设三线:总体路线、业务路线、行动路线。
资源配置配三样:战略资源、组织结构、体制机制。

"三三"口诀概括了战略推演的三大要素：机会洞察、路线设计、资源配置，表明战略推演围绕三要素依次展开，而每个要素又须紧抓三个要点。

机会洞察。主要解决"知己知彼明方向"的问题，包括环境侧、需求侧、供给侧等三个推演要点。通过察三侧研判形势，深刻认识市场变化趋势及关键驱动因素，识别机会与风险，找到企业面临的主要矛盾，确定中心任务，为路线设计指明方向。

路线设计。主要解决"路线行动"问题，包括总体路线、业务路线、行动路线等三个推演要点，涉及公司层、业务层和职能层战略。通过设三线，明确企业发展路线、发展方式和发展动力。

资源配置。主要解决"配资源"的问题，包括资源、组织、机制等三个推演要点。通过配三样，为重大行动提供有力的组织保障、资源保障和制度保障。

三大要素九个要点构成了战略推演的知识图谱，推演便是围绕这些要点来展开（见图7-1）。记住"三三"口诀，使你能在战略推演中做到心中有数，查漏补缺。这也是本战略推演结构化特点的具体体现。

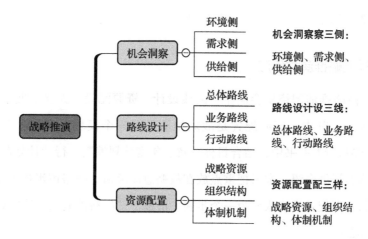

图 7-1 "三三"口诀与战略推演架构

学好四类战略

业务增长型战略：当行业在市场萌芽阶段，产业基础比较薄弱。企业靠机会驱动，以"做大"为战略主题，以业务增长为主线，以"识别机会，突破壁垒，实现增长"为方针。避免正面消耗战，实现规模经济是企业战略制胜的关键。

市场领先型战略：当市场高速增长，主流商业模式出现，市场开始洗牌。企业转向投资驱动，以"求快"为战略主题，以市场领先为主线，以"抢滩布点，产能扩张，资本运作"为方针。适度打价格战、品牌战，抢占市场份额是企业战略制胜的关键。

创新赶超型战略：当市场增长放缓，行业赢利能力下降，市场结构变得稳定。企业转靠创新驱动，以"做强"为战略主题，以创新赶超为主线，以"完善管理，提升技术，进军海外"为方针。苦练内功，提升核心能力是企业战略制胜的关键。

战略转型型战略：当市场萎缩，顾客偏好转移，关键供应商流失，产能过剩。企业转向战略牵引，以"谋变"为主题，以战略转型为主线，以"业务重组，模式创新，能力重塑"为方针。实施归核战略，构建双元能力是企业战略制胜的关键。

掌握战略推演七步法

战略推演围绕机会洞察、路线设计、资源配置三大要素九个要点展开。其中，资源配置是战略推演的第三个模块，将来还会在《战略执行》一书中，结合目标分解、年度计划编制、行动计划制订等内容详细介绍。本书把重点放在战略意图澄清、战略逻辑梳理上，故将资源配置推演浓缩为一个步骤，形成了"战略推演七步法"（见图7-2）。

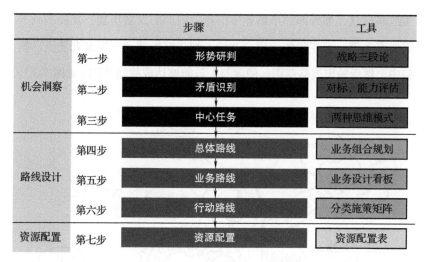

图 7-2 战略推演"七步法"

第一步，形势研判：察环境侧、需求侧、供给侧，发现机会窗口。

第二步，矛盾识别：内外匹配分析，识别新阶段新形势的主要矛盾变化。

第三步，中心任务：抓住主要矛盾或捕捉机会，明确中心任务。

第四步，总体路线：解决"往哪里去"的问题，明确发展方向和目标。

第五步，业务路线：解决"干什么，凭什么"的问题，重点做好业务设计。

第六步，行动路线：解决"怎么干"的问题，确定重大行动。

第七步，资源配置：为重大行动提供组织、资源和机制保障。

七步法操作要诀

推演预热

战略推演是一个信息输入与输出的过程。输入指将企业内外的相关战略信息，如外部的市场竞争信息、内部的发展历程、发展基础等需要有条理、有逻辑的梳理，并输入到战略推演"三要素九要点"模型中，然后输出战略蓝图，使参与人员能够达成战略共识（见图7-3）。

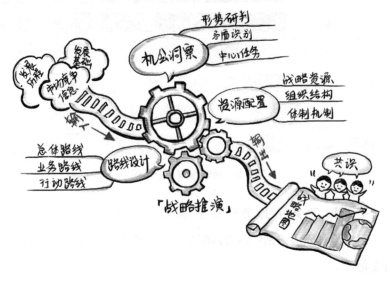

图 7-3　战略推演逻辑示意图

战略推演是一项集体参与、群策群力的活动。一般有两个应用场景：学校教学和企业应用（见图7-4）。两者在推演目的和对象上面有所不同：学校教学的推演是用来梳理已有企业的战略逻辑，企业应用是通过战略推演形成未来战略逻辑。

- **学校应用**：学校的教学目的是让学员了解战略推演方法和步骤，学会模拟运用。考虑到参与学员大都来自不同企业或者尚未有从业经历，故一般会选择信息透明度高的上市公众公司为推演对象。要求提前收集目标公司招股说明书、研报、企业报道、领导讲话等相关情况，并仔细阅读熟悉资料，为正式开展推演模拟做前期准备。

- **企业应用**：在企业内部进行战略推演，参与人员包括企业主要领导、职能部门主要负责人、各分支机构负责人，需要提前做好针对企业情况深化了解的准备工作，如企业内外基本资料收集、公司战略的学习以及一些激发大家思想活力的视频资料。

图 7-4　学校教学和企业应用场景示意图

战略推演（见图 7-5）正式开始前的一至两周，推演的负责人或者辅助人员须提前将阅读清单、问题清单、资料收集清单发放给大家，以便提前做好正式推演的准备工作。

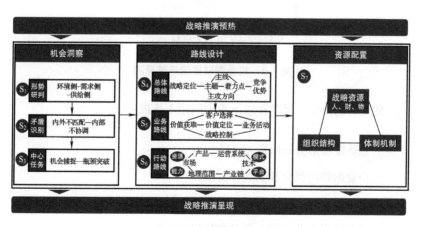

图 7-5　战略推演流程

模块一：机会洞察

推演任务

机会洞察旨在通过对各种相关信息的结构化分析，认清当前发展形势和所处阶段，厘清面临的主要矛盾，最终确定企业发展的中心任务（见图7-6）。

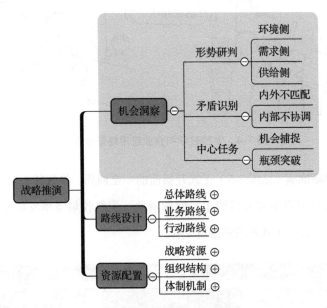

图 7-6　机会洞察推演思维导图

此部分的推演，需要在以下重大问题上达成共识：

- 总体发展形势和阶段是什么？
- 企业面临的机会和挑战在哪里？
- 企业需要解决的主要矛盾是什么？
- 当前阶段企业的中心任务如何确定？

第一步，形势研判

形势研判是机会洞察的首要工作。通过"三察三看"，察环境侧看发展大势、察需求侧看市场变化、察供给侧看竞争格局，了解客户需求、竞争者的动向、技术的发展和市场经济状况，以找到机遇和风险及可能的对策。其目的是，解释市场正发生什么变化，这些变化对我们将会产生什么样的冲击影响，我们如何应对。

形势研判将为我们建立起战略的基本假设，并为路线设计、资源配置指明方向。形势研判是战略推演的逻辑起点，需要做大量的信息和数据收集与分析工作。

推演中，须注意以下事项：

- 立足微观去看宏观，切忌泛泛分析或简单罗列。我们推演的重心要放在外部变化对企业的影响上，并由此确定应对之策。
- 分清行业类型，各有侧重做分析。例如，对于钢铁、有色、房地产等宏观敏感型行业，环境侧分析是重点；对于消费品行业、服务行业，需求侧分析是关键；对于进入市场洗牌阶段的行业，供给侧分析则是关注重点，竞争格局、竞争对手行动将影响到企业市场地位。
- 通过对市场机会和竞争基础的判断，进一步思考对企业市场定位的影响。我们是有机会做领先者、挑战者，还是只能做追随者？这将决定我们下一步的路线设计与选择，影响客户群选择、经营目标、核心产品的定位。

此部分推演，我们须逐一回答以下问题，并实时记录下来。

环境侧

经济

- 宏观经济的发展趋势如何？

- 哪些因素在影响经济走势？

技术

- 哪种技术代表着重要的市场机会或扰乱市场的威胁？
- 市场客户正在采用哪种新技术？

社会

- 哪些社会或文化趋势可能会影响消费者行为？
- 在文化和社会价值观中，哪种转变可能会影响你公司的商业模式？

政策

- 哪种监管法规会影响你的商业模式？
- 哪些规则、税收制度会影响客户端需求？

环境侧分析的四个维度如图 7-7 所示。

图 7-7　环境侧分析的四个维度

需求侧

市场容量

- 行业内如何对目标市场进行细分？各自有何特征？
- 不同细分市场增长趋势与前景如何？
- 哪类细分市场有吸引力？为什么？

客户画像

- 目标客户的特征是什么，有何关键诉求？
- 目标客户需求满足程度如何？需求偏好有哪些变化？
- 哪些是目标客户最重要的需求？哪些是最极端的痛点？按照重要性将痛点和收益排序。
- 维系目标客户的纽带和渠道是什么？阻止目标客户投靠竞争对手的转移成本是什么？

客户行为

- 决定目标客户购买的决定性因素是什么？购买场景是什么？
- 购买的发动者、影响者、决定者、执行者和使用者是谁？如何引起五种购买角色的注意，激发他们的购买行为？

需求侧分析的三个维度及细分要点如图 7-8 所示。

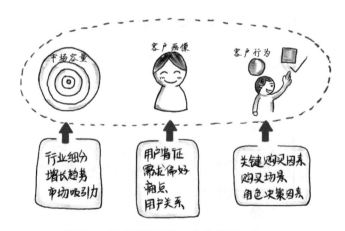

图 7-8　需求侧分析的三个维度及细分要点

供给侧

行业特征

- 行业如何定义？行业的基本特征及关键的成功要素是什么（见图 7-9）？

- 不同产业环节的规模、赢利水平和经营特点是什么？
- 行业或产品处于生命周期的什么阶段？行业整合程度如何？
- 行业有哪些典型商业模式？哪些商业模式有吸引力？为什么？
- 行业技术、产品价格和结构、渠道通路等正在发生什么样的变化？是否驱动行业变革？

竞争格局

- 竞争对手数量和竞争强度如何？市场壁垒情况如何？谁在主导行业游戏规则？
- 市场竞争格局正在发生什么样的变化？哪些力量在改变行业竞争格局？
- 谁是你所在市场的新进入者？他们有什么不同？优劣势是什么？主要关注重点在哪个细分市场？
- 哪些产品或服务可以替代我们？优劣势是什么？
- 产业供应链是否在发生变化？有何影响？

供给侧分析的两个维度及细分要点如图 7-9 所示。

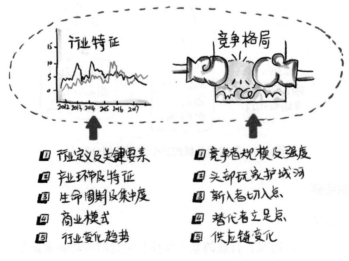

图 7-9 供给侧分析的两个维度及细分要点

根据对以上问题的回答，将得出的结论性意见填写在表 7-1 中。

表 7-1　形势研判推演结论表

要素	变化趋势	机会	威胁	可能对策
环境侧				
需求侧				
供给侧				

第二步，矛盾识别

矛盾推演的主要任务是，通过"两审一定"，审视内外匹配性，审视内部协调性，确定解决的主要矛盾。矛盾推演将企业内外环境联系起来，帮助我们找准战略突破口。

企业面临的矛盾冲突主要有两组：一组是内外不匹配的矛盾冲突，主要表现为企业发展方式、能力体系与市场发展形势的不适应（见图 7-10）；另一组是内部不协调的矛盾冲突，主要表现为公司核心能力不足、内部利益冲突、体制机制障碍等方面（见图 7-11）。

图 7-10　内外发展不匹配

图 7-11　内部关系不协调

推演中，须注意以下事项：

- **掌握矛盾识别的方法**。内外不匹配的矛盾冲突，可以通过横向对标来分析，重点是发现机会差距；内部不协调的矛盾冲突，可通过能力比较来分析，重点是查找内部短板。在此基础上，进一步深究表象下的深层次原因。
- **找准影响企业发展的主要矛盾**。随着发展阶段的变化，企业遇到的主要矛盾也会发生变化。通过标志性事件分析，研判企业所处的发展阶段，是客观识别主要矛盾的前提条件。上升为战略层次的主要矛盾，一定是持久的，而不会是短期的、暂时的。随着外部形势的变化，又会有不同的表现形式。具体到某阶段或年度，又会有阶段性矛盾，它们是具有长期性的主要矛盾派生出来的，这将决定我们的阶段性或年度性工作重点。
- **内因是关键**。外因是企业发展的外部条件，在一定条件下，对企业的发展起决定性作用。但无论外因的作用有多大，都必须通过内因才能起作用。对于新兴行业，也许有重塑外部条件的市场机会。但对绝大多数企业而言，内因才是问题的根本，应当把精力放在提升自身核心能力上。

此部分推演，我们须逐一回答以下问题，并实时记录下来。

- 企业的发展历程是怎样的？
- 企业的主要产品、市场地位、发展速度如何？
- 企业近三年的财务状况如何？
- 企业的主要客户情况如何？企业现在的商业模式是怎样的？
- 企业的原材料采购、加工能力和成本控制能力怎样？
- 企业的技术、品牌和营销怎样？
- 企业的团队、组织架构和管理水平怎样？
- 企业核心能力在哪？企业内部的优劣势在哪？
- 与行业内主要竞争对手相比，哪些是企业存在的最关键差距？主要原因是什么？
- 哪些是企业尚未把握的市场机会？我们如何应对？
- 行业关键成功因素中哪些已经具备？哪些还有差距？我们如何应对？

根据对以上问题的回答，将得出的结论性意见填写在表 7-2 中。

表 7-2 矛盾识别推演结论表

要素	描述
发展阶段	
主要矛盾	
主要表现	
可能的对策	

第三步，中心任务

"形势研判—矛盾识别—中心任务"，构成了机会洞察推演的"三段论"。形势研判是前提条件，准确识别新阶段新形势下的主要矛盾是推演的关键，确定中心任务是必然结果，也是机会洞察推演模块的落足点。

推演中，须注意以下事项：

- 中心任务旨在解决主要矛盾，而不是次要矛盾。如果我们抓住了主要矛盾，企业就不至于偏离主航道。
- 不同矛盾性质将决定不同的中心任务。一般而言，对于处在新兴产业的企业，中心任务主要是捕捉市场机会，解决内外不匹配问题；对于处在传统产业的大多数企业，中心任务主要是突破瓶颈，解决内部不协调问题。
- 不同发展阶段，企业主要矛盾会发生转化。如果企业的主要矛盾变了，中心任务也要变，战略主题、主线也将随之调整。

通过对各种相关信息的结构化分析，认清当前发展形势和所处阶段，厘清面临的基本矛盾，最终确定企业发展的中心任务。

根据对以上问题的回答，将得出的结论性意见填写在表 7-3 中。

表 7-3　机会洞察推演结论表

要素	描述
形势研制	
矛盾识别	
中心任务	

推演检思

为确保形势研判基本结论客观、准确，前后逻辑一致，通过回答以下问题来核查：

- 形势研判成果的依据是什么？它们是客观正确的吗？是否有体现市场数据调查、消费者访谈等基础工作？
- 对当前企业发展阶段面临的主要矛盾把握得是否准确？化解了这些矛盾是否有利于捕捉市场机会？
- 中心任务是否能有效解决所面临的主要矛盾？中心任务能否用来作为你日常工作决策的依据和指南？

模块二：路线设计

推演任务

本模块将重点探讨总体路线、业务路线和行动路线的设计（见图 7-12）。总体路线推演的主要任务是厘清发展思路、战略目标以及发展步骤等事关发展大局的根本性问题；业务路线围绕客户选择、价值定位、价值获取、业务活动、战略控制五个部分依次展开，从而界定企业边界及背后的利润获取模式；行动路线推演的首要任务是认清构成要素，主要包括行动领域、行动策略、行动路径、行动顺序。

此部分的推演，将在以下重大问题上达成共识：

- 我们的战略定位是什么？未来的主攻方向是什么？
- 我们的业务设计所依赖的客户角度和经济上的假设是什么？
- 我们的业务设计驱动企业创造什么样的价值？
- 我们在哪里赚钱？提供什么样的业务？我们的资源与能力是否企及？
- 我们将采取哪些重大行动？

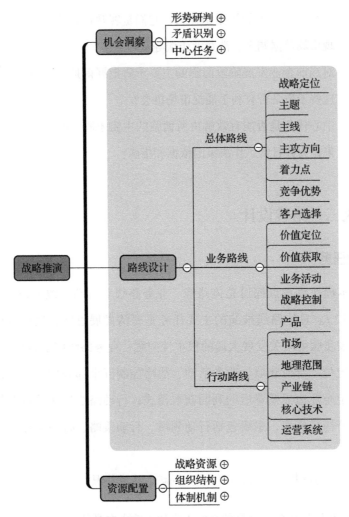

图 7-12　路线设计推演思维导图

第四步，总体路线

美好的战略设想因可行的发展路线而真实。中心任务为我们的路线设计标明了方位。路线设计包括总体路线设计、业务路线设计和行动路线设计，其实质是解决"做正确的事"和"正确地做事"的问题。

总体路线推演是路线设计的出发点，解决"我们是谁"与"往哪里去"的问题。总体路线推演，涉及战略定位、主题与主线、主攻方向、着力点及竞争优势等内容。战略定位标定企业发展方位，主题确定企业发展基调，主线明确企业发展主轴，主攻方向则是锚定企业重点发展领域，着力点聚焦着手之处，而构建竞争优势是企业持续发展的根本。

推演中，须注意以下事项：

- 企业的总体路线必须明确清晰，你最好能够用60秒钟介绍完毕。讲清我们是谁（业务领域）、去哪里（战略意图）和如何去（行动路线）等三个基本的战略问题。

- 精准战略定位必须清楚回答"想做什么""可做什么""能做什么"三个问题。"想做"是企业的初心和愿景，"可做"是外部的现实条件允许做哪些事，"能做"则是基于内部资源和能力，是战略定位实现的基础。

- 不同的战略思维会形成不同的未来战略定位。基于塑造型思维的战略定位，重点聚焦在"想做"和"可做"上，偏好颠覆式创新，跨界或相邻拓展打破旧有格局，重新构建能力和资源系统；基于适应型思维的战略定位，更在意"可做"与"能做"，偏好能力驱动型战略，谋求在现有竞争格局中找到自己的缝隙市场或相对有利的位置（见图7-13）。

- 明确统率企业发展的战略主题，理顺贯穿重大行动的主线。起步期，一般以"做大"为主题，"业务增长"是主线，谋求在快速成长的市场上占有一席之地；成长期，通常以"求快"为主题，"市场领先"是主线，争夺市场领先者的地位；成熟期，以"做强"为主题，"创新赶超"是主线，核心是保持领先地位；衰退期，以"谋存"为主题，"战略转型"是主线，构建双元能力,图存新生。

- 明确主攻方向,界定企业的边界与范围。对于多元化企业,确定主攻方向就是业务组合规划,它将决定企业的成长方式,建立企业的规模经济、范围经济和协同效应;对于单元化企业主攻方向是产品组合规划,它将决定企业业务的发展重点,建立企业竞争力。业务组合规划可采用麦肯锡三层面理论,产品组合规划可用波士顿矩阵作为推演工具。

- 运用两种战略思维,找准着力点,抓住企业发展的"牛鼻子"。适应型思维是一种瓶颈突破的思路,把弥补的短板作为企业战略的着力点;而塑造型思维是一种以终为始的思路,围绕战略设想和目标构建充分条件作为企业战略着力点。

- 建立长久的竞争优势是总体路线追求的根本目的。企业的竞争优势表现为成本优势、速度优势、用户黏性优势、系统优势、结构优势。它是由企业资源与能力决定的,并通过成本领先或差异化战略的实施而形成的,从而建立起企业利润池免受侵袭的护城河。

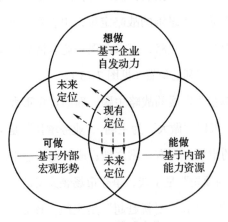

图 7-13 战略定位

- 推演竞争优势，是为了清晰地指导后续的业务设计和行动路线，解答企业现在或者未来打算在哪些方面比竞争对手有优势；这里的竞争优势既可以是根据自身能力和资源得出的现有的竞争点，也可以是为了达到未来某一个目标而需要具备的竞争基础。

此部分推演，我们须逐一回答以下问题，并实时记录下来。

- 我们的战略定位是什么？
- 如何确定发展主题与主线？
- 我们的主攻方向是什么？
- 我们的战略着力点在哪里？
- 我们的战略目标是什么？采取哪些步骤来实现？

根据对以上问题的回答，将得出的结论性意见填写在表 7-4 中。

表 7-4　总体路线推演结论表

要素	描述
战略定位	
主　题	
主　线	
主攻方向	
着 力 点	
竞争优势	

第五步，业务路线

业务路线解决"干什么，如何赚钱"的问题，主要任务是业务设计，旨在明确企业创造价值的核心逻辑，把战略机会点转化为收入和利润，建立起自己的商业模式。业务设计是由客户选择、价值定位、价值获取、业务活动和战略控制五个部分组成，反映的是企业价值创造逻辑。

开展业务设计，需要考虑三组关系：一是客户选择与价值定位的关系。客户的需求和痛点是业务设计的出发点，将决定产品和服务的价值定位，回答"为谁创造价值，创造什么样的价值"的问题。二是业务与利润的关系。明确利润逻辑，找到持续的业务收入来源，回答"如何赚钱"的问题。三是企业与竞争对手关系。找准战略控制点，建立起维持企业长久的竞争优势，回答"我们用什么手段持续赚钱"的问题 (见表 7-5)。

表 7-5　业务设计框架

要素	关键问题	具体问题
客户选择	我们想如何服务好细分客户	我们正在为谁创造价值，谁是我们最重要的客户
价值定位	我们提供什么样的价值	我们应该向客户传递什么样的价值，我们正在帮助客户解决哪一类难题？我们正在提供给客户细分群体哪些系列的产品和服务
价值获取	我们如何赢利	我们如何从为客户创造的价值中获利，我们的利润逻辑是什么
业务活动	我们从事哪些业务活动	我们想要销售什么样的产品、服务和解决方案，哪些业务活动是公司内部可以完成的，哪些需要分包、外购或者与合作伙伴一起提供
战略控制	我们如何保护利润	为什么客户选择从我们这里买，哪些战略控制点能够抵消客户或者竞争对手的力量

推演中，须注意以下事项：

- 客户选择解决的是"我们在为谁创造价值"的问题。只有识别出目标客户群，才能有针对性地构建价值传递的渠道，建立持久客户关系的系统。
- 客户的偏好是不断变化的，使得市场竞争基础从功能性到可靠性和便捷性，再到价格演变。
- 价值定位是业务设计的核心。价值主张看似五花八门，但归根结底是两类：一类是基于成本领先的价值诉求，如价格、性价比、可及化；一类是基于差异化的价值诉求，如新颖性、便利化、品质、品牌和体验。

- 价值改善与价值创新是价值定位的两种方式。前者的逻辑是"你好我更好"，后者的是"我有你没有"。价值曲线是实现价值创新的重要工具。通过价值曲线挖掘出来的价值元素，最终要体现在价值创造系统的设计中，从而形成我们独特的业务模式。
- 价值获取解决的是"凭什么赚钱"的问题，须穿透行业本质把握利润逻辑。传统的单边市场的赚钱逻辑是"一手交钱，一手交货"，而新兴的双边或多边市场则是"羊毛出在狗身上，猪来买单"，即基础服务免费，增值服务收费，或是第三方付费。但它们都始终遵循"利润＝收入－成本"的公式，收入与成本的增减关系决定利润盈余。
- 业务活动设计解决的是"哪些价值活动必须完成""由谁去完成"以及"如何完成"的问题，它的设计受价值定位、客户选择和企业资源整合能力等因素的影响。一旦关键业务确定下来，将围绕产业链的选择以及物质流、现金流和信息流构建配称系统，选择重要的合作伙伴，由此界定企业与市场的边界。
- 找准战略控制点，提升客户的转换成本，阻隔竞争对手。利用组合式战略控制手段，将提高模仿者识别和学习的门槛，构建保护利润池的护城河。

此部分推演，我们须逐一回答以下问题，并实时记录下来。

- 我们的业务设计所依赖的客户角度和经济角度的假设是什么？
- 我们究竟选择谁做客户？
- 我们的业务设计驱动企业创造什么样的价值？
- 我们在哪里赚钱？提供什么样的业务？我们的资源与能力是否企及？

- 我们如何赚钱？这种价值来源是可持续的吗？
- 我们用什么手段保证赚钱？
- 我们产品与服务的独特价值是否能让客户直接感知到？

根据对以上问题的回答，将得出的结论性意见填写在图 7-14 中。

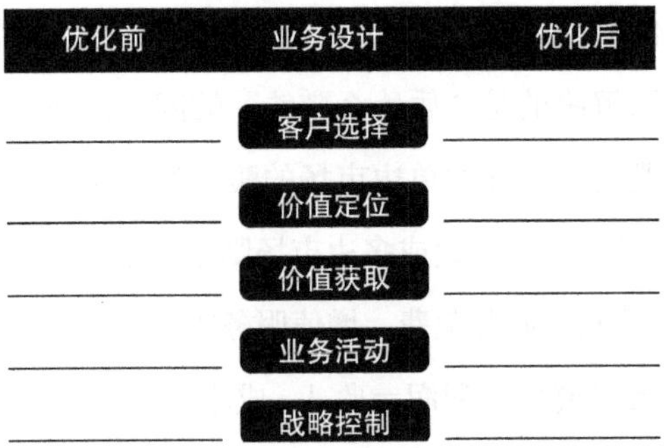

优化前	业务设计	优化后
_____	客户选择	_____
_____	价值定位	_____
_____	价值获取	_____
_____	业务活动	_____
_____	战略控制	_____

图 7-14　业务设计推演结论对比图

第六步，行动路线

如果说总体路线、业务路线推演的主要任务是确定"什么是正确的事"，那么行动路线推演则是要回答"如何正确做事"的问题。行动路线是在总体路线确定的大政方针指导下，确定"怎么干"，属于战略举措范畴。通过设计相互联系的重大行动方案，可以有效地跨越战略宏图与落地之间的鸿沟。

行动路线是由关键任务、策略、路径以及顺序等组成的一系列战略举措，具有鲜明的竞争特征。开展行动路线推演，旨在把战略意图、业务设计转化为具体的行动，使战略蓝图得以实现。行动路线推演的关键在于找到行动的出发点、着力点、落脚点，使得任何的行动都有针对性和目的性。

推演中，须注意以下事项：

- "四从四得"是行动路线设计的准绳。从机会出发,得出应对策略;从问题出发,得出改善方向;从目标出发,得出行动路径;从依存出发,得出行动顺序。
- 处在不同发展阶段的企业,面临不同的发展形势,会遇到不同阶段性或长期性的矛盾,应对过程中便会形成这个时期的战略主题。分类施策矩阵,可以帮助我们确定战略主题。一旦战略主题确定下来,行动的主线和方针就好确定,重大行动便明了了。
- 重大行动可以从产品、市场、地理范围、产业链和核心技术以及运营系统等方面入手,围绕战略意图的实现,层层分解为具体行动,并进一步明确行动策略和路径。

此部分推演,我们须逐一回答以下问题,并实时记录下来。

- 我们的战略主题是什么?适合哪类行动路线?
- 我们将采取哪些重大行动?依据是什么?
- 我们行动策略与路径匹配吗?
- 各个行动的依存关系是什么?如何确定行动顺序?

根据对以上问题的回答,将得出的结论性意见填写在表7-6中。

表7-6 行动路线推演结论表

序号	战略任务	主要行动(含策略、路径)	任务要求	责任单位	协同单位

推演检思

路线设计是企业战略的灵魂,推演完成后必须进一步检思。除了对战略逻辑性、内外匹配性进行评判外,还需要对战略表述进行高度总结精炼,使之数字化、俗语化、形象化,从而便于员工记忆和对外传播。

通过回答以下问题,进行推演检思:

总体路线检思

- 战略定位是否合乎发展形势的需求?能否得到企业资源能力的支撑?
- 总体路线的主题与主线是否一致?着力点选择是否精准?
- 总体路线的表述是否清晰?是否便于记忆和传播?

业务路线检思

- 新的业务设计能否抓住新的价值来源?这种价值来源是可持续的吗?
- 我们的业务设计是否适应客户偏好的新变化?
- 我们是否有能力把控战略控制点?

行动路线检思

- 行动路线能否有效支持战略意图、业务设计落地吗?
- 行动路线的设计与战略主题、主线是否一致?行动的重点是否明确?
- 关键任务之间的逻辑关系是否已经厘清?关键举措是否得当?

模块三:资源配置

推演任务

资源配置本质上是企业内部利益分配的一种形式。如果没有一套合乎企业整体和长远利益的资源配置准绳，企业内部各利益主体都会有争夺更多内部资源的冲动和主观意愿。

资源配置应当遵循的准绳主要有两条：一条是资源配置前必须遵循战略重要性逻辑来配置资源；另一条是资源配置后需要按照资源占有与价值创造相匹配的逻辑来评价绩效。体现投入产出匹配理念的常用分析工具主要是经济附加值（Economic Value Added，EVA），它要求考虑包括股本和债务在内的所有资本的成本。这让管理者更加理性地权衡资源占有与价值创造之间的关系，更加明智地利用资源创造竞争力。

在推演阶段，重点要遵循以上准绳，并在以下重大问题上达成共识（见图 7-15）：

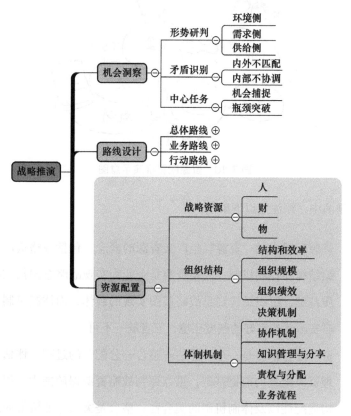

图 7-15　资源配置推演思维导图

- 我们需要哪些战略资源？通过哪些途径来获取？
- 我们的组织结构是否与战略匹配？如何来优化？
- 我们的体制机制是否支撑战略实施？如何来改进？

第七步，资源配置

任何企业的资源都是有限的，实现资源的精准投放是支撑战略落地的重要保障。资源配置推演解决的是"需要什么资源，整合什么资源，优先配置到哪里"的问题，它为战略意图的实现及其重大行动的实施提供组织、资源和机制保障（见图7-16）。

图7-16 资源配置推演示意图

推演中，须注意以下事项：

- 资源配置中的"资源"是广义资源的概念，包括战略资源、组织结构和体制机制。战略资源是企业为实现战略意图投入的物质基础，组织结构则是战略蓝图实现的载体，而体制机制为战略实施营造良好的制度环境，三者缺一不可。
- 资源配置推演是一个"评估—整合—分配"的过程。评估是合理资源配置的前提基础，重点评判战略资源保障能力、组织结构适配性以及体制机制的契合性；整合是突破企业资源瓶颈的必然之路，通过盘活存量资源、整合增量资源，保障战略需求；分配要讲究章法，按照战略重要性确定资源配置的优先序。
- 资源配置涉及企业内部利益分配，事前须遵循战略重要性逻辑来配置资源；事后须按照资源占有与价值创造相匹配的逻辑来评价绩效，如 EVA 法。

在此部分推演中，我们须逐一回答以下问题，并实时记录下来。

- 我们需要哪些战略资源？通过哪些途径来获取？
- 我们的组织结构是否与战略匹配？如何来优化？
- 我们的体制机制是否支撑战略实施？如何来改进？

根据对以上问题的回答，将得出的结论性意见填写在表 7-7 中。

表 7-7 资源配置推演结论表

序号	战略任务	主要行动	资源配置				
			组织保障	人力资源	资金	投资	机制保障

推演检思

为确保资源配置基本结论客观、准确，前后逻辑一致，通过回答以下问题来核查：

- 企业的资源配置是否合乎业务战略优先序的安排？关键资源的供给是否有保障？解决办法是否有效？
- 企业的组织结构设计是否合理？与战略是否匹配？组织变革有无可行的行动路线图？
- 企业的体制机制是否合理？优化的方式是否可行？

战略推演检思与呈现

战略推演的七个步骤将帮助我们澄清战略意图，形成初步的战略推演结论。但实际推演中，往往受限于参加人员的固定性、时间长短、每一次推演的内容多少以及推演的连贯性，在各部分内容上往往会出现部分偏差，或者前后逻辑不一致等问题。此时就需要进一步对战略推演全局进行检思，站在全局的角度对整个结论内容进行一次系统性梳理，完成最终的修改和纠偏。对战略推演的结果需要通过以下原则进行检思。

- **一致性**：我们的战略提出的目标与策略是否相互一致？机会、路线与资源之间是否逻辑连贯？
- **协调性**：我们的战略能否对外部环境和组织内部的重要变化做出适当的反应？是否能捕捉机会，化解主要矛盾？
- **优势性**：我们的战略是否有助于企业在已确定的活动领域内建立和保持竞争优势？
- **可行性**：我们的战略是否造成可用资源的紧张？是否带来需要解决的新问题？提出的战略目标是否有切实可行的策略和行动支持？

当我们完成了战略检思后，可以进一步对战略推演的结论进行总结提炼，并填写在表 7-8 中，可以把整个战略推演七个步骤最精要的成果呈现出来。

表 7-8　战略推演结论表

要素		推演结论
机会洞察	形势研判	
	矛盾识别	
	中心任务	
路线设计	总体路线	
	业务路线	
	行动路线	
资源配置		

第 8 章　战略推演规程手册

> 人生在勤，不索何获。
>
> ——张衡

演练目的

本章重点介绍在企业内部组织开展战略推演活动要遵循的规则、程序及相关要求，提高我们实际操作的成效。

参与对象

首先，我们要选对参会的人（见图8-1）。如果对决策不能拍板、对结果不能负责，一群无关的人就算讨论半天也只能是"纸上谈兵"。一场公司级的战略推演参与人员主要包括中高层管理人员，包括决策者以及与决策相关人员，如 CEO、战略部门、市场部门、财务部门、技术部门以及分公司（子公司）负责人，也可以特邀业内专业人士参与，为推演提供专业资讯和判断等。

图 8-1　参与对象

组织程序

战略推演的步骤安排遵循 PDCA 原则，总体安排上遵循大的 PDCA 流程，每一个模块中的步骤安排遵循小的 PDCA 流程。为了使推演参与者充分思考和保证推演效果，推演可分若干次进行。根据公司具体情况，将推演过程分为若干部分（见图 8-2），分次举行，每次中间时间间隔一星期或更长时间。上一阶段的讨论不透彻，导师不予认可，则需重新进行讨论。直到得到相对满意的结论，才能进行下一阶段内容。

图 8-2　战略推演组织程序

阶段一：预热阶段

预热阶段的主要目的在于让推演主体预先熟悉推演内容（见表 8-1），迅速适应推演环境，一般来说包括预研阶段和暖场阶段。

表 8-1 推演前各部门准备工作

准备工作	标准要求	负责部门
用户调研报告	明确用户的需求及痛点	市场部
行业分析报告	明确下游需求、上游供应、竞争格局、相关政策等重要相关因素的变化情况	战略部
技术分析报告	明确行业前沿技术	技术部
标杆对手分析报告	明确标杆对手的经营、投资、技术、商业模式	市场部
业绩分析报告	明确本企业目前的经营状况及存在的问题	财务部

预研阶段，将战略推演内容 PPT 发给参与推演主体，要求预先了解。各参与者在正式推演前各自单独按照模板要求自行练习一遍。战略推演结束后，可将通过推演讨论后形成的结论与此推演前的结论进行对比，如二者没有本质区别，则可认为本轮推演并未取得良好效果，应重新进行。

机会洞察模块中的形势研判等部分应由公司相关负责人讲解，在推演之前负责人需按照导师提供的模板做相应准备，并将汇报 PPT 提前一周发给导师，如导师认为不符合要求，则需在导师指导下重新补充相关内容。

暖场阶段，将参与战略推演人员分成若干小组，每个小组包括公司领导、相关职能部门成员和分子公司成员。每个小组推选出组长、记录员并确定本组的队名及口号，在暖场阶段集体亮相。

阶段二：讲解阶段

为了让推演主体熟悉模块内容，明确推演任务，建立起共同的话语体系，在每个模块进行讨论之前，需要由导师说明本模块的推演目的、推演工具，并对相关战略案例进行讲解，启发推演参与主体的思维。如果导师在推演之前已系统地对参与人士进行了战略推演知识的讲解，则在实操前，简要介绍本书第 7 章的内容即可。讲解时间不宜超过 2 小时。

阶段三：讨论阶段

讨论阶段即由各个小组各自进行自由讨论（见图 8-3）。为保证讨论效率，讨论开始前应给成员们思考时间，避免一开始就陷入无休止的重复争论中。小组的每个成员在便利贴上写下自己的观点，贴到工具模板相应位置，就小组成员的不同观点进行重点讨论，并由促进者把控节奏。小组每讨论完一个模块，都需要上台分享，其他小组可以进行质询。

图 8-3　讨论阶段示范

阶段四：呈现阶段

当各小组每完成机会洞察、路线设计、资源配置中的一个模块讨论并达成共识后，要求呈现推演的结论。如此循环，完成各模块的内容。呈现阶段，每个小组将派出一名或多名代表上台分享自己小组的讨论成果，汇报战略推演结果。为了保证呈现效果，小组讨论成果可由记录员制成 PPT 投影呈现。同时，呈现结果还需写在大白纸上。

需要注意的是，小组代表在呈现汇报过程（见图 8-4）中，直接汇报讨论结果，而不要展开过多。由于小组成员汇报的内容涉及自身投入了很大精力的产品，汇报起来会倾向于解释过多、滔滔不绝，导师应该适时打断,提醒其直接汇报要点。

在汇报完之后,其他小组成员及导师可针对呈现内容提出意见。汇报人不得就这些意见进行解释,只需将其他人提的意见记录下来,留作思考(即我们所说的"yes and"原则,禁止说"yes but")。如汇报人听到意见后试图解释或反驳,导师应及时制止,以免使场面演变成多人间的激烈争论。

图 8-4　呈现阶段示范

阶段五:回炉阶段

了解其他小组的呈现结果及别人对本小组呈现结果的意见后,各成员会有所启发,这时需要对自己之前提出的方案进行再讨论,集思广益、扬长避短,这个阶段我们将其称为回炉阶段。回炉阶段之前,先由导师总结各组共识程度较高的部分;同时点明各组差异较大的部分,在大白纸上画出作为回炉阶段重点讨论要点。为了避免小组成员思维僵化,在回炉阶段可指定任意成员在小组间轮转,成员加入其他小组,共同讨论碰撞。修正结论后,再对推演的全部内容分组做总体汇报。

阶段六:总结阶段

以上阶段完成后,由导师对各组观点进行简要点评,并总结各组共识程度较高的部分，并帮助推演参与者达成共识。同时，表彰在推演过程中表现较好的团队与个人，评选出最佳团队和个人风采奖予以表彰。

角色分工

角色类型设计

战略推演是一个群策群力的活动，参与其中的每一人都扮演着不同的角色。具体来看主要包括导师、讲师、组长、促进者、记录员、组员这几类角色。导师把控推演全局，负责推演进程的整体流程推进及促进推演参与者共识达成。讲师是导师的助手，负责启发性案例的讲解、市场情况的介绍。讲师可以是外部专业人士，也可是内部相关部门负责人。组长主持本小组成员讨论，维护小组讨论秩序。促进者由导师安排熟悉战略推演的专业人员担任，一般是导师派来的助手，在讨论过程中，抛出重要问题，引导讨论在正轨上进行。记录员负责记录小组讨论成果。其他组员参与讨论。

导师职责及要求

导师职责描述

- 战略推演的整体安排规划。
- 战略推演工具模板设计。
- 推演模块逻辑、工具讲解。
- 在模块讨论前，准备案例或小练习启发推演参与者思维。
- 对每一个讨论模块的汇报结果进行点评，并提出问题，帮助小组成员穷尽思考。
- 总结小组发言，促进全体共识达成。

导师人选要求

- 战略专业知识功底扎实，熟悉战略规划流程、推演工具应用。
- 对市场上的新模式、新现象有深刻的理解和洞察。
- 卓越的沟通协调、战略思维和概括总结能力。
- 具有战略规划、战略推演相关组织经验。

讲师职责及要求

讲师一般是公司从外部聘请的战略专家，熟悉战略理论和推演方法，但可能对公司及行业情况并不熟悉。推演中行业分析、竞争对手分析、公司分析等部分可由公司部门或者行业专家等相关负责人承担讲师职责，讲师负责本项介绍，导师负责提供汇报框架模板。

讲师职责描述

按照导师提供的汇报模板框架，在规定的时间内，讲解相关内容，提供专业资讯。

讲师人选要求

- 相关部门负责人或行业协会、市场调查公司专业人员，熟悉公司或行业的情况。
- 认真研习导师所提供汇报模板，理解模板中逻辑体系。
- 汇报内容需得到导师的认可通过，如导师认为汇报内容有所欠缺，需要重新制作。

组长职责及要求

组长职责描述

- 主持讨论，组织商定小组名称、口号。
- 组织组员按照导师要求讨论模块内容。

- 维持讨论秩序，协调组员间的观点冲突。

组长人选要求

- 由组员民主投票选出。
- 具有优秀的沟通协调能力，保证每一个组员都参与到讨论中。

□ 专栏 8-1　场景再现之组长职责

张明在一次公司战略推演中被选为组长。在进行企业的业务设计时，按照导师给出的讨论流程，张明说："请大家先在各自的便笺纸上写上我们的目标客户所有潜在需求，要尽可能多。5 分钟后我们一起汇总。"组员们纷纷埋头书写。

"时间到了，请大家把便笺纸贴到这边，我们一起来看看，"5 分钟后，张明发言，"大家觉得这些因素中，哪些是我们竞争对手已经做得很好的了？"组员们纷纷发言，张明逐一删去组员们提到的因素。

张明继续开始了几轮发问："那么在剩下的需求中哪些是能够持久存在的？""哪些是可以合并的？""哪些是易于传播的？"

在每一轮的发问中张明都会删除纸上的词组或是重新写下组员的意见，最终留下了两个词组。大家一致同意将这两点需求作为业务设计的方向。

促进者职责及要求

促进者职责描述

- 每组一个促进者，不直接参与讨论，作为局外人抛出重要问题，促进讨论。
- 当组员对讨论内容理解有偏差时，为其讲解讨论框架模板，及时纠偏。

- 当组员们的讨论偏离了模块设定的方向时，及时提醒，引导讨论回到正确方向。

促进者人选要求

- 经过专业培训，掌握战略推演知识、方法。
- 熟悉战略推演框架，熟悉战略推演工具的使用。

□ **专栏 8-2　场景再现之促进者职责**

李丽作为推演中的促进者，在组员们热烈讨论冰箱行业市场洞察时她没有发言，虽然她每天都为家人做饭，是一位冰箱重度使用者。

组员里有一个人提出，现在有很多女性消费者把化妆品放在冰箱里保存，也许我们可以做一款美容概念的冰箱。这个点子一提出，立刻得到了组员们的热烈响应，组员们纷纷开始计算有多少目标用户群体，这个产品应该是什么样子的，应该做什么样的广告。

这时，李丽说话了："我想提醒大家注意的是，美容冰箱这个产品很好，但是我们现在进行的是市场洞察的模块，有关业务及执行的细节我们在后面会深入讨论。现在这个阶段我们要做的还是看一看市场的全景，比如消费者的需求有哪些变化、有没有重大技术变革、竞争对手有哪些变化等。还希望大家不要陷入产品的细节中。"

李丽的这一番话，将讨论方向又重新拉了回来。

记录员职责及要求

记录员职责描述

每组一个记录员，将小组讨论结论记录成文，最终将讨论结果记录在大白纸上，并做成电子稿投影呈现。

记录员工作要求

- 认真参与讨论，不遗漏相关观点。
- 自备电脑。
- 善于制作 PPT。

其他组员职责及要求

组员职责描述

小组组员认真参与讨论，提出自己的观点，并认真倾听他人观点，提出中肯意见。秉承开放合作的态度，共同讨论，达成共识。

组员工作要求

了解公司或部门运营情况，善于沟通表达，具备团队合作能力。

氛围营造

导师在开场前和中途休息中，可以准备一些与主题相关的短视频播放，帮助参与人员扩大视野，同时也制造氛围。

为了调动推演参与者的积极性，可将参与者分成若干个小组，在小组之间开展方案 PK。同时，成立由公司主要领导和导师组成的战略推演评审小组，对各组的表现进行评选，选出最佳表现团队、最佳风采个人各一个。最佳表现团队及最佳风采个人评分表如表 8-2 和表 8-3 所示。

表 8-2　最佳表现团队评分表

评价项目	评价要点	得分
逻辑结构（50 分）	1. 思想内容能紧紧围绕主题，观点正确、鲜明，见解独到，内容充实具体，生动感人 2. 陈述结构严谨，构思巧妙，引人入胜 3. 简练流畅，具有较强的思想性	

(续)

评价项目	评价要点	得分
语言表达（25分）	1. 语言规范、吐字清晰、声音洪亮圆润 2. 陈述表达准确、流畅、自然	
团队促进（15分）	能够促进团队任务的完成，对团队达成共识有重要贡献，在团队出现争执时能有效化解	
综合印象（10分）	陈述者举止自然得体，有风度，富有感染力	

表8-3 最佳风采个人评分表

评价内容	评价标准	得分
机会洞察（25分）	形势研判客观 矛盾识别准确 中心任务明确	
路线设计（25分）	总体路线设计合理 业务路线设计合理 行动路线设计合理	
资源配置（20分）	资源需求设计可行 组织架构设计可行 体制机制设计可行	
协作（10分）	团队讨论气氛活跃 团队配合默契 有多名成员上台陈述方案 团队整体表现好	
总体结论（20分）	逻辑一致 思路清晰 方案可行	
总　　分		

此外，还可通过在推演中加入故事、音乐、武侠等元素增加趣味性。同时，在颁奖之前，通过活动现场照片简要回顾推演过程。

□ 专栏8-3　研讨规则：战略推演议事规则

《罗伯特议事规则》是美国会议程序中使用最广泛的手册，最早于

1876 年出版。我们据此，提出简化版的战略推演议事规则。

1．会议讨论的内容应当是一个明确的议题或问题，议题必须是具体的、明确的、可操作的行动建议，问题是需要得到解决方案的。

2．进入讨论环节时，每人每次发言时间不超过两分钟，不必非要说服他人改变意见，只需把自己的观点表达清楚。发言内容不可以简单重复，如果简单重复说明同样内容，促进者有权终止其发言。

3．尽可能对着组长说话，不同意见者之间避免直接面对面发言，避免成为两个人的快速诘问和反问。

4．别人发言的时候不能打断，不得进行人身攻击，只能就事论事。

5．一旦一个议题被提出来以后，它就是当前唯一可以讨论的议题，必须先把它解决了，或者经表决同意把它先搁置了，然后才能提下一个议题。讨论问题不能跑题，促进者应该打断跑题发言。

6．同一时间只能有一个人发言，坚决反对大会当中开小会，组长打断违规发言的人，被打断的人应当中止发言。

7．组长应尽可能让意见不同的各方轮流得到发言机会，以保持平衡。

8．发言人应该首先开门见山地表明赞成或反对或选择某个方案，然后说明理由。

场地安排

推演会场应为空旷的大会议室，配备有投影、话筒、音响等基本数码设备。如果会场过大，则需再前后左右配备多个投影。座椅按小组分组情况摆放，小组座位分布在会场，座位旁边摆放用以讨论的白板，如图 8-5 所示。

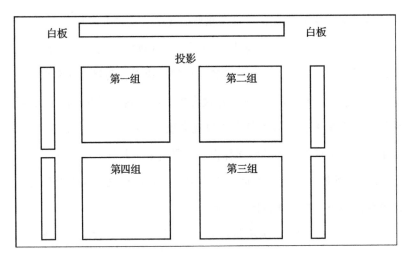

图 8-5 战略推演场地布局图

配套工具

推演所需模板表格

如前所述,战略推演需要专业的工具模板来设定讨论框架,其中有一些需要打印在喷绘纸上,供体验参与者讨论。需打印的图表包括机会洞察推演呈现表等。

推演所需其他材料

战略推演还需准备如下几种材料(见图 8-6)。

① 分析材料类

导师准备讨论所需启发案例材料。由相关部门负责人根据导师提供的模板准备产业分析、市场分析、客户分析、技术分析、公司分析的相关材料,用以作为推演基础材料。

② **数码设备类**

- 投影若干个（如研讨室较大则需准备一前一后两个投影）。
- 手提电脑每组一台。
- 音响。
- 翻页笔1个。
- 照相机。

③ **文具类**

- 便笺纸若干。
- 大白纸若干。
- 胶带每组1个。
- 计时器1个。
- 彩笔每组1套。
- 夹子若干个。
- 白板每组1个。

④ **奖品**

图 8-6　战略推演配套工具

专栏 8-4　战略推演实训范例

表 8-4 为××集团战略推演实训范例。

表 8-4　××集团战略推演安排

日期	时间	推演内容	时间安排
×月×日（第一天）	9:00—10:20	战略推演要点讲解	
	10:20—10:30	休息	
	10:30—12:10	机会洞察讨论	导师讲解 20 分钟
			讨论 40 分钟
			分组陈述 40 分钟
	12:10—14:00	中餐与午休	
	14:00—15:30	总体路线讨论	导师讲解 20 分钟
			讨论 30 分钟
			分组陈述 40 分钟
	15:30—15:40	休息	
	15:40—18:00	业务路线讨论	导师讲解 40 分钟
			讨论 60 分钟
			分组陈述 40 分钟
×月×日（第二天）	9:00—10:50	第一天成果展示	分组陈述 110 分钟
	10:50—11:00	休息	
	11:00—12:00	行动路线及资源配置讨论	导师讲解 10 分钟
			讨论 30 分钟
			分组陈述 20 分钟
	12:00—14:00	中餐与午休	
	14:00—15:10	公司战略完整推演	导师讲解 10 分钟
			讨论 60 分钟
	15:10—16:10	分组陈述	
	16:10—16:20	休息	
	16:20—16:40	回炉讨论	
	16:40—17:20	导师点评，达成共识	
	17:20—18:00	总结表彰	

Part III 下篇

战略推演呈现

- 第9章 三只松鼠：互联网休闲食品领跑者
- 第10章 海康威视：向以视频为核心的物联网解决方案提供商转型
- 第11章 小米科技：重振雄风，成功逆转
- 第12章 《中国制造2025》：制造强国战略

Chapter9
第9章

三只松鼠：互联网休闲食品领跑者

一家草根公司从零起步到估值40亿元需要多长时间？三只松鼠给出的答案是5年。借助过去几年的电商红利期，这家成立仅5年的"淘品牌"交出了令人眼睛一亮的成绩单，2016年公司实现营收44.23亿元，同比增长116.47%，净利润2.37亿元，同比暴增25倍，融资估值达40亿元。在电商大潮中，三只松鼠是如何异军突起的？在此，我们运用战略推演七步法，帮助大家厘清三只松鼠快速成长的战略逻辑。

公司基本情况

2012年6月，三只松鼠股份有限公司在安徽省芜湖市注册成立，是章燎原先生创立的互联网食品品牌。公司主要从事自有品牌休闲食品的研发、检测、分装及销售，产品组合覆盖坚果、干果、果干、花茶及零食等多个主要休闲食品品类。自创立以来，公司先后获得美国

IDG 资本、今日资本、峰瑞资本多次融资，合计人民币 4.48 亿元，估值超过 40 亿元。章燎原先生直接和间接控股 48.34%，是公司的实际控制人（见图 9-1）。

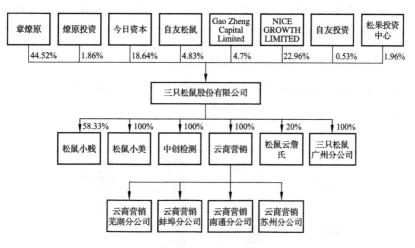

图 9-1　三只松鼠股权结构图

2016 年，公司资产总额达 21.32 亿元，实现主营业务收入 44.23 亿元，同比增长 116.47%；净利润实现 2.37 亿元，同比增长 2 535%；员工人数达 3 026 名；2012～2016 年收入复合年均增长率高达 235%。公司自成立以来一路高歌猛进（见图 9-2），并连续六年获得"双十一"销量冠军，频创中国电商食品数据纪录。

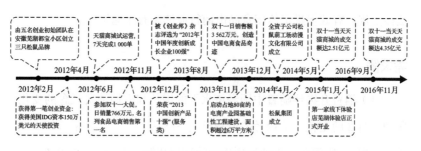

图 9-2　三只松鼠发展历程

注：1 亩约为 666.7 平方米。

第一步,形势研判

环境侧

(1)互联网普及率的不断提高改变了人们的生活方式。截至 2016 年底,我国网民数量规模已达 7.31 亿人,互联网普及率达到 53.2%。

(2)互联网技术的普及使得网络购物成为一种新型消费模式,庞大的用户基础为网络购物等消费的高速增长提供了强劲动力,如图 9-3 所示。

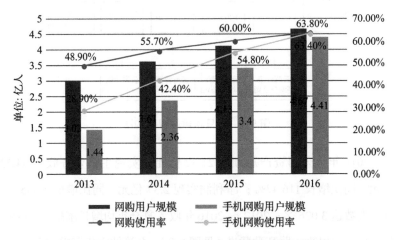

图 9-3　2013～2016 年网络购物用户规模及使用率

(3)近年国家出台了大量有关食品行业及电商行业的产业政策及法律法规,有效促进了休闲食品电商行业健康有序地发展。

需求侧

(1)消费升级伴随着中国经济水平的增长和人们消费观念的变化,驱动了行业的变化。消费者的消费模式逐渐从"生存型消费"转向"享受型消费",休闲食品逐渐呈现出"第四餐化"的趋势(见图 9-4)。

(2)消费者对产品品质和服务的重视程度日益提升,更加注重健康、口感和便捷性。休闲食品市场逐渐向品牌化、健康化和品质化的方向发展。

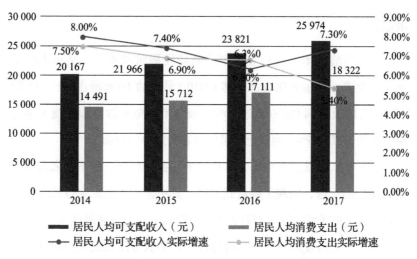

图 9-4　居民人均可支配收入与消费支出情况

（3）坚果类产品凭借其独特优势在休闲食品中的地位日益崛起。2007～2014 年间，坚果炒货行业年产值从 283.1 亿元迅速增长至 863.9 亿元，年均复合增长率达 17.3%（见图 9-5）。

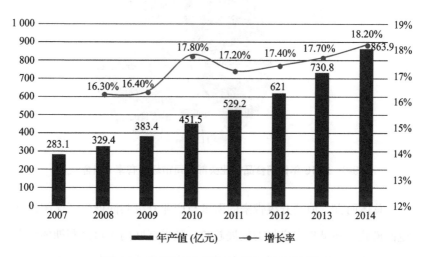

图 9-5　坚果炒货行业年度总产值及增长率

（4）与其他主要经济体对比来看，我国主要坚果品种的人均消费量显著低于美国、日本等国家以及全球平均水平，未来仍有较大增长潜力。

供给侧

（1）当前休闲零食行业各细分领域发展阶段不一，坚果市场竞争对手众多。我国休闲食品整体CR10（最大的10家所占的比例）约30%，美国及英国CR10超过60%。细分市场坚果炒货领域线下市场集中度低，仅为6%，而线上则呈现出寡头竞争的局面。

（2）三只松鼠、百草味、良品铺子等企业利用电商平台强大的流量和便捷的配送，实现了跳跃式发展。其中，三只松鼠定位纯互联网公司，良品铺子线上线下双管齐下，百草味舍弃线下转战线上。

（3）随着行业领先企业品牌黏性、产品服务品质及规模化经营优势的逐渐凸显，市场集中度将不断提高（见图9-6）。

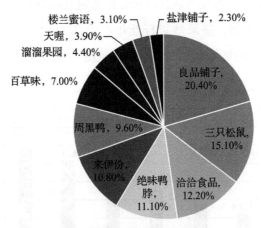

图9-6 2016年休闲食品行业头部公司市场占有率（四舍五入）

总体而言，消费升级带来的需求与产业升级共同催生了休闲食品电商模式，并呈现出良好的发展趋势。随着互联网人口红利期的结束和行业格局的明朗，产品、服务以及渠道网络将成为各竞争者的战略控制点（见表 9-1）。

表 9-1 形势研判

要素	变化趋势	可能对策
环境侧	● 互联网技术的进步和普及率的提高改变了人们的消费方式 ● 法律法规及产业政策为行业发展构建良好环境	建立线上渠道，完善销售网络 把握机遇抢占市场
需求侧	消费观念变化驱动行业变化，健康化、品质化的产品更受青睐	拓展产品品类，优化产品品质
供给侧	休闲食品行业集中度低，竞争对手较多	提升客户体验和品牌影响力

第二步，矛盾识别

通过分析发现，三只松鼠业务规模处于高速发展状态，未来预计仍将以较快的增速持续增长。业务规模的不断增长对公司在战略规划、组织架构设置、企业文化建设、资源配置、运营管理，特别是资金管理、人才管理、内部控制等方面的管理水平提出了更高的要求。三只松鼠的主要矛盾是业务增长与资源约束、管理能力不足的矛盾（见表 9-2），主要表现为：

产品品类少，难以满足消费者需求。三只松鼠产品品类 200 种，而竞争对手良品铺子、百草味的产品品类达 300 种。产品品类越多，越能更好地适应消费者快速变化的消费需求，进而抢占市场。

研发投入少，质检能力弱。2016 年，三只松鼠的研发投入 1 100 万元，仅占营业收入的 0.27%，远低于良品铺子。同时，三只松鼠在质量监控环节能力薄弱，频繁曝出产品质量问题，而竞争对手良品铺子拥有休闲零食行业第一个国家认证的品控实验室，在保证产品品质方面具有绝对的领先优势。

表 9-2　矛盾识别推演结论表

发展阶段	业务快速增长，市场份额不断扩大的阶段
主要矛盾	业务增长与核心能力不足的矛盾
主要表现	产品品类有限，少于主要竞争对手；销售渠道单一，过度依赖线上渠道；研发投入过少，能力弱
主要对策	增加产品品类，布局线下门店，加大研发投入

渠道单一，电商平台依赖高。三只松鼠过分依赖第三方平台电商，收入的 90% 来源于电商，而良品铺子的渠道十分多元，并通过数字化信息管理系统，实现了线上线下销售通路的一体化管理。三只松鼠在社交电商、本地生活和线下门店方面的渠道布局尚不完善。随着电商红利期的技术、流量增长面临瓶颈，O2O 以及全渠道策略将是几大品牌的共同举措。

第三步，中心任务

三只松鼠虽然取得了快速的发展，但企业核心能力尚有不足，要成为全行业领先的全品类休闲食品品牌，三种松鼠必须积极应对市场挑战，以产品创新为驱动力，加强研发能力，拓展产品品类，完善销售渠道，为消费者提供更优质、更多元化的休闲食品，完成三只松鼠由快到大而强的战略任务（见表 9-3）。

表 9-3　机会洞察推演结论表

要素	描述
形势研判	● 互联网技术的进步和普及率的提高改变了人们的消费方式，法律法规及产业政策为行业发展构建良好环境 ● 消费观念变化驱动行业变化，健康化、品质化的产品更受青睐 ● 大量休闲食品企业崛起并快速发展，行业集中度低，竞争对手多
矛盾识别	业务增长与核心能力不足
中心任务	稳增长、创规模

第四步，总体路线

根据目前所处的发展阶段、面临的形势及主要矛盾，三只松鼠发展的总体路线是：把握消费升级的市场机遇，以做大做强为主题，以拓展产业布局的深度和广度为主线，以延伸三只松鼠周边覆盖范围、丰富"三只松鼠"品牌内涵为主攻方向；不断巩固和提升品牌的美誉度与知名度，强化销售网络渠道建设，完善消费者服务体系，提高供应链整合能力，提升信息化管理能力，保障产品质量及食品安全；逐步打造"以品牌为连接，以企业为平台，以数据为支撑"的业务模式，形成以休闲食品电商为核心的消费生态系统，致力于成为新商业时代最具代表性的"综合性、娱乐化的消费品牌"（见表9-4）。

表9-4 三只松鼠总体路线

战略定位	致力于成为新商业时代最具代表性的"综合性、娱乐化的消费品牌"
主　　题	做大做强
主　　线	拓展产业布局的深度和广度
主攻方向	延伸三只松鼠周边覆盖范围，丰富"三只松鼠"品牌内涵
着 力 点	不断巩固和提升品牌的美誉度与知名度，强化销售网络渠道建设，完善消费者服务体系，提高供应链整合能力，提升信息化管理能力，保障产品质量及食品安全
竞争优势	客户黏性优势、系统性优势、消费生态系统

第五步，业务路线

客户选择

三只松鼠将目标客户群体定位在80后、90后等年轻一代的互联网用户，他们通常推崇时尚、休闲、体验的消费理念，对优质的服务体验有较强的诉求。这一批正在受生活和工作压力压迫的年轻人内心诉求与三只松鼠所倡导"慢食快活"的生活理念相吻合。而且三只松鼠的取名口语化，好记忆且传播性强，品牌形象生动有趣、辨识度高，拟人化的人物形象也符合 80 后、90 后网购主力军的审美标准。

价值定位

为消费者提供更加安全、优质、便捷的休闲食品和最极致的客户体验。

价值获取

利润逻辑。三只松鼠建立了良好的品牌形象，处于行业领先地位，因此公司的议价能力较强，能够获得更低价格的原材料。随着产品售价的稳步提升与规模效应的逐步显现，公司主要通过规模化产品的销售差价来获取利润。

收入来源。公司主要收入来源是坚果、干果、果干、花茶等产品的销售，其中坚果类产品收入占主营业务收入的 70%。从渠道看，天猫商城是主要销售渠道，2016 年营业收入占比达 63.69%；其次是京东商城、天猫超市、京东自营、1 号店以及唯品会等电商平台（见图 9-7）。通过线上的销售渠道，去除经销商、零售商等中间环节，三只松鼠以高品质和低价格占领了相当大的市场份额。

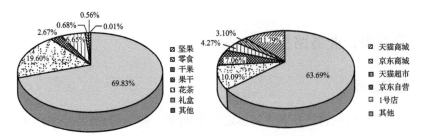

图 9-7 三只松鼠主营业务收入产品和渠道分布情况（四舍五入）

成本结构。公司的成本构成包括主营业务成本和期间费用两部分。主营业务成本主要为产品的直接材料成本，占主营业务成本的96.71%，产品制造过程中所产生的直接人工成本和制造费用成本占3.29%。期间费用主要包括销售费用、管理费用和财务费用，其中，销售费用占到费用总额的89.13%（见图9-8）。

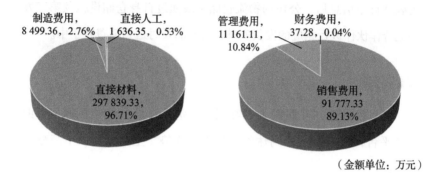

（金额单位：万元）

图9-8　三只松鼠主营业务成本和期间费用分布情况

业务活动

关键业务。三只松鼠以互联网技术为载体，通过以品牌为连接，以企业为平台，以数据为支撑的方式连接了供应链端和消费者端，建立了以天猫、京东等线上渠道为核心、团购及线下等渠道为补充的销售模式，进行坚果、干果、果干、花茶等产品的销售。

配称系统。（1）供应链伙伴：公司和供应商合作伙伴在采购计划等方面进行协同，并和农户、合作社等采购源头进行深入对接，以确保供应的稳定性，同时加强对原料品质及采购价格的把控。在整个采购生产环节，公司通过严格的供应商管理体系和质量控制体系有效保障了食品质量安全。

（2）渠道伙伴：公司通过线上自营品牌旗舰店、手机App等多种渠道满足消费者对产品的购买需求，借助天猫商城、京东等渠道伙伴的平台优势实现对海量用户的渗透。同时，公司还通过线下体验店等渠道逐步实现线上与线下协同，打造"电商渠道+无线自营App+线下体验店+城市仓储"的全渠道营销模式。

（3）物流伙伴：公司主要与领先的全国性物流或快递公司进行合作，并通过公司自有信息管理系统和合作物流伙伴进行对接。在消费者确认订单信息后，公司的物流仓储条线通过自身仓储设施及第三方物流合作伙伴进行相应的发货安排，将产品及时送到消费者手中。

战略控制

三只松鼠抓住互联网人口红利期和消费升级的战略机遇，借助电商平台，形成了互联网休闲食品先发优势，主要抓住以下战略控制点：

供应链管理。三只松鼠采用"核心环节自主控制，非核心环节外包"的模式，缩短供应链流程，减少产品从原产地运送至终端消费者的时间，并采用从源头入手向上管理、初加工外包化、仓储库存自主管理、全程质量监控、产品及服务流程追溯手段实现对产品质量的严格把控。

客户体验。三只松鼠从消费者的需求出发，推行将消费者视为"主人"的企业文化，并在品牌定位、生活方式倡导、目标消费者选定等方面把握消费者的偏好，通过情感品牌、情感产品和情感服务来打动消费者，提高消费者的忠诚度。

品牌塑造。三只松鼠以动漫化的松鼠作为品牌形象，坚持IP化、人格化的品牌策略，改变大多数消费品品牌生硬的特点，全方位塑造鲜明的品牌形象，提升品牌辨识度和知名度。

三只松鼠的业务设计如表9-5所示。

表 9-5 业务设计

三只松鼠	
客户选择	80后、90后的年轻一代的互联网用户
价值定位	通过价值改善,为消费者提供安全、优质、便捷的休闲食品和最极致的客户体验
价值获取	拥有高溢价能力,获得更低价格的原材料,并通过规模化产品销售差价实现利润
业务活动	1. 以互联网技术为载体,建立一个以天猫、京东等线上渠道为核心,团购及线下等渠道为补充的销售模式,进行坚果、干果、果干、花茶等产品的销售 2. 与供应链伙伴、渠道伙伴、物流伙伴进行关键活动互动
战略控制	1. 采用"核心环节自主控制,非核心环节外包"的模式,缩短供应链流程 2. 通过情感品牌、情感产品和情感服务来打动消费者,提高消费者的忠诚度 3. 以动漫化的松鼠作为品牌形象,提升品牌辨识度和知名度

第六步,行动路线

丰富产品品类,提升研发能力。三只松鼠采用休闲食品全品类策略,打造以坚果产品为主,覆盖其他高毛利率的休闲零食的产品策略。继续巩固发展碧根果、夏威夷果、松子等坚果产品,拓展干果、果干、花茶、零食以及礼盒等多种产品。提高研发投入,优化生产工艺,改进产品口味。

布局线上销售渠道,迅速占据市场份额。三只松鼠抓住消费升级下休闲食品行业电商模式兴起的机遇,率先进入休闲食品线上零售市场,充分发挥休闲食品重复购买率高、便于物流配送等优势,依托天猫商城等电商平台及自营手机 App 渠道,以更便捷的购买体验和更亲民的价格，迅速占领市场份额，成为休闲食品电商龙头企业。

开设体验门店，联动线上线下。除线上渠道外，三只松鼠将布局线下体验店，打造与消费者零距离的品牌及产品体验中心，构建线上和线下联系的立体销售网络，挖掘更大潜力的消费群体，提升品牌知名度和消费者黏性。

完善供应链，严格把控质量。公司制定供应商目录，与供应商建立长期稳定合作，保证原料供应；完善淘汰机制，通过严格的供应商开发管理制度确保产品质量；建设信息平台，通过在入场、仓储、生产、物流抽检、客户反馈等环节设置监控节点，利用云质量信息化平台对产品品质进行全过程追溯，快速精准查找问题源头，提升产品品质保障能力。

优化物流体系，提高配送效率。三只松鼠通过自有或租赁方式，在芜湖、天津、广州、成都、沈阳、南昌、武汉、济南、无锡、西安十个城市建立配送中心或城市仓，力争实现当日下午4点前下单当日配送的高效率。

强化品牌建设，提升品牌知名度。三只松鼠通过三个不同定位的松鼠形象塑造品牌，极具辨识度的卡通形象拉近了与客户的距离。除产品外，公司通过植入电视剧、二次元歌曲等娱乐化手段，大大增加了品牌的曝光度，深化企业IP形象。

利用资本市场，增强融资能力。面对快速变化的市场，三只松鼠不断完善产品品质和服务水平，在供应链建设、销售渠道拓展等方面加大投入，包括对人员、固定资产的投入，并加大市场开发力度，以进一步巩固自身的领先优势。公司积极开拓多种融资渠道，满足公司业务发展的资金需求。

三只松鼠行动路线如表9-6所示。

表 9-6 行动路线

序号	战略任务	主要瓶颈	主要行动
1	丰富产品品类 提升质检、研发能力	坚果类产品依赖过重，产品品类较少	充分调研市场，了解消费者偏好，开发新品类、新口味、新组合的产品
		研发投入相对较少，难以匹配业绩增长	提高研发投入，优化生产工艺，改进产品口味
		质检不过关，产品质量存在问题	加大产品质量控制人力和设备投入，提高质量监控水平
2	全渠道布局 保持市场领先	过度依赖线上平台，绝对市场份额低	布局线下门店，完善线下功能，充分发挥线下体验店的引流作用，提高消费群体的覆盖范围
		互联网人口红利期结束，新用户流量增长乏力	联合本地生活O2O、社交电商等渠道，完善线上布局
		控制采购成本，供应商合作不稳定	与供应商建立长期稳定合作，保证原料供应；建立供应商目录和更新淘汰机制
3	提升服务能力 完善物流配送	产品配送不及时	加快专业化仓储物流体系建设，建设配送中心或城市仓，实现当日达或次日达
4	强化品牌建设 提升品牌知名度	品牌转化率不高	跨界经营，积极开拓边界产品，与不同品牌战略合作，打造双品牌产品
			深入推进人格化、动漫化、IP化的品牌策略，建立立体化的"三只松鼠"品牌形象

第七步，资源配置

组织保障

部门职责明确，协作能力强。 三只松鼠设立IP战略发展事业中心、电商事业中心、新零售事业中心、全球客户满意中心、PQC产品中心、MQC制造检测中心、物流中心、信息中心、财务核算中心、建设规划与后勤保障中心、组织建设与人力资源中心、PAC总裁事务中心12个具体的职能部门，形成了良好的内部协作氛围。

机制保障

决策机制。三只松鼠完善的内部控制制度和科学的决策机制，提高了公司各项决策和执行的效率。

管理制度。三只松鼠建立符合企业文化的严格与开放并存的管理制度，包括资金管理制度、存货管理制度、供应商开发管理制度，对员工进行严格的规章制度要求。

激励机制。三只松鼠通过薪酬、福利、员工持股等多种激励手段，提升员工业务能力。

人才保障

人才激励。三只松鼠通过薪酬、福利、公司文化、员工股权计划等激励机制吸引优秀的销售人才、管理人才和技术人才，提高公司员工的整体专业水平。

人才培养。三只松鼠通过内外部培训，充分挖掘员工潜力、因材施教进行人才培养，使员工与公司文化高度契合，具有较高的忠诚度和扎实的业务能力。

资源配置表如表9-7所示。

点评

随着互联网的发展和居民生活水平的提升，人们对休闲食品的需

表 9-7 任务行动—资源配置表

序号	战略任务	主要行动	资源配置				
			组织保障	人力资源	资金	投资	机制保障
1	丰富产品品类，严控产品质量	充分进行调研市场，了解消费者偏好，开发新品类、新口味、新组合的产品；提高研发投入，优化生产工艺，改进产品口味；加大产品质量控制人力和设备投入，提高质量监控水平	设立PQC产品中心和MQC制造检测中心	培养研发人员和生产人员；培训质检人员	充实研发经费	研发项目投资	决策制度 管理机制
2	全渠道布局，保持市场领先；合理控制价格，防止市场流失	布局线下门店，完善线下功能，充分发挥线下体验店的引流作用，提高消费群体的覆盖范围；联合本地生活O2O、社交电商等渠道，完善线上布局；与供应商建立长期稳定合作的合作伙伴，保证原料供应，防止过度依赖；完善定价机制，稳定消费人群	设立电商事业中心、财务核算中心和信息中心	激励人员，培训人员，采购人员和财务人员	门店建设费用	固定资产投资	激励机制 管理制度
3	强化品牌建设，提升品牌知名度；提升服务能力，完善物流配送	深入推进人格化、动漫化、IP化的品牌策略，建立一体化的"三只松鼠"品牌形象；跨界经营，积极开拓跨界产品，与不同品牌合作，打造双品牌产品；创新客户服务模式，设计人性化的包装，为消费者提供极致的服务；加快专业化仓储物流体系建设，建设配送仓，实现当日达或次日达	设立IP战略发展事业中心、全球客户满意中心、物流中心以及后勤保障中心	培训运营人员、客服人员和数据分析人员	广告投放，产品包装设计费用	产权投资	管理制度 激励机制

求越来越大。休闲食品具有重复购买率高、方便物流配送、易分享和快速扩散等特点，天生具有良好的互联网基因。

三只松鼠抓住互联网红利期，利用坚果迅速打开休闲食品市场，建立先发优势，成立仅5年时间，就做到营收40多亿元。只有在互联网时代，才能造就如此惊人的成长速度。三只松鼠的快速发展，既是自身零售创新的结果，也得益于电商平台的数字化赋能。

我国食品电商行业的发展历经了2005～2009年的探索期、2009～2012年的启动期，现正处于成长期，未来市场仍将保持较快增长，线上线下全渠道发展成为新的竞争趋势。随着行业领先企业品牌黏性、产品服务品质及规模化经营优势的逐渐凸显，市场集中度将不断提高，将逐渐形成较为稳定的竞争格局。

基于以上形势判断，未来3～5年仍然是三只松鼠快速发展的战略机遇期。公司面临的主要矛盾是业务增长与资源约束、管理能力不足之间的矛盾。保持快速增长和行业领先优势，依然是三只松鼠未来发展的中心任务。

因此，三只松鼠的战略，本质上是以做大做强为主题，以业务增长为主线，拓展产业布局深度和广度，延伸三只松鼠周边覆盖范围，丰富"三只松鼠"品牌；着力突破资源约束、管理能力不足的瓶颈，形成以休闲食品电商为核心的消费生态系统，增加公司基础流量，提升客户忠诚度，完善松鼠帝国版图。

第 10 章

海康威视：向以视频为核心的物联网解决方案提供商转型

海康威视自创立以来，紧紧抓住中国安防市场快速增长的机遇，围绕客户需求，以技术为引领，借助强大的研发、销售、生产、服务一体化能力以及软件、硬件、系统的集成能力，从安防板卡生产商成长为全球领先的安防综合运营商，从中国电科旗下边缘单位发展为央企的一面旗帜。其发展历程可以说是企业成长的一个标杆。然而，面对应用场景的碎片化、相对零散的市场以及人工智能、大数据等新技术发展的新挑战，海康威视又该何去何从呢？在此，我们不妨运用战略推演"七步法"，一同去探寻海康威视未来的发展道路。

公司基本情况

杭州海康威视数字技术股份有限公司（以下简称海康威视）成立于 2001 年 11 月，于 2010 年 5 月在深圳证券交易所上市。海康威视成立之初，以音视频压缩板卡为主要业务，逐步发展成为涵盖整个视频监控行业安全和可视化管理需求的全系列产品和解决方案提供商。目前，海康威视拥有视音频编解码、视频图像处理、视音频数据存储等核心技术，以及云计算、大数据、深度学习等前瞻技术，为公安、交通、司法、文教卫、金融、能源和智能楼宇等众多领域提供专业的细分产品、智能可视化管理解决方案和大数据服务（见图10-1）。

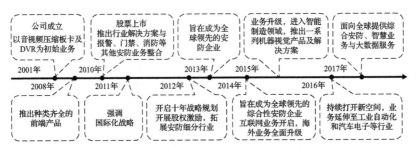

图 10-1 海康威视发展历程

2017年，公司总资产达51 571亿元，实现营业总收入419.05亿元，同比增长31.22%；实现净利润94.11亿元，同比增长26.77%；公司整体毛利率为44.00%，比上年同期提高2.41%，赢利能力不断提高。2017年，海康威视以云边融合引领智能应用发展趋势，开创性提出了AI Cloud的边缘节点、边缘域、云中心的三级架构，将大力推进人工智能在物联网领域的发展和应用。

根据IHS报告，海康威视已连续6年蝉联视频监控行业全球第一，拥有全球视频监控市场份额的21.4%，已经成为全球最大的安防厂商，是视频监控数字化、网络高清化、智能化的践行者和重要推动者。

第一步,形势研判

环境侧

(1)安防行业在国家政策以及技术升级的推动下快速发展。城市、道路交通、金融、教育和军队等行业在"平安城市""科技强警""平安城市""智慧交通"等重大工程驱动下,迎来对安防建设需求的大爆发。

(2)地方政府在建筑、公共场所推出的安防强制实施标准,推动了安防视频监控行业的发展。

(3)人工智能技术和视频图像处理技术的发展,将极大地增加视频监控的使用效率和大数据价值的利用率,安防行业将由"看得见"逐步向"看得清"和"看得懂"转变,呈现高清化、智能化、网络化的发展趋势。

需求侧

(1)近年,国内安防市场保持15%中高速复合发展态势,呈现G端主导、B端萌芽、渠道下沉的趋势。

(2)随着国民经济的高速增长,城镇化和人均购买力增强,对于安防视频监控的需求和消费力增强,二、三线城市崛起,市场需求从大城市向县级甚至农村市场加速延伸。如以县、乡、村三级综治为主的雪亮工程,将至少带来300多亿市场增量空间。

(3)伴随着社会不稳定因素增加,安监在交通、金融、电信、文教等多个领域发挥着巨大的作用,并不断向商用、民用市场扩展,社会群体日益重视视频监控系统的建设,并产生刚性的市场需求。

(4)交通行业的需求。新的一代"智能交通""智能物联网"的全新管理手段正高速发展,年均复合增长率达到20%以上。智能交通行业将迎来稳定的持续增长期,在未来随着智能交通的发展,对于视频监控设备进入稳定增长期。

（5）智能楼宇的安防建设需求。人们对个人住宅的安全需求提升，智能家居，家用防盗报警系统将会走进千家万户。民用市场也是未来视频监控厂商新的利润增长点，前景广阔。

（6）文教卫安防建设需求。"平安校园"建设项目已经纳入了各级教育行政部门的议事日程。根据国家教育部门和公安部门的有关规定，学校安全防范主要以设立安全防范监控，采用报警、视频监控、电子巡查、出入口控制等技术手段，并结合安保人员巡逻为主，以实现对学校的安全保障。目前，文教卫领域的安防业务应用大多还处于初级阶段。

（7）金融行业的需求。金融行业作为对安全要求高、标准规格高、投资力度大的一个行业，面对各个业务部门和安全保卫不断提出新的需求，随着对金融安防管理要求越来越高，不仅仅要满足安全防范的功能，同时还要满足对金融机构各个日常经营业务管理的需求。

（8）安全防范与社会经济、生产活动密切相关，已经成为社会公共安全体系的一个重要组成部分。据调查，2017年度全球安防视频监控市场规模为335.7亿美元，预计2020年将达到639.8亿美元，复合年增长率为22.76%，如图10-2、图10-3所示。

图10-2　全球安防视频监控行业市场规模

① E表示为年度预期值。

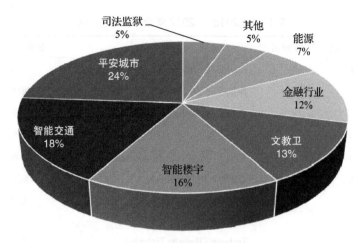

图 10-3　2016 年安防在各领域应用比重

供给侧

（1）在安防智能化升级趋势下，产业的核心竞争力逐步转变为技术架构以及解决方案的落地能力，拥有深厚技术实力的企业将保持与行业变革同步，技术投入薄弱的小公司被进一步淘汰，行业门槛提高，使得产业集中度有望进一步提升，行业格局持续优化。

（2）中国企业海康威视和大华双寡头全球崛起。根据全球安防排名，海康威视、大华股份 2017 年销售额分别为全球第 1 名、第 3 名（见表 10-1）。它们已参与到安防视频监控行业的国际化竞争，正通过收购和在海外建立销售渠道逐步渗透到当地市场，不断拓展全球版图。

（3）随着人工智能技术的发展，视频监控产业从事后调查走向事前预警和事中管理，极大扩展了视频技术在业务管理方面进行应用的可行性，并呈现产业链一体化和行业定制化的趋势（见图 10-4）。视频监控产业与高科技、互联网等行业出现了交叉融合，小米、华为等相邻竞争者也随之涌入，由此将可能产生新的竞争格局。

表 10-1　2016～2017 年全球安防 10 强

2017 排名	2016 排名	公司名称	总部所在地
1	1	海康威视（Hikvision Digital Technology）	中国
2	3	博世安防（Bosch Security Systems）	德国
3	4	大华股份（Dahua Technology）	中国
4	6	亚萨合莱（ASSA ABLOY）	瑞典
5	8	安讯士（AXIS Communications）	瑞典
6	9	菲力尔（FLIR Systems）	美国
7	7	江森自控/泰科（Johnson Controls/Tyco Security Products）	美国
8	—	Techwin（Hanwha Techwin）	韩国
9	11	安朗杰（Allegion）	美国
10	10	爱峰（Aiphone）	日本

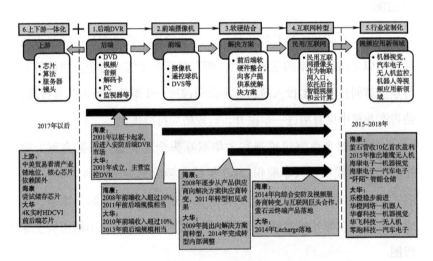

图 10-4　安防行业产业链一体化和行业定制化的趋势

资料来源：安天下，中泰证券研究所。

总体而言，随着人们对幸福生活的追求和技术的发展进步，传统安防需求将持续增长，智慧业务将不断涌现，并将出现新的竞争业态（见表 10-2）。

表 10-2　形势研判

要素	变化趋势	可能对策
环境侧	● 安防行业在国家政策以及技术升级的推动下快速发展 ● 安防行业呈现高清化、智能化、网络化的发展趋势	加大研发投入，推进智能化应用
需求侧	● 城镇化水平提升、社会不稳定等因素增加安防市场需求 ● 安防市场呈现 G 端主导、B 端萌芽、渠道下沉的趋势 ● 传统安防需求将持续增长，智慧业务将不断涌现	细分行业需求，发展创新业务
供给侧	● 安防行业进入门槛提高，产业集中度进一步提升 ● 安防智能化升级推动产业融合，小米、华为等相邻竞争者也随之涌入，既有竞争格局面临挑战	建立与各行业智慧应用共生共长的新生态

第二步，矛盾识别

安防行业尚处在高速发展的阶段，正在从硬件产品阶段向解决方案智能一体化方向升级。海康威视正面临如何适应大数据、人工智能、物联网技术变化的挑战，既要捕捉快速增长的新市场机会，又要解决如何继续保持全球综合竞争力领先的难题。

具体来看，一是在技术上，海康威视要学会利用人工智能、物联网技术，研发出海量视频监控数据增长带来的储存方式、压缩技术以及大数据挖掘；二是在服务能力上，海康威视要提高定制服务能力，解决行业细分、渠道下沉以及商用业务、民用业务发展相适应的问题；三是在商业模式上，海康威视要解决适应行业软硬一体化、"平台+生态"的发展趋势问题（见表 10-3）。

表 10-3　矛盾识别推演结论表

发展阶段	安防行业尚处在高速发展的阶段，正在从硬件产品阶段向解决方案智能一体化方向升级
主要矛盾	快速增长变化的新市场新技术机会与海康威视捕捉机会、继续保持领先能力的矛盾
主要表现	● 公司定制服务能力如何与细分行业市场、海外市场以及商用业务、民用业务发展相适应 ● 公司海量视频监控数据管理技术如何与大数据智能化应用趋势相适应 ● 公司的商业模式如何与行业软硬一体化发展趋势相适应
主要对策	拓展行业细分应用市场和海外市场，加强人工智能底层技术研发，实现软硬件领域闭环布局和向解决方案提供商转型

第三步，中心任务

技术的变革和智能化发展对安防行业发展产生了重要影响，海康威视必须积极顺应技术发展趋势，利用公司在图像领域深厚的技术优势，以及在视频监控主业所建立的规模优势，全面布局各项创新业务。同时，抓住新的市场机会，拓宽销售渠道，布局细分行业，实现从视频监控系统供应商到全球领先的以视频为核心的物联网解决方案提供商的战略转型（见表10-4）。

表 10-4　机会洞察推演呈现表

要素	描述
形势研判	随着人们对幸福生活的追求和大数据、人工智能技术的发展进步，安防行业继续保持快速增长，安防技术和商业模式正发生深刻变革，呈现高清化、智能化、网络化的发展趋势；传统安防需求将持续增长，智慧业务不断涌现，并将出现新的竞争业态
基本矛盾	快速增长变化的新市场新技术机会与海康威视捕捉机会、继续保持领先能力的矛盾
中心任务	抓住快速增长的市场机会，实现市场、技术、模式全面领先

第四步，总体路线

根据海康威视目前所处的发展阶段、面临的形势及主要矛盾，海康威视的总体路线是，以创新转型求发展为主题，以智能化技术融合应用为主线，以构建立体化的智能服务体系为主攻方向，以强大的研发、销售、生产、服务一体化能力以及软硬件、系统集成能力建设为着力点，构筑以技术领先、系统集成、平台生态为核心的全球综合竞争优势，成为以视频为核心的全球领先的物联网解决方案提供商（见表10-5）。

表 10-5 海康威视总体路线

战略定位	以视频为核心全球领先的物联网解决方案提供商
主题	创新转型求发展
主线	智能化技术融合应用
主攻方向	构建立体化的智能服务体系
着力点	建设强大的研发、销售、生产、服务一体化能力以及软硬件、系统集成能力
竞争优势	构筑以技术领先、系统集成、平台生态为核心的全球综合竞争优势

第五步，业务路线

客户选择

安防行业需求范围很广，第一类是政府，如"平安城市"建设、各级党政机关、公安等；第二类是各企事业单位，如金融、电力、教育、交通、石化、工矿等行业；第三类是商用、民用市场，如中小店铺、家庭等。其中安防的第一需求驱动目前主要还是政策下的政府端需求。

近几年在传统安防需求市场平稳增长的同时，电力、电信、文化教育、企业等行业的应用也越来越广，并不断向商用、民用市场扩散，商用、民用市场空间广阔。

根据市场机会和长期产业布局,海康威视重点选择公安、司法、交通、文教卫、金融、能源和智能楼宇七大细分领域客户,并进一步拓展小微企业、家庭及个人用户(见表10-6)。

表 10-6 海康威视目标客户

目标客户	业务覆盖范围	使命
公安系统	平安城市、国标联网、图侦实战、公安监管、警务督察、智能办公	智慧型平安城市解决方案
交通系统	卡口、电子警察、出入口控制与停车诱导系统、视频检测违法取证	为交通平安畅通做贡献
司法系统	监狱/劳教、检察院、法院	提供安全、可靠、简便、智能化的业务管理模式
金融系统	银行、保险	金融行业智能可视化
能源系统	电力、石油、石化、煤炭、矿山、环保、水务	能源行业"标准化、集成化、智能化"的管理
文教卫系统	教育、卫生医疗、考试培训、文博、旅游景区、文化传媒	为国家教育、卫生、文化等行业的健康持续发展保驾护航
智能楼宇	住宅小区、商业综合体、工地监控、连锁经营	智能建筑行业智能可视化

价值定位

目前安防主要应用的是政府或部分工业领域,安防产品的技术、质量是客户的首选因素,其次才是价格。安防产品链条长、技术更新快、标准不统一,使得客户转换成本较大。因此,海康威视必须树立集技术领先、质量领先、服务领先以及价格合理于一体的品牌形象,为用户提供功能强大、操作简便的系统解决方案,赋能各行业智能化转型,不断增加服务黏性。

价值获取

利润逻辑。海康威视要从卖产品到产品功能定制再向提供"产品+整体解决方案"转型,在硬件、软件和服务上形成多点利润源,并进一步增强海量数据的挖掘能力,扩大增值服务收入,着力提升服务客户的竞争能力和服务黏性。

收入来源。视频安防价值链可以大致为三个环节:安防工程、安防设备和安防运营。在安防工程领域,由于工程商门槛低,没有资质的公司占多数,工程领域总体呈现散乱的格局,业务毛利率低;在安防设备领域,其技术含量和厂商进入门槛均相对较高,行业呈现较高的集中度,业务毛利率高;安防运营包括监控维保服务、报警运营服务、产品系统集成服务、云数据服务等,业务毛利率最高。

海康威视目前的营收覆盖前端产品、后端产品、中心控制产品、工程施工等,以及智能家居业务和其他创新业务,如图10-5、图10-6所示。由于解决方案提供商为客户提供的不再是单一的技术或产品,因此利润空间相对更大。海康威视近十年复合增长率达到16.92%,超过安防市场平均15.7%的增速。海康威视要进一步提升解决方案的收入和利润来源比重,同时带动运营服务的发展。欧美安防运营服务市场规模是安防产品市场的五倍以上,目前中国安防运营服务还只在起步阶段,未来将迎来安防运营服务的黄金周期。

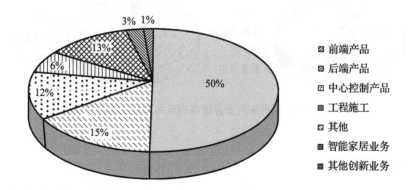

图10-5　海康威视主营业务收入构成情况

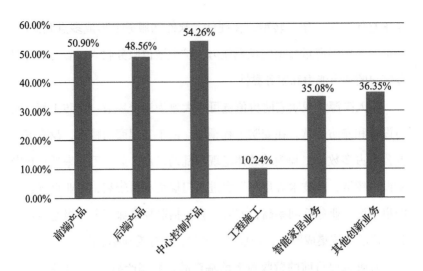

图 10-6　海康威视主营业务毛利率水平

成本结构。海康威视的成本构成包括主营业务成本和费用两部分。其中，原材料是主营业务成本的最主要组成部分，占主营业务成本的 90% 左右，产品制造过程中所产生的加工费、制造费用以及支付工资及福利占 10% 左右。期间费用主要包括销售费用、管理费用和财务费用，其中，销售费用和管理费用占到费用总额的 97% 左右（见图 10-7）。

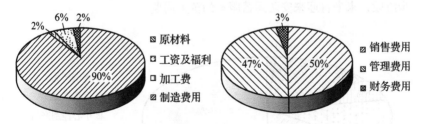

图 10-7　海康威视主营业务成本构成和期间费用分布情况

业务活动

关键业务。海康威视以音视频压缩板卡为主要业务，逐步发展成为涵盖整个视频监控行业安全和可视化管理需求的全系列产品和解决方案提供商。依托 AI Cloud 架构，海康威视面向公安、交通、司法、文教卫、能源、金融、智能楼宇等领域，倾力打造 AI 资源的可调度、数据的按需汇聚、场景化的应用和一体化的运维服务等四大能力，赋能各行业智能化转型。在公共安全领域，助力打击犯罪，维护安定生活；在公共服务领域，服务智慧出行，打造绿色和谐生态环境；在商业领域，帮助企业主优化产品和服务，提升经营效率；在金融领域，赋能精准营销，提升客户体验；在教育领域，将实现智慧教育，创新教学管理（见图 10-8）。

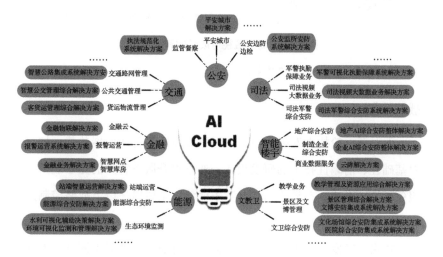

图 10-8　海康威视的业务布局

配称系统。海康威视持续洞察市场，面向各个领域提供定制化的解决方案、产品及服务，建立与各领域智慧应用互利共生的生态系统。这涉及产业的诸多方面，需要算法、算力、产品、数据、训练系统、软件平台、应用软件等各方共同参与。海康威视通过基础设施的开放、数据资源的开放、平台服务的开放、应用接口的开放打造能力开放的完整体系（见图 10-9），协同合作伙伴构建基于 AI Cloud 的新生态。同时在各领域推广落地基于 AI Cloud 架构的行业解决方案，培育和发展在细分领域、细分市场的专业合作伙伴，打造行业生态合作体系；此外，海康威视还将持续关注行业产业链外延发展，如咨询、运维、安全防护等服务生态的建设。

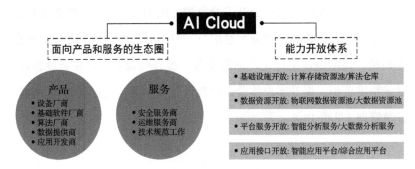

图 10-9　海康威视可成长的开放生态

资料来源：海康威视 2017 年度报告。

战略控制

面对新一轮技术发展的浪潮，海康威视顺应行业发展趋势，加大对基础性、前瞻性技术的研发投入，通过提升服务客户的竞争能力和服务黏性，形成了差异化的综合竞争优势，主要抓住以下战略控制点（见表 10-7）：

技术与研发。海康威视拥有国内安防行业一流的研发团队，专注于视频监控技术与产品的持续研发，在技术领域保持了行业的领先地位，主要产品的核心算法均为自主研发。海康威视根据电子信息产品生命周期的特点建立了"资源线 + 产品线"的矩阵式研发管理体系，确保公司产品开发计划的高效率和高质量，并将持续投入研发，抢占 AI 赛道，加深护城河，以保证处于行业引领者的地位。

产品与业务。海康威视凭借强大的研发力量、定制化生产能力和严格的质量控制体系，快速、高效地开发适应市场的新产品，并且保持产品性能、质量的领先地位。海康威视基本做到一年推出一代新产品，引领行业发展趋势，并能保证产品有足够的竞争优势全面覆盖各个领域。

品牌与营销。海康威视在中国内地35个城市设立分公司及售后服务站，在香港特别行政区设有分支机构，在境外还设立荷兰、南非、印度、迪拜、美国、加拿大等30多个分支机构。海康威视搭建海外立体化营销服务网络，建立起自主品牌与营销队伍，主攻法国戴高乐机场、英国伦敦地铁、巴西世界杯等重要场地与示范性项目，获得品牌效应。

表 10-7　业务设计

	海康威视
客户选择	重点选择公安、司法、交通、文教卫、金融、能源和智能楼宇七大细分行业客户，并进一步拓展小微企业、家庭及个人用户
价值定位	树立集技术领先、质量领先、服务领先以及价格合理于一体的品牌形象，为用户提供功能强大、操作简便的系统解决方案，赋能各行业智能化转型，不断增加服务黏性
价值获取	保持硬件产品的收入，扩大解决方案的收入和利润占比，带动运营服务收入的增加
业务活动	以音视频压缩板卡为主要业务，逐步发展成为涵盖整个视频监控行业安全和可视化管理需求的全系列产品和解决方案提供商，构建基于AI Cloud的可成长开放生态系统
战略控制	● 建立"资源线＋产品线"的矩阵式研发管理体系形成差异化的竞争优势 ● 快速、高效地开发适应市场的新产品 ● 不断扩展升级海外网络布设，搭建立体化营销服务网络，建立起自主品牌与营销队伍

第六步，行动路线

作为行业领先者，海康威视在发展过程中以技术为引领，以客户需求为核心，借助强大的研发、销售、生产、服务一体化能力以及软件、硬件、系统的集成能力，构筑全球综合竞争优势（见表10-8和表10-9）。

表 10-8　行动路线

序号	战略任务	主要瓶颈或机会捕捉	主要行动
1	实施 AI Cloud 战略	●把握AI掀起的新一轮智能安防改造与建设以及产业格局拓展的机会 ●应对视频的应用场景碎片化，各行业客户都有各自丰富的业务场景和逻辑以及差异化客户应用需求	构建集基础设施、数据资源、平台服务和应用软件于一体的立体化智能服务体系
			打造云中心、边缘域、边缘节点多层次产品
			推动行业智慧应用
			建设智能工厂，提升制造柔性和产品交付能力
2	推进技术创新		保持在视频技术、多维感知、人工智能、大数据分析等核心技术领域的领先水平
			加强各研发平台之间的协同创新和有效研发
			提高研发的系统性、规范性和安全性
			加快研发基地布局和建设
3	发展创新业务	适应产业格局拓展的需要	重点拓展以萤石智能家居、海康机器人、海康汽车、海康存储为代表的创新业务，并继续对具有较好前景的新兴业务和关键技术环节进行布局
4	做深细分市场	定制服务能力与细分行业市场、海外市场以及商用业务、民用业务发展相适应	发展地区市场，巩固提高一线城市，大力开发渗透二、三线城市
			开发面向小微企业的商用市场和家庭、个人的民用市场
			面向公安、交通、司法、文教卫、能源、金融、智能楼宇等领域的客户，不断完善解决方案的定制化能力与顾问式销售能力
			扩大营销网络建设，在自有营销网络基础上发展国内经销商
			丰富面向境外市场的产品线，扩大境外渠道市场份额
5	优化内部管理	应对技术变革、组织变革、商业模式变革的需要	加强全公司的流程建设和流程优化
			深入推进 BLM（业务领先模型）、IPD（集成产品开发）等体系建设
			建设扁平组织；通过持续推进内部管理改善和优化，提升内部管理效率

实施 AI Cloud 战略，推动行业智慧应用。海康威视按照"边缘感知、按需汇聚、多层认知、分级应用"的核心理念，构建集基础设施、数据资源、平台服务和应用软件于一体的立体化智能服务体系——AI Cloud。围绕边缘节点、边缘域、云中心布局核心产品，将 AI 注入产品和解决方案，打造云中心、边缘域、边缘节点的多层次产品，形成视频智能化的竞争优势，在技术创新、产品创新和方案创新方面持续保持领先。重点为政府市场、企业市场、消费者市场，开发"深眸"系列智能摄像机、"神捕"系列智能交通产品、"深思"系列智能服务器、"明眸"系列智能通道产品；以雪亮工程解决方案服务公共安全，以智慧交通综合管控解决方案服务公共服务，以云眸系统解决方案助推商业，以金融智慧网点解决方案赋能金融，以智慧教育解决方案助力校园。

继续加大研发投入，持续推进技术创新。依托海康威视技术平台、产品平台和方案平台的研发体系优势，在视频技术、多维感知、人工智能、大数据分析等核心技术领域保持领先水平，研发和提供更多响应客户需求的优秀产品和解决方案。加强各研发平台之间的协同创新，共同面对和快速实现用户需求。不断推出引领行业的产品及应用，同时又根据市场反馈总结调整研发重点，提升产品功能和性能，形成面向市场的有效研发。加强在研发管理、质量管理、网络安全管理等体系性工作，提高研发的系统性、规范性和安全性等方面的水平。

加大基础设施投入，布局研发和制造分中心。海康威视计划投资 100 亿元建设西安、武汉、成都、石家庄四个研发中心，扩建杭州研发中心，以及建设重庆、武汉两个制造基地，以满足海康威视不断发展的业务需求，形成与业务规模相匹配的办公场所与生产能力，帮助公司继续拓展市场；持续推进智能工厂的建设，基于全面的信息化系统支撑，借助物联网技术、自动化技术等来加强设计制造体系的智能化水平，以桐庐生产基地为样本打造敏捷化、柔性化、规模化的智能工厂，打造领先的生产制造服务能力，进一步提升生产效率。

围绕客户需求，做深细分行业。海康威视巩固提高一线城市，大力开发渗透二、三线城市；以满足市场需求为核心推进研发，根据客户需求做贴近行业的深度开发定制，保持产品与解决方案始终符合并适度引领市场需求，帮助用户创造价值。从硬件到解决方案，海康威视针对不同诉求提供软硬件组合方案与业务操作模式，持续推进"行业细分、区域下沉、业务到端"的理念，面向公安、交通、司法、文教卫、能源、金融、智能楼宇等领域的客户，不断完善解决方案的定制化能力与顾问式销售能力，持续将技术转化为市场价值。

推进创新业务发展，打造创新动力。海康威视依托视频监控设备和解决方案技术优势，重点拓展以萤石智能家居、海康机器人、海康汽车、海康存储为代表的创新业务，并继续对具有较好前景的新兴业务和关键技术环节进行布局，为公司未来业绩增长提供重要源泉。发展萤石互联网业务，服务于智慧家庭与智慧商业领域；依托公司在多维感知、系统控制领域的技术积累，海康机器人主攻智能制造，开拓移动机器人、机器视觉以及行业级无人机等业务方向；培育汽车电子业务，通过与自主品牌车厂、合资车厂合作，逐渐向车载前装渗透。

完善营销网络，推进海外市场。海康威视建立包括全球客户服务中心、分公司客户服务部和授权客户服务站的三级服务体系，联合数万家工程商、经销商和服务外包商等合作伙伴，为各行业各地区客户提供产品交付、工程交付、软件部署、系统运维等多维度服务；通过产品与解决方案双重牵引,加速境外产品的更新迭代,丰富面向境外市场的产品线,扩大境外渠道市场份额;聚焦重点区域和行业,推进项目市场的继续突破;合理运用市场规则,在国外通过合资合作设立控股子公司和全资子公司,完善境外销售网络;加强境外营销服务体系建设,在欧美等中心地区设立物流与技术中心,提高服务响应速度。

推进管理变革,优化内部管理。海康威视成立变革管理委员会,加强全公司的流程建设和流程优化;深入推进BLM(业务领先模型)、IPD(集成产品开发)等体系建设;同时,公司通过推进去中心化、去中介化、决策重心下移等政策,继续建设扁平组织;通过持续推进内部管理改善和优化,提升内部管理效率。

第七步,资源配置

组织保障

明确部门职责,加强内部协作。海康威视设立了信息化部、国内营销中心、国际营销中心、供应链管理中心、技术管理中心、质量保证部、人力资源部、财务部、审计部、综合部等职能部门,分工合作,形成了良好的内部协作氛围。

机制保障

海康威视不断完善法人治理结构和内部控制制度,提高决策水平,降低经营风险,并维护公司全体股东的利益;根据公司经营业务和规模的需求,海康威视对公司的组织结构和职能设置进行适时调整和优化,完善各项管理规章制度,深化劳动、人事、分配制度改革。

表 10-9 任务行动—资源配置表

序号	战略任务	主要行动	组织保障	人力资源	资金	投资	机制保障
1	提升研发效率，保持研发领先优势	加大产品研发方面投入，提高产品创新能力，引领行业发展趋势；根据客户需求开发定制产品，全面覆盖所有行业应用领域	建立技术平台，产品平台和解决方案平台；设立信息化部和技术管理中心	培养研发人员和生产人员	研发经费	固定资产投资	决策制度 管理机制
2	推进创新业务，做深细分市场	开展面向小微企业、家庭、个人的民用业务；发展地区市场，巩固提高一线城市，大力开发渗透二、三线城市；扩大营销网络建设，在自有营销网络基础上发展国内经销商	设立国内营销中心	激励营销人员，培训采购人员和财务人员	营销网络建设费用	固定资产投资	激励机制 管理制度
3	扩展境外市场，加快国际化进程	扩充视频监控业务产品线，向境外客户提供特定行业的整体解决方案，加强客户黏性；合理运用市场规则，在国外通过合资合作设立控股子公司和全资子公司，完善境外销售网络；加强境外营销服务体系建设，欧美等中心地区设立物流与技术中心，提高服务响应速度	设立国际营销中心	技术人员，法务人员，客服人员	境外渠道建设费用	产权投资	管理制度 激励机制

人才保障

海康威视构建管理与专业双序列的职业发展通道，打造任职资格评价体系和人才评鉴体系，实施多级培训机制，储备后备力量，培养中坚力量。除了为员工提供业内有竞争力的综合福利报酬外，实施限制性股票激励计划，股权激励覆盖各层级管理人员及业务骨干的核心人才队伍，并将业务骨干作为主要激励对象，保持核心人才的稳定性和积极性；实施核心员工跟投创新业务机制，使员工成为公司创新业务的股东，创新业务成为员工创业和成长的孵化器。

点评

高新技术行业领先者的在位优势往往是脆弱的，颠覆性技术创新、用户需求偏好的变化往往使得领先者的累积性优势顷刻荡然无存。海康威视所处的安防行业面临快速成长的机遇与巨大变革的挑战。传统综合安防需求继续增长，智慧业务需求不断涌现；人工智能技术的发展，打开了安防大数据隐藏的价值，拓展了产业格局，安防从硬件到数据的商业价值被挖掘；小米、华为等相邻竞争者相继涌入，安防行业的核心技术、商业模式以及产业格局正发生深刻变革。我们不禁要问：海康威视还能否构筑起持久的全球综合竞争优势？

在新的发展形势下，海康威视面临的主要矛盾是，如何不断提升能力、重构模式，以适应新市场新技术的需求。海康威视已连续6年位居行业之首，已然从跟跑变为领跑，进入无人领航、自主创新与探索的新阶段。进一步抓住市场机遇，创新引领，在技术创新、产品创新、方案创新、模式创新等方面继续保持领先，将是海康威视未来发展的中心任务。

因此，海康威视需要运用塑造型思维，以创新转型求发展为主题，以智能化技术融合应用为主线，牢牢把握 AI、大数据、云计算、边缘计算等新技术发展方向，抓住公共安全升级、城市治理升级、企业管理升级的市场机遇，从安防综合运营商向以视频为核心的物联网解决方案提供商转变，引领行业智能化发展。为此，海康威视需要发展平衡传统安防业务和创新业务的双元能力，以构建立体化智能服务体系为着力点，建立云边融合的智能架构，不断提升解决方案的定制化能力与顾问式销售能力，发展与各行业智慧应用互利共生的商业生态系统。

Chapter 11
第 11 章

小米科技：重振雄风，成功逆转

　　成立于 2010 年的小米经过短短几年迅速发展，2018 年估值约 700 亿美元。经历 2015、2016 年业绩开始下滑之后，2017 年小米业绩又重新回升，成为手机公司中唯一销量下滑后能够成功逆转的公司，并于 2018 年 5 月在香港证券交易所申请上市，可谓风头正劲。那么它究竟是如何进行战略调整，实现业绩的快速逆转的呢？在此，让我们运用战略推演七步法，帮大家厘清小米实现成功逆转背后的战略逻辑。

公司基本情况

　　2010 年 4 月，北京小米科技有限责任公司在北京市注册成立（见图 11-1），是一家以手机、智能硬件和物联网（IoT 平台）为核心的互联网公司。自创立以来，小米曾获取 A～F 系列合计 9 轮可转换可赎回优先股，主要投资者为顺为基金、启明创投、美国 IDG 资本、高通等投资机构，合计融资额为 15.8 亿美元，融资估值 450 亿美元，

2010～2014年短短四年身价翻了近160倍。2018年5月3日，小米正式向港交所递交招股书，创始人雷军先生持股比例为31.4%，是公司的实际控制人。

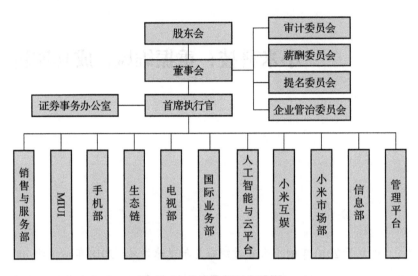

图11-1 小米内部组织结构

2017年，小米实现总收入1 146亿元，经营利润122.16亿元，约为2012年收入63.0亿元的18.2倍，仅用7年时间成为营收超千亿级的公司，这一速度快过包括谷歌、苹果等在内的科技巨头，在全球收入超过千亿且赢利的"互联网＋"上市公司当中增速列第一（见图11-2）。

图11-2 小米发展历程

第一步，形势研判

环境侧

（1）中国电子商务经过了十余年的快速发展，渗透率已经达到一个相当高的水平，线上流量红利渐已见底。电子商务占社会消费品零售总额约在10%，手机行业网上销售不到20%，80%多的大头还是在线下，在进行产品销售时需考虑开拓线下渠道，打开线下市场，从而增加产品销量。

（2）移动支付、数据分析技术、机器视觉技术、AR/VR等新一代信息技术的发展，应用到零售环节之中，改善零售效率和用户体验，促进线上与线下融合的新零售的发展，为企业提供一种全新的与消费者进行沟通的渠道。

（3）万物互联时代的到来使得智能终端成为流量的新入口，产品即服务。同时，伴随着巨大的互联网服务发展空间，拓展智能硬件产品，控制流量入口成为企业未来发展互联网服务的重要手段。

（4）法律法规及产业政策为行业发展构建良好环境。国家陆续出台了《关于积极推进"互联网+"行动计划的指导意见》《智能制造发展规划（2016～2020年）》《智能硬件产业创新发展专项行动（2016～2018年）》《促进大数据发展行动纲要》等一系列政策文件，鼓励和支持智能硬件及互联网相关行业的发展。

需求侧

（1）随着中国整体经济的高速发展和居民收入水平的不断提升，消费者愿意花更多的钱来享受品质更高的商品（见图11-3）。

（2）随着80后、90后等群体逐步成长为消费主力，消费理念也有了明显的变化。以消费者为中心，关注用户体验，不断满足消费者的个性化需求，成为契合消费升级的大趋势，用户经营成为未来工作重点。

（3）新兴市场国家经济发展速度快，未来在电子消费品和互联网服务领域的需求增速和渗透率提升方面具备较大的发展潜力，需要对新兴市场国家或地区进行大力布局，并且根据当地的法律法规和市场情况进行商业模式调整。

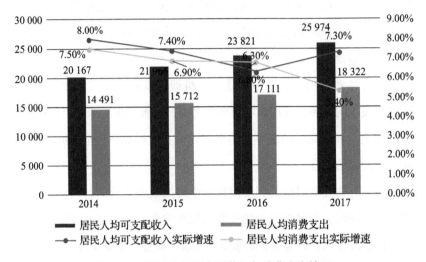

图11-3　居民人均可支配收入与消费支出情况

供给侧

（1）中国手机品牌厂商继续领跑全球手机市场，知名度和市场份额均在增长。

（2）国内手机市场出货量结束两年来的高速增长，触顶后折返下滑，市场加速洗牌，竞争更为激烈。根据2017年各手机厂商面向国内市场的出货量统计，TOP5合计份额达到77%，进一步扩大与二、三线手机品牌的距离。

（3）随着全球手机销量增幅放缓及竞争压力增加，未来线下市场对此前聚焦线上的手机厂商的诱惑正在增强。OPPO和vivo等行业领头企业线下渠道疯狂扩张，抢占三、四线甚至农村地区市场。以 OPPO 为例，从一线城市到乡镇，OPPO 在全国有 20 多万个销售点。2016 年上半年国内智能手机市场情况见图 11-4 和图 11-5。

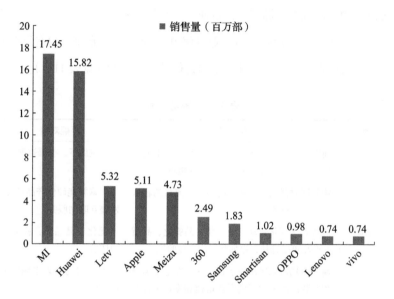

图 11-4　2016 上半年国内智能手机线上市场销量

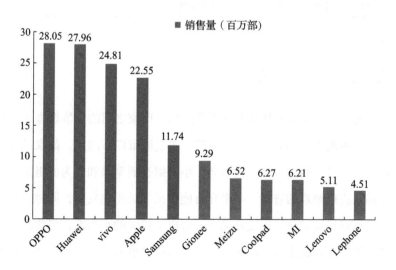

图 11-5　2016 上半年国内智能手机线下市场销量

（4）根据 IDC 的数据显示，小米 2016 年在中国市场的手机出货量达到了 4 150 万部，名列第五位，相比 2015 年的 6 400 万部直接暴跌约 35%。小米单一的线上销售渠道受阻，薄弱的线下渠道使其销量难以大增；供应链把握不当，也使其产品供货不及时。

总体而言，消费升级与产业升级共同催生了智能硬件制造行业和互联网行业发展新模式，并呈现出良好的发展趋势（见表 11-1）。

表 11-1 形势研判

要素	变化趋势	可能对策
环境侧	纯电商发展模式遇到一定天花板，线上流量红利见底，线下渠道成为新的争夺焦点	发展线下，全渠道融合
	物联网时代到来，智能终端成为流量的新入口，产品即服务	丰富智能硬件产品种类，发展互联网服务
需求侧	消费观念变化驱动行业变化，品牌化、品质化的产品更受青睐，更加强调用户体验性	优化产品品质，提升客户体验
	新兴市场国家经济发展速度快，在电子消费品和互联网服务领域的需求增速和渗透率提升方面具备较大的发展潜力	大力布局新兴市场国家或地区
供给侧	行业集中度提高，全渠道竞争加剧	强化品牌，拓展市场

第二步，矛盾识别

随着智能手机的技术迭代周期终结，厂家之间的竞争聚焦于性价比和渠道能力。OPPO 和 vivo 在三、四线城市广布网点，截取了大量年轻消费者，而在高端手机市场，小米则遭到苹果和华为的阻击，从而陷入进退两难的窘境。小米在智能手机领域迅速发展，同时通过生态链投资快速扩展智能硬件品类，形成了较大的小米系，当前面临的基本矛盾不再是生存的问题，而是小米的发展方式与市场变化之间不适应的矛盾，主要表现如下（见表 11-2）。

表 11-2　主要矛盾识别呈现表

发展阶段	战略调整期
主要矛盾	小米发展方式与市场变化的不适应
主要表现	线上流量红利出尽，错过县乡市场线下换机潮
	产品研发不足，缺乏核心技术
	产品供应链缺乏控制力
	互联网服务业务不强劲
主要对策	布局线下渠道
	加大核心技术研发
	整顿供应链
	丰富互联网服务

第一，线上流量红利出尽，错过县乡市场的线下换机潮。小米模式被竞争对手不断模仿，线上市场遭遇恶性竞争，线上流量红利趋于衰退，且智能手机历经多年普及后，增量需求已经由一、二线转向三、四线乃至乡镇级市场，OPPO 和 vivo 等行业领头企业线下渠道疯狂扩张，抢占三、四线甚至农村地区市场。而小米赖以成长的电商尚未在低线市场占据主流，线下缺失的短板开始凸显。

第二，产品研发不足，缺乏核心技术。2016 年，小米研发投入为 21.04 亿元人民币，占收入的比例为 3.07%，远低于华为的 14.6%。华为崛起的密码，在于其自主研发的麒麟芯片，大幅提升了性能，而小米力推的 Note 由于没跟上指纹识别技术趋势，成为其失败的旗舰机型。

第三，产品供应链缺乏控制力。小米绝大部分组装工作全部由位于中国、印度及印尼的外包合作伙伴进行，亦外包部分运输及物流管理工作。虽然外包可以降低经营成本，但也降低了小米对生产及分销的直接控制，出现可用产能降低、产品规格不能满足要求、质量控制不足等问题。2016 年初小米因产业链供货和品质问题出现数月缺货状况,让本已出现下滑迹象的小米雪上加霜。

第四,互联网服务业务不强劲。小米的互联网服务主要由互联网广告及网络游戏构成,产品种类不够丰富,收入占比不到总营收的10%。

第三步,中心任务

小米虽然取得了快速的发展,但企业核心能力尚有不足,要成为全行业领先的品牌企业,小米必须积极应对市场变化,基于自身用户红利、丰富的产品品类、线上渠道等优势,快速调整战略,聚焦"铁人三项"(硬件产品、新零售渠道、互联网服务),快速补短板(见表11-3)。

表11-3 机会洞察推演呈现表

要素	描述
形势研判	● 线上流量红利见底且移动支付、AR/VR等基础技术发展,小米须发展线下,实现全渠道融合 ● 物联网时代的到来使得智能终端成为流量的新入口,产品即服务,要求小米积极拓展智能硬件产品,控制流量入口 ● 消费升级,用户行为发生变化,用户经营成为未来工作重点,小米亟待优化产品品质,调整营销策略,培育新的发展动力 ● 新兴市场国家经济发展速度快,具备较大的发展潜力,小米须在保持品牌一致性的同时布局新兴市场国家或地区 ● 行业集中度较高且竞争压力较大,小米须不断强化品牌,拓展市场
矛盾识别	发展方式与市场变化的不适应
中心任务	聚焦"铁人三项",快速补短板

第四步,总体路线

根据小米目前所处的发展阶段、面临的形势及主要矛盾,小米确定的总体路线是，紧抓物联网发展机遇，以做强做大为主题，以创新赶超为主线，以硬件产品、新零售、互联网服务为主攻方向，以海外市场开拓、线下渠道布局及核心技术研发为着力点，形成高性价比和高客户黏性的竞争优势，致力于成为以手机、智能硬件和 IoT 平台为核心的互联网公司（见表 11-4）。

表 11-4　小米总体路线

战略定位	致力于成为以手机、智能硬件和 IoT 平台为核心的互联网公司
主　　题	做强做大
主　　线	创新赶超
主攻方向	铁人三项（硬件产品、新零售渠道、互联网服务）
着 力 点	海外市场开拓、线下渠道布局、核心技术研发、供应链优化
竞争优势	高性价比、高客户黏性

第五步，业务路线

客户选择

　　小米目标客户群体定位在 80 后、90 后等年轻一代的互联网用户，他们喜欢新潮、比较自我、愿意尝试够酷的科技产品，但他们的经济实力可能又不如 40 岁以上的成功商务人士，即喜欢好东西，又不想付出太多的钱。而小米鲜明的始终做"感动人心、价格厚道"的好产品和"高性价比"非常深入地契合这些人群内心深处的需求。同时，部分客户如小米的米粉，能够融入企业价值创造活动中，通过发挥自身所拥有的知识和技能、学习和试验的欲望以及他们参与积极对话的能力，成为企业的战略资产。这部分顾客是企业的宝贵资产，能够为企业提供大量的、有价值的隐藏信息，属于资产型顾客。

　　小米一直探索参与式消费。让用户参与到产品研发、服务、品牌、销售的全过程，建立一个可触碰、可拥有的和用户共同成长的品牌，用户以"主人翁"意识忠于品牌、传播品牌、输入创新建议。小米将其归纳为"参与感三三法则"：三个战略，做爆品，做粉丝，做自媒体。三个战术，开放参与节点，设计互动方式，扩散口碑事件。

价值定位

做"感动人心、价格厚道"的好产品，让全球每个人都能享受科技带来的美好生活。

价值获取

利润逻辑。小米通过提供高品质、多品类、高性能和精心设计且价格厚道的爆款产品和服务获得收益，这些为小米零售渠道带来更多的客流量。同时，通过高效的新零售渠道又向用户提供多的产品，产品之间通过MIUI系统进行连接，公司能够较好控制流量入口，增强互联网服务，带来新的变现机会（见图11-6）。

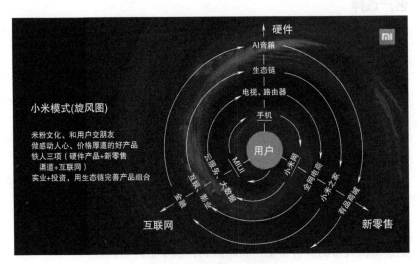

图11-6 小米模式旋风图

收入来源。公司收入主要包括智能手机销售、IoT 和生活消费产品销售、广告、游戏业务等互联网服务收入,其中 2017 年智能手机销售收入占主营业务收入高达 70.30%(见图 11-7)。从渠道来看,智能手机及 IoT 和生活产品的销售渠道收入逐步从直销为主转向分销商销售。2017 年,分销渠道占比达 66.69%。

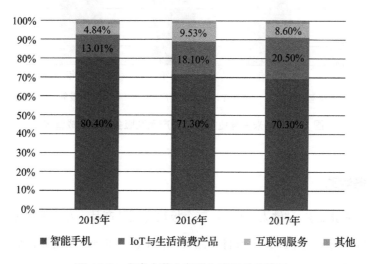

图 11-7 小米主营业务收入产品分布情况

成本结构。公司的成本构成包括主营业务成本和期间费用两部分。主营业务成本中智能手机业务成本占比最高,当期总的比例分别 83.92%、77.13%、74.09%;IoT 和生活消费产品成本占比相对较低,但随着业务收入规模增加,成本占比逐期上升;互联网服务成本占比非常低,主要为广告推广成本和游戏成本。公司各类业务变动与收入趋势基本保持一致。公司期间费用总额分别为 59.14 亿、71.85 亿、114.80 亿,期间费用率分别 8.85%、10.50%、10.02%,期间费用率较为稳定(见图 11-8)。

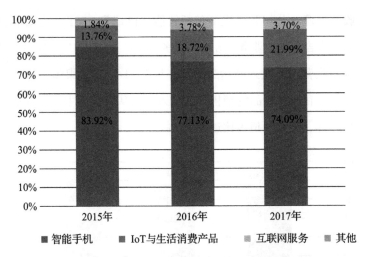

图 11-8　小米主营业务成本分产品及服务成本构成情况

业务活动

关键业务。"铁人三项":三个板块为硬件产品、互联网服务、新零售渠道(见图 11-9)。硬件产品板块有手机、电视、路由器、AI 音箱和外部的生态链智能硬件;互联网服务板块的业务包括了 MIUI、互娱、云服务、金融、影业;新零售渠道板块是小米从单纯的网商模式向线下结合发展的产物,包含小米商城、全网电商、小米之家、米家有品等。

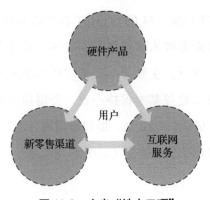

图 11-9　小米"铁人三项"

配称系统。①供应链伙伴：公司根据生产计划从顶级供应商处采购生产自有产品所用原材料和组件，然后将自主设计产品的组装外包给外包伙伴包括主要组装外包伙伴如富士康、英华达等；主要互联网服务供应商如腾讯、爱奇艺等；主要生态链硬件产品供应商如智米、华米等。②渠道伙伴：中国大陆主要与电商公司京东及苏宁等合作，直接购买公司产品后向终端用户分销。在印度及世界其他地区，主要通过Flipkart、TVS Electronics及亚马逊等第三方电商实现线上销售。③物流伙伴：公司主要与领先的全国性物流或快递公司进行合作，公司的仓库存储制成品、部分组件及原材料，委托第三方物流服务供应商提供付运服务，如顺丰、EMS等。④信息技术基础设施伙伴：公司主要与金山软件、微软等合作进行软件开发及提供云服务等，确保业务平稳运行。

战略控制

小米以崭新的新零售渠道向用户销售各种由自主操作系统MIUI所驱动的智能手机及其他智能硬件产品，从而建立起庞大的自有平台，为用户提供各式各样的互联网服务，获得了差异化的竞争优势，建立了保护利润池的护城河，主要体现在以下方面（见表11-5）。

生态系统。小米以投资的方式发掘和孵化在IoT和移动互联网领域具备前景的企业，通过生态链投资，加快推出优势互补、高性价比的产品和服务，形成产品矩阵，控制流量入口，从而扩大小米国内及全球用户群市场。

极致高效。小米采用"核心环节自主控制，非核心环节外包/合作生产"的模式保持企业自身的极致。手机本质上是"海鲜"生意，现金量巨大，订货需要提前4个月，库存周转要求很高，小米通过加强对供应链的管理保持库存周转。同时，通过强化高效的零售渠道，提高供应链成本效率及分销效率以保持产品和服务处于合理的价格水平，从而扩大公司用户群。

用户体验。小米从用户的需求出发，推行用户"主人翁"意识，让用户参与到产品研发、服务、品牌、销售的全过程，建立一个和用户共同成长、可触碰、可拥有的品牌。同时，小米持续专注对产品的工匠精神，加强芯片等核心技术研发，始终重视技术创新、质量和设计，从而提升用户体验，扩大忠诚度高和参与感强的用户群。

表 11-5　业务设计

	小米集团
客户选择	80后、90后等年轻一代的互联网用户，追求黑科技，希望获得实惠的技术体验
价值定位	做"感动人心、价格厚道"的好产品，让全球每个人都能享受科技带来的美好生活
价值获取	智能手机销售、IoT和生活消费产品销售、广告、游戏业务等互联网服务收入
业务活动	围绕"铁人三项"构筑三大板块：硬件产品、互联网服务、新零售渠道。硬件产品板块有手机、电视、路由器、AI音箱和外部的生态链智能硬件；互联网服务板块的业务包括了MIUI、互娱、云服务、金融、影业；新零售渠道板块是小米从单纯的网商模式向线下结合发展的产物，包含小米商城、全网电商、小米之家、米家有品等
战略控制	1. 以投资的方式发掘和孵化在IoT和移动互联网领域具备前景的企业，构筑生态系统 2. 采用"核心环节自主控制，非核心环节外包/合作生产"的模式保持企业自身的高效运作 3. 与用户一起玩，让用户参与到产品研发、服务、品牌、销售的全过程，建立用户黏性

第六步，行动路线

随着日趋激烈的竞争，小米面对发展方式与市场变化之间的不适应，围绕"铁人三项"开始采取措施以增强补短，突破自身发展瓶颈（见表11-6）。

增加爆款产品品类。通过投资生态链企业并与其进行深入业务合作，大力布局智能家电、健康家居、移动电源数、数码配件、出行工具等各种智能硬领域，打造空气净化器、手环、移动电源、平衡车等多个市场热销产品，形成产品矩阵，控制流量入口，满足用户的多样化需求。

丰富互联网服务。小米开发并投资于多样化的互联网服务，进一步提升用户体验、参与度和留存率。互联网服务将有利于继续扩大公司的用户群体，并提升变现能力，从而进一步提高公司未来的赢利能力。目前，小米的互联网服务方面主要为广告服务产品及游戏产品，下一步将基于自主研发MIUI系统的用户，拓展电商、金融、文娱以及云计算等业务变现通道。

发展新零售。小米专注于产品在线直销以达到最大效率，拥有小米商城、有品商城等自有线上直销平台，还与京东、苏宁等第三方线上经销商合作形成了强大的线上销售网络。除了线上渠道，小米加快建立与之互补的线下零售网络公司，持续加大与第三方线下零售合作伙伴的力度，并开始布局线下体验店。小米计划三年开1 000家门店，在中国大部分省市覆盖小米之家，打造与消费者零距离的品牌及产品体验中心，形成高效的线上＋线下渠道布局，扩展用户覆盖范围，并增强用户体验。小米之家一般位于高级购物商场及城市区的人流密集区域，增强产品及服务展示，扩大产品宣传效果。

加强技术创新。小米将进一步加强AI、VR等核心技术的布局，重金打造自家澎湃芯片，积累专利技术，加大核心技术研发力度，为用户提供更酷的产品；邀请工业顶级设计师设计智能手机等，提升设计方面的形象。

表 11-6　行动路线

序号	战略任务	主要目标/瓶颈	主要行动
1	增加爆款产品品类	形成产品矩阵，提高新零售坪效，控制流量入口	继续开发并有选择性地布局新的爆款产品，以满足用户的多样化需求
			继续发掘和孵化具备发展前景的生态链企业，尤其是在 IoT 和移动互联网领域，从而扩大公司的生态系统
			开放 IoT 开发者平台，服务于智能家居设备、智能家电设备、智能可穿戴设备、智能出行设备等消费类智能硬件及其开发者
2	丰富互联网服务	互联网服务品类不丰富	基于自主研发 MIUI 系统的用户，拓展电商、金融、文娱以及云计算等业务变现通道
3	加快建设线上线下融合的新零售	过度依赖线上平台，绝对市场份额低	三年 1 000 家门店目标，在中国大部分省市覆盖小米之家，打造与消费者零距离的品牌及产品体验中心，形成高效的"线上+线下"渠道布局
4	加强技术创新与精细化管理	核心技术研发不足	强化澎湃芯片、AI、云、大数据基础技术，积累专利，以提升产品未来竞争力
		产品设计辨识度不高	邀请顶级工业设计师设计智能手机等，提升公司设计方面的形象
5	优化供应链	产品质量问题	加强产品品质审查
		供应链管理不佳	加强供应链管理，与供应商建立长期稳定合作，保证原料供应；建立供应商目录和更新淘汰机制
6	推进国际化布局	海外市场占比不高	凭借强大的执行能力，在印度等海外市场积极复制小米的"中国模式"，为公司扩大用户群

优化供应链。质量是小米低价销售和高效运转的重要保障，针对小米暴露的产业链供货和品质问题，小米加强与众多优质供应商保持长期紧密合作，切实保障采购的稳定性。

推进国际化布局。积极响应"一带一路"的政策,加大国际化布局。凭借强大的执行能力,在印度、缅甸、乌克兰等海外市场积极复制小米的"中国模式",扩大公司的用户群并提高变现率。

第七步,资源配置

组织保障

小米内部设立了11个不同的部门,以非常独立的业务块来体现,由不同的合伙人来负责。在业务管理上,小米在手机部、供应链、小米网销售团队分别组建专门的参谋规划协调部门,协调整个庞大的产供销体系联合作战;在质量管理方面,雷军亲自牵头质量委员会,经过十多次专项会议的讨论,制定了翔实的质量行动纲要,并组建质量办公室专门督办。

资源保障

人力资源。小米根据发展战略制定人力资源规划。在核心技术研发方面,引入工程师、工业设计师、科学家、软件工程及移动应用程序研发人员等人才,形成具有领先水平的智能硬件研发、大数据分析等领域人才队伍,为保障技术研发所需人才,实施千名工程师招聘计划。

资金。登陆境内外资本市场,充分借助资本市场,适时采用增发、配股、可转换公司债券、企业债或商业银行贷款等多种方式筹集资金,壮大公司综合实力,以确保公司发展战略的顺利实施。

投资。公司募集的资金主要用于研发核心自主产品、扩大并加强IoT及生活消费产品及移动互联网(包括人工智能)等主要行业的生态链和全球扩张。在核心自主产品研发方面,投资成立芯片项目、探索实验室项目，研究 VR/ 机器人等前沿科技，和百度、商汤等合作，共同推动 AI 对物联网设备的赋能。在生态链方面，投资超过 210 家生态链企业。在全球扩张方面，积极拓展印度等新兴市场。

机制保障

小米拥有强大的管理团队，根据决策者胜任能力，小米的联合创始人按照各自擅长的领域和能力，分管 2～3 块业务。为了弥补短板，雷军亲自负责研发和供应链，渠道方面则由林斌大规模开展线下门店，发力印度市场。在员工激励方面，小米设立了薪酬、福利、员工持股等多种激励手段，提升员工业务能力。在绩效考核方面，小米内部提倡"去 KPI"，以用户反馈来驱动开发，响应快速，提高用户体验（见表 11-7）。

点评

在崭新的物联网时代，小米无疑是一颗耀眼的新星。它自 2010 年横空出世以来，就自带流量，引发广泛关注。小米的创始人雷军，早已功成名就，实现了财务自由。他再次出山创业，万众瞩目。雷军在自己成为网红的同时，也将小米手机迅速打造成爆品。

雷军不是任正非那类 "28 年只对准一个城墙口冲锋" 的南墙派，他是 "台风来了猪也能飞上天" 的 "风口派" 肇始之人。雷军看到了物联网时代的机遇，智能硬件将成为新的流量入口，"产品＋服务" 将成为新的主流商业模式。具有大众市场属性的智能手机无疑是最好的切入口，何况在苹果、三星当道的时期，主打性价比的市场远未被满足。雄心勃勃的雷军不只看中了智能手机的巨大市场空间，他还想抢先占据其他智能产品的赛道，尽管暂且它们还是规模效应并不显著的长尾市场。

表 11-7 任务行动—资源配置表

序号	战略任务	主要行动	组织保障	人力资源	资金	投资	机制保障
1	增加爆款产品品类	继续开发并有选择性地布局新的爆款产品，以满足用户的多样化需求；继续发掘和孵化具备发展前景的生态企业，尤其是在 IoT 和移动互联网领域，从而扩大公司的生态系统；开放 IoT 开发平台，服务于智能家电设备、智能可穿戴设备、智能出行设备等消费智能硬件及其开发者	成立生态链部	工程师、投资人才	资本投入	生态链企业产权投资项目	
2	丰富互联网服务	基于自主研发 MIUI 系统的用户，拓展电商、金融、文娱以及云计算等业务变现能力	组建小米金融子公司、设立小米互娱部	研发人才、金融人才和文娱乐人才	资本投入	生态链企业产权投资项目、自主研发投资	分权的领导与块策机制，合理的激励机制与考核机制
3	加快建设线上线下融合的新零售	三年 1 000 家门店目标，在中国大部分省市覆盖小米之家，打造与消费者零距离的品牌产品体验中心，形成高效的线上 + 线下渠道布局	联合销售与服务部、手机部、小米市场部	运营人才、客服人员和市场拓展人才	门店建设费用	门店等固定资产投资	
4	加强技术创新与精细化管理	强化澎湃芯片、AI、云、大数据基础技术，积累专利，以提升产品未来竞争力；邀请顶级工业设计师设计智能手机等，提升公司设计方面的形象；加强产品品质审查；加强供应链管理，与供应商建立长期稳定合作，保证原料供应；建立供应商目录和更新淘汰机制	组建专门的参谋规划协调部门、组建质量办公室专门督办	工程师、工业设计师、科学家、软件工程及移动应用程序研发人员、运营人才	研发投入、广告投放、产品包装设计	芯片项目、探索实验室项目、战略合作	
5	推进国际化布局	凭借强大的执行能力，在印度等海外市场积极复制小米的"中国模式"，扩大公司的用户群并提高变现率	设立国际业务部	市场拓展人才	资本投入、门店建设费用	海外市场开拓项目	

雷军独特的战略视野，注定了小米一出生就将是不同寻常的新物种。它按照"爆品—平台—生态"的路径一路狂奔。2010～2012年，小米完成了爆品阶段。2013年，小米开始了生态链布局。小米成为创业平台，通过输出方法、品牌、资本、流量，不断为生态链企业赋能。然而到了2016年，线上流量的红利见底，小米互联网思维那套打法不灵了。它的对手华为、vivo、OPPO不只学会了小米线上的打法，还在线下不断深耕。小米手机销量历史性下滑，生态链企业又尚未形成反哺能力。小米面临前所未有的危机，它需要重新思考战略路线究竟应该如何调整。

现在小米已不再是猛长个头、讨人喜欢的帅小伙了，它需要考虑调适发展方式，以应对市场的新变化。于是，小米打出了涵盖硬件产品、互联网服务和新零售渠道的"铁人三项"的主牌。其中，打新零售的旗号是小米最大的变阵，试图通过线上线下融合，补足智能手机单一渠道的短板；同时，也通过全渠道为生态链智能产品提供销售和展示平台。但小米底层的商业逻辑并没有变化，依然强调高周转、低毛利，雷军承诺"永远坚持硬件综合净利率不超过5%"。"5%目标"背后的逻辑在于，小米把硬件当作重要的用户入口，并不期望它成为利润的主要来源。据招股书透露，截至2018年3月31日，小米投资和管理了210家生态链公司，其中90家集中在硬件和生活消费品，已经连接超过1亿台设备。小米试图将自己打造成全球最大的IoT平台企业，它要把设计精良、性能品质出众的产品紧贴硬件成本定价，通过自有或直供的高效线上线下新零售渠道直接交付到用户手中，然后持续为用户提供丰富的互联网服务。这一策略的核心，必须保证贡献现金流的手机主营业务稳增长，通过流量、品牌、知识、渠道实现平台赋能，推动生态链企业反哺，并获得可持续的互联网服务收入，实现内部资本市场的协保效应。

然而，这需要时间，也需要一些运气。

随着新零售的扩张、国际化的进程加快，小米对 IoT 的布局，以及向上游产业链比如芯片的进军，靠目前的现金流和之前的融资是远远不够的。小米需要趁估值好的时候启动上市。2018 年 7 月 9 日小米在香港成功上市，然而雷军小米千亿估值的梦想并未成真，资本市场对小米互联网企业的定位似乎半信半疑。

小米仍须继续加油，为自己正名。

Chapter12
第 12 章

《中国制造 2025》：制造强国战略

2015 年 5 月 19 日国务院正式印发《中国制造 2025》。其一经发布，便引发各国的高度关注。2018 年中美爆发贸易战，美国特朗普政府针对《中国制造 2025》重点领域大打出手。这是一部什么样的制造强国战略呢？我们又该如何完整地解读它呢？它到底与德国的工业 4.0、美国的工业互联网、日本的人工智能战略又有何联系与区别呢？下面，我们应用战略推演七步法，对这部国家战略进行结构化的剖析。

战略背景

制造业是国民经济的主体，是立国之本、兴国之器、强国之基。18 世纪中叶开启工业文明以来，世界强国的兴衰史和中华民族的奋斗史一再证明，没有强大的制造业，就没有国家和民族的强盛。打造具有国际竞争力的制造业，是我国提升综合国力、保障国家安全、建设世界强国的必由之路。

在新一轮科技革命与产业变革的背景下，中国政府立足于国际产业变革大势，做出全面提升中国制造业发展质量和水平的重大战略部署。其根本目标在于改变中国制造业"大而不强"的局面，通过10年的努力，使中国迈入制造强国行列，为到2045年将中国建成具有全球引领和影响力的制造强国奠定坚实基础。

第一步，形势研判

环境侧

制造业是国民经济的基础和支柱产业，也是一国经济实力和竞争力的重要标志。新一代信息技术与制造业深度融合，正在引发影响深远的产业变革，形成新的生产方式、产业形态、商业模式和经济增长点。国际金融危机发生后，发达国家纷纷实施"再工业化"战略，重塑制造业竞争新优势，加速推进新一轮全球贸易投资新格局。我国必须放眼全球，加紧战略部署，着眼建设制造强国，化挑战为机遇，抢占制造业新一轮竞争制高点。

需求侧

随着新型工业化、信息化、城镇化、农业现代化同步推进，超大规模内需潜力不断释放，为我国制造业发展提供了广阔空间。各行业新的装备需求、人民群众新的消费需求、社会管理和公共服务新的民生需求、国防建设新的安全需求，都要求制造业在重大技术装备创新、消费品质量和安全、公共服务设施设备供给和国防装备保障等方面迅速提升水平和能力。我国模仿型、排浪式消费阶段基本结束，主流消费更加注重个性化、安全性、品质、品牌和服务。基于低成本的数量扩张型工业化路径越来越难以适应消费转型升级的需要，亟待通过创新培育新的供给能力。

供给侧

我国正处于工业化中期，尽管制造业建成了门类齐全、独立完整的产业体系，但还普遍处于全球制造业的低附加值端，大部分的制造业仍以生产代工、劳动密集型的制造业为主，明显落后于发达国家。发达国家利用先发优势，不断强化其全球竞争优势和价值链高端位置，对我国产业转型升级、向全球价值链高端攀升形成压力；一些发展中国家也在加快谋划和布局，积极参与全球产业再分工，承接产业及转移资本，拓展国际市场空间。我国制造业面临发达国家和其他发展中国家"双向挤压"的严峻挑战。

关于形势研判见表 12-1。

表 12-1 《中国制造 2025》形势研判

要素	变化趋势	可能对策
环境侧	新一轮科技革命和产业革命	抢占制造业新一轮制高点
需求侧	内需潜力不断释放和升级	通过创新科技培育新的供给能力
供给侧	中国制造面临"双向挤压"	供给侧结构性改革

第二步，矛盾识别

"大而不强"，一直是困扰中国制造业发展的难题。我国制造业在创新能力、产品质量、资源利用、产业结构、信息化水平等方面与美、德、日等制造强国存在较大差距，虽然在体量上中国已经成为世界制造大国，但我国最重要的矛盾是如何从世界制造大国发展成为世界制造强国，摆脱大而不强的窘状（见表 12-2）。

表 12-2 《中国制造 2025》主要矛盾识别

主要矛盾	主要表现	主要对策
大而不强	·信息化水平不高 ·自主创新能力不强 ·产品质量问题突出 ·产业结构不尽合理 ·资源利用效率偏低	以智能制造为主攻方向，提高制造业创新能力、强化工业基础能力和加强质量品牌建设

第三步，中心任务

我国制造业尚处在工业 2.0 补课、3.0 普及和 4.0 示范的阶段，要建设制造强国，就必须紧紧抓住当前难得的战略机遇，积极应对挑战，依靠中国装备，依托中国品牌，实现中国制造向中国创造的转变、中国速度向中国质量的转变、中国产品向中国品牌的转变，完成中国制造由大变强的战略任务（见表 12-3）。

表 12-3 《中国制造 2025》中心任务确定

要素	描述
发展阶段	2.0 补课—3.0 普及—4.0 示范
主要矛盾	大而不强
中心任务	保持大，主攻强

第四步，总体路线

根据中国制造业的发展阶段、面临的形势及其主要矛盾，《中国制造 2025》确定的总体路线是，以智能制造为主攻方向，重点在于提高制造业的创新能力、工业基础能力和发展质量（见表 12-4）。计划分三个十年来实现制造强国的战略总目标。

表 12-4 《中国制造 2025》总体路线

战略定位	成为具有全球引领和影响力的制造强国
主题	创新发展
主线	两化融合
主攻方向	智能制造
着力点	基础能力，集成水平
基本方针	创新驱动，质量为先，绿色发展，结构优化，人才为本

发展思路

坚持走中国特色新型工业化道路，以促进制造业创新发展为主题，以提质增效为中心，以加快新一代信息技术与制造业深度融合为主线，以推进智能制造为主攻方向，以满足经济社会发展和国防建设对重大技术装备的需求为目标，强化工业基础能力，提高综合集成水平，完善多层次、多类型人才培养体系，促进产业转型升级，培育有中国特色的制造文化，实现制造业由大变强的历史跨越。

基本方针

创新驱动、质量为先、绿色发展、结构优化、人才为本。

发展阶段与目标

中国建设制造业强国将分为三个阶段：第一个十年，即到 2025 年，要进入世界制造强国之列；第二个十年，即到 2035 年，要进入世界强国的中等水平；第三个十年，即到 2045 年，要进入世界强国的领先地位，成为具有全球引领和影响力的制造强国。第一个十年，又可分为两个阶段：到 2020 年，信息化带动工业化，稳固全球制造业中心地位，形成一批具有自主核心技术的优势产业；到 2025 年，工业化、信息化融合，形成一批跨国集团和优势产业集群，在全球价值链的地位明显提升。

第五步，业务路线

瞄准新一代信息技术、高端装备、新材料、生物医药等战略重点，引导社会各类资源集聚，推动优势和战略产业快速发展。

重点推动十大领域突破发展：新一代信息技术产业、高档数控机床和机器人、航空航天装备、海洋工程装备及高技术船舶、先进轨道交通装备、节能与新能源汽车、电力装备、农机装备、新材料、生物医药及高性能医疗器械（见图 12-1）。

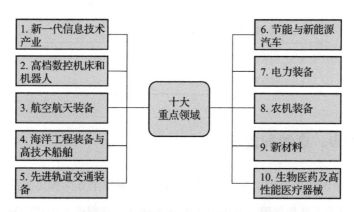

图 12-1 《中国制造 2025》的业务路线

实施五大工程：智能制造工程、制造业创新中心建设工程、工业强基工程、绿色制造工程、高端装备创新工程。其中，最核心的是实施智能制造工程。

第六步，行动路线

《中国制造 2025》根据战略方针，制定了 9 项重点战略任务，包括提高制造业创新能力、推进信息化与工业化深度融合、强化工业基础能力、加强质量品牌建设、全面推行绿色制造、大力推动重点领域突破发展、深入推进制造业结构调整、积极发展服务型制造和生产性服务业、提高制造业国际化发展水平（见表 12-5）。

表 12-5 《中国制造 2025》行动路线

战略方针	战略任务和重点
"创新"	（一）提高制造业创新能力
	（二）推进信息化与工业化深度融合
	（三）强化工业基础能力
"质量"	（四）加强质量品牌建设
"绿色"	（五）全面推行绿色制造
"结构"	（六）大力推动重点领域突破发展（对比德国 4.0）
	（七）深入推进制造业结构调整
	（八）积极发展服务型制造和生产性服务业
	（九）提高制造业国际化发展水平

第七步，资源配置

《中国制造 2025》中从组织、资源和机制三个方面提出了战略行动的资源支撑和保障。其中组织保障为成立国家制造强国建设领导小组、营造公平竞争市场环境；资源保障为完善金融扶持政策、加大财税政策支持力度、健全多层次人才培养体系、完善中小微企业政策；机制保障为进一步扩大制造业对外开放、深化体制机制改革、发布重点领域技术绿皮书（见表 12-6）。

表 12-6 《中国制造 2025》战略支撑和保障

组织保障	□ 成立国家制造强国建设领导小组
	□ 营造公平竞争市场环境
资源保障	□ 完善金融扶持政策
	□ 加大财税政策支持力度
	□ 健全多层次人才培养体系
	□ 完善中小微企业政策
机制保障	□ 进一步扩大制造业对外开放
	□ 深化体制机制改革
	□ 发布重点领域技术绿皮书

点评

《中国制造 2025》是一部以"做强"为战略主题，以"创新赶超"为主线的制造强国战略。中国制造并不是要和德国、美国的制造业计划相比拼，而是要充分利用科技、信息技术革命的成果，更多立足于对传统产业的转型升级和提升，肩负着"后发赶超与部分领域前沿领先"的双重使命。这条战略路线与中国制造业的发展基础和现实条件是相符的。

《中国制造 2025》是以国家尺度为视角、以制造业为研究对象、属中央政府编制的专项国家战略，但依然遵循"机会洞察—路线设计—资源配置"的战略逻辑。这部战略中的第一部分发展形势和环境对应的是"机会洞察"；第二部分战略方针和目标、第三部分战略任务和重点对应的是路线设计（第二部分描述的是总体路线，第三部分第六条"大力推动重点领域突破发展"指明了"业务路线"，而其他八条明确了"行动路线"）；第四部分战略支撑和保障对应的是"资源配置"。

这项制造强国战略最大的亮点是，同时运用了适应型和塑造型两种战略思维，比一般企业战略更难驾驭。针对我国制造业存在"大而不强"的主要矛盾，提出了"保持大，主攻强"的中心任务，明面上看运用的是适应型战略思维，按照瓶颈突破的思路来设计战略路线，而实际上路线设计又透露出浓郁的塑造型战略思维痕迹。而新一轮科技革命与产业变革也带来了前所未有的赶超机遇，中国制造业必须抢占新一轮竞争制高点。因此，中国制造业面临传统制造业转型升级和部分前沿领域领先的双重任务。前者侧重适应型思路，强调突破瓶颈；而后者更适合塑造型思维，讲究以终为始，构建充分条件，反映在行动路线上，就是工业强基、品牌质量、绿色制造、结构调整等针对传统制造业的主要问题所采取的对策，而创新能力、两化融合、服务型制造、国际化则更多是针对前沿领域领先提出的努力方向和战略举措。

总的来说，战略推演"七步法"为我们还原了《中国制造2025》的思维逻辑，也为我们提供了一部创新转型战略的范本，值得我们深入学习和反复研究。

Appendix A 附录 A

当代战略简史

战略思想最早可以追溯到 2000 多年前中国的《孙子兵法》，而当代战略管理思想则诞生于 20 世纪 60 年代的美国，此后战略管理思想得到广泛传播与应用。50 多年来，围绕"企业如何获得持续竞争优势"这一核心问题，当代战略管理理论以一种变化选择和保留的方式不断演进和发展（如图 A-1），大致经历了如下几个阶段。

形成期：20 世纪六七十年代

当代战略管理学的主要形成阶段大致在 20 世纪 60 年代，直接或间接地受到哈佛商学院的企业政策和一般管理（general management）学说的影响。一般管理的任务是将企业看作一个有机的整体，通过战略的视角从总体上把握企业与环境的关系。这为当代战略管理理论的诞生奠定了良好的概念性基础。

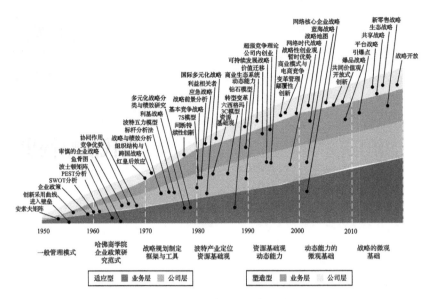

图 A-1　当代战略管理理论发展脉络图

资料来源：作者根据马浩《战略管理学 50 年：发展脉络与主导范式》（外国经济与管理，2017）和马丁·里维斯、纳特·汉拿斯、詹美贾亚·辛哈《战略的本质》（中信出版社，2016）等研究整理重新绘制。

1962 年，美国著名管理学家艾尔弗雷德·钱德勒出版了《战略与结构：美国工商企业成长的若干篇章》一书，较为全面地分析了环境、战略与组织结构之间的相互关系，并提出了"结构追随战略"的重要命题，确立了"环境—战略—结构"经典战略理论分析构架，正式拉开了当代战略管理研究的序幕。1965 年，安索夫（Ansoff）在《公司战略》一书中提出了"战略四要素说"，包括产品与市场范围、增长向量、协同效应和竞争优势四个方面，把企业战略分为企业总体战略与竞争战略，推出了著名的"产品—市场"组合矩阵。至此，战略管理作为一门新兴学科宣告诞生。

进入 20 世纪 70 年代后，战略管理的理论研究出现了较大的突破。1971 年，美国哈佛商学院的著名教授安德鲁斯（Andrews）出版了《公司战略思想》一书,提出将战略分为制定和实施两大部分,强调企业"独特的竞争能力",创立了影响深远的SWOT分析框架。随着企业广泛采用多部门结构的多元化经营方式,经理人面临公司资源在不同业务领域分配的问题。1974年,鲁梅尔特(Rumelt)出版了《战略、结构和经济绩效》一书,提出了多元化战略分类法,并首次将范围经济的概念引入多元化战略的探讨,发现不同业务之间的关系影响经济绩效,以及选择与企业战略相应的组织结构对企业经营绩效的重要性。此著作延续钱德勒的开山之作《战略与结构》中的主题,开战略管理量化研究的先河,标志着战略管理进入科学规范研究的新阶段。

1978年,明茨伯格提出了"应急战略"(emergent strategy)概念,将其与"预定战略"(deliberate strategy)区分开来;他在1994年大获成功的《战略规划的兴衰》(The Rise and Fall of Strategic Planning)一书中,向学术圈外的商界读者进一步普及了这一概念。与预定战略不同,应急战略并非精心筹划的产物,而是体现企业对市场环境变化的即时反应。明茨伯格告诫管理者,计划必须跟上变化。他指出,如果竞争环境发生重大变化,固守原有战略将十分危险。对于"应急战略","见风使舵的快速模仿者"和"故步自封的企业管理者"十分受用。一味模仿竞争者的策略,企业永无可能创造独特、有价值的竞争优势。这绝非明茨伯格本意,但他的思想客观上将管理者诱入舒适陷阱。㊀

这一时期形成的战略管理核心思想是,战略管理是一个寻求外部环境和企业内部资源条件之间契合的过程。战略的规划和控制由企业的高层管理者负责,并受管理决策者个人偏好以及企业的社会责任与预期的影响。企业战略应当清晰、简明、易于理解和贯彻,有充足的

㊀ 罗杰·马丁. 逃离战略的舒适陷阱[J]. 哈佛商业评论,2014(2).

弹性以适应环境的变化。[一]

兴起期：20世纪八九十年代

20世纪八九十年代，战略管理理论经历了一场全面的革命，不少学者做出了难以磨灭的贡献。哈佛大学商学院的迈克尔·波特无疑是群星中最为闪耀的星星。他在经典著作《竞争战略》《竞争优势》（Porter，1980，1985）中提出，战略的首要任务在于产业定位，在具有吸引力的产业中占据强势位置。他的贡献在于，将产业组织经济学中的"结构—行为—绩效"的理论范式引入到企业战略分析的研究中，指导企业如何了解、预测，并尽可能地操纵市场结构，从而最大限度地获取竞争优势和最持久地保持竞争优势。他创建了用于行业结构分析的"五力模型"，即进入者威胁、替代者威胁、买方讨价还价能力、供方讨价还价能力和现有竞争对手的竞争。正是这几种竞争力量之间的相互作用决定了一个行业的竞争状态和赢利能力，并且每种竞争力量又受到诸多经济技术因素的影响。以此为基础，波特提出了赢得竞争优势的三种竞争战略：成本领先战略、差异化战略、聚焦战略。波特还提出了价值链分析模型，用系统方法来考察企业所有活动及其相互功能，分析获得企业竞争优势的各种资源。[二]

波特所创建的理论模型与方法具有划时代的里程碑意义，成为战略管理上的第一个"主流设计"，极大地推动了战略管理在企业的普及应用，也催发了战略管理咨询行业的迅猛发展。同时，也带动一些研究者以实验为依据的验证性研究，包括行业内战略集团（Dess和Davis，1984），退出与进入壁垒（Harrigan，1981），学习曲线的竞争

[一] 陈建校. 企业战略管理理论的发展脉络与流派述评［J］. 学术交流，2009（4）.
[二] 王昶. 战略管理理论与方法［M］. 北京：清华大学出版社，2010.

影响（Liberman，1987）和市场份额与公司行为之间的关系（Karnani 和 Wernefelt，1985），多点竞争（Gimeno 和 Woo，1996）和多点市场反击（Karnani 和 Wernefelt，1985）。但是，波特的竞争战略理论依然闪烁着环境决定论的背影，缺乏对企业资源异质性的考察，对有吸引力的行业中存在业绩水平很差的企业、无吸引力的行业中却存在赢利水平很高企业的现象，以及企业多元化经营引致失败的现象，无法进行合理的解释。

1984年，沃纳菲尔特（Wernerfelt）在《企业资源基础观》一文中，推出了另一个大受欢迎的战略概念"资源基础理论"（RBV）。RBV 理论把企业看成是资源的集合体，企业具有不同的有形和无形的资源，这些资源可转变成独特的能力；资源在企业间是不可流动的且难以复制的；这些独特的资源与能力是企业持久竞争优势的源泉。以此来解释企业的可持续性优势和相互间的差异，开启了以资源为基础的核心竞争优势的研究。然而真正让 RBV 理论流行起来的，则是1990年普拉哈拉德和哈默尔发表于《哈佛商业评论》的名篇《公司的核心竞争力》。他们提出，企业战略的核心是发现和构建企业的核心能力，迎合了管理者对确定性的渴望。核心竞争力是组织中的累积性学识，特别是如何协调不同的生产技能和有机整合多种技术流派的学识。企业所拥有的那些有价值的、稀缺的、不可模仿的和难以替代的资源与能力，能够为企业带来持久竞争优势（Barney，1991）。核心能力理论克服了波特价值链分析模型对企业内部环境分析过度宽泛的缺陷，指出并不是企业所有资源、知识和能力都是企业持续竞争优势的来源，这为企业从自身资源和能力出发，在自己拥有一定优势的产业及其相关产业开展多元化经营提供了理论依据，有利于企业避免在产业吸引力诱惑下盲目地进入不相关产业进行经营。

到了20世纪90年代，经济全球化加快，技术创新加速，顾客需求多样化，造成了市场环境更加复杂化和不确定，企业竞争优势的可保持性越来越低。企业的核心能力在环境发生变化时很容易表现出某种抗拒变化的惰性即所谓的"核心刚性"（core rigidities）。一些企业在获得核心能力的同时，可能因为核心刚性而丧失竞争优势。核心能力理论遇到前所未有的自身发展障碍，它不能解释动态市场上企业如何获取竞争优势以及为什么某些企业具有持续竞争优势。在此背景下，蒂斯（Teece，1997）等学者提出了改变能力的能力即动态能力的概念，并把动态能力定义为"企业整合、建立以及重构企业内外能力以便适应快速变化环境的能力"。动态能力是一种调配和使用资源的能力，是利用资源去开发和捕捉市场机会的能力，是保持企业的资源组合与外部环境动态匹配的能力。企业必须努力应对不断变化的环境，通过技能的获取、知识和诀窍的管理、学习，更新发展自己的能力，体现了熊彼特"创造性毁灭"（creative destruction）的思想精髓。这种理论融合的尝试，有效地沟通了产业定位和资源组合之间的联系，初步实现了对SWOT分析中内外契合精神的回归。没有良好的市场定位，独特的资源的作用可能得不到完全施展。资源组合配置不当，也会影响企业对市场机会的把握。企业的资源位置应与其市场位置互为支持与补充，从而相得益彰。⊖

人们认识到能力是企业竞争优势的来源，然而企业能力的决定因素又是什么呢？20世纪90年代出现知识基础观认为，企业是一个知识的有机体，一个不断地吸收、获取、存储、加工、检索和使用的学习型组织。企业核心能力的来源是企业内的隐性知识（tacit knowledge，也称缄默知识）；企业内的知识以人为载体，通过各种手段如文本、技术系统、言传身教等来实现部分和完全共享，通过知识整合和创

⊖ 马浩. 战略管理学50年：发展脉络与主导范式［J］. 外国经济与管理，2017（7）.

造，产生能带来经济价值的新知识。企业通过内部的个人知识进行整合、创新以创造出新的有价值的专门知识，或者是从外部有效获取企业所需的知识。知识基础观通过对企业的知识本质的重新思考，进一步推进了对竞争优势来源的认识。知识基础企业观补充和细化了战略过程理论的研究，也带动了吸收能力（absorptive capacity）（Cohen 和 Levinthal，1990）、组织学习（Levinthal 和 March，1993）、知识流动（Szulanski，1996；Gupta 和 Govindarajan，2000）等方面的研究。

发展期：21世纪新趋势

进入21世纪后，技术变革对企业的发展产生了重要的影响，尤其是网络时代的连接，改变了传统人与人、物与物、企业与企业的关系。企业之间的竞争转变为商业网络，甚至是生态系统之间的竞争与合作，从根本上改变了竞争的本质，企业的成功越来越取决于对企业本身并不拥有的资产的管理。电子商务商业模式（business model）（Amit 和 Zott，2001）、生态系统（ecosystem）(如 Moore，1997；Adner 和 Kapoor，2010）、蓝海战略（blue ocean strategy)(Kim 和 Mauborgne，2000）、互联网时代的战略（strategy and the internet）（Porter，2001）、平台战略（platform strategy）（Cennamo 和 Santalo，2013）以及分享经济（sharing economy）（Cusumano，2015）成为新的战略管理理论研究的热点。

在这些最新进展中，商业生态系统的研究最引人瞩目。穆尔（Moore）于1996年在出版的《竞争的衰亡》一书中，最早将生物学中的生态系统引入商业研究，打破了传统的以行业划分为前提的战略理论的限制。他站在企业生态系统均衡演化的层面上，把商业活动分为开拓、扩展、领导和更新四个阶段。商业生态系统包括顾客、市场、产品、过程、组织、风险承担者、政府与社会等方面，系统内的企业通过竞争可以将毫不相关的贡献者联系起来，创造一种崭新的商业模式，实现共同进化。2004年扬西蒂和莱维恩在《共赢：商业生态系统对企业战略、创新和可持续性的影响》一书中进一步提出："战略正日益成为一门管理自身并不拥有的资产的艺术。"优秀企业不再将注意力只放在内部能力上，而更多地关注它们所参与的商业网络的整体特性。这些企业扮演了生态系统的网络核心角色。优秀的网络核心企业不但能使庞大而分散的商业网络与顾客联结的难题化繁为简，而且还能通过为其他企业提供可资利用的"平台"，促进整个生态系统改进生产率和增强稳健性，并有效地激发创新。处于商业生态系统中心的企业可以采取三种不同的战略：核心型，即充当商业生态系统调控者的角色，通过影响这个系统的特定行为而维持生态系统的健康；支配主宰型，通过纵向或横向一体化来管理和控制某一生态系统；缝隙型，着眼于专业化和差异化，将自己独特的能力集中在某些业务上，利用其他企业提供的关键资源来开展经营活动。㊀

面对万物互联时代的到来，2014年，波特和赫佩尔曼（Porter和Heppelmann）在《哈佛商业评论》发文，论述了"物联网时代企业竞争战略"，本质上还是对商业生态系统竞争战略的探讨。他们认为，智能互联产品的独特之处不在于互联，而在于"物"，正是产品产生数据的新能力将开创一个新的竞争时代。智能互联产品包含物理部件、智能部件和连接部件三个核心元素，能让部分价值和功能脱离物理产品本身存在。行业的竞争基础将从单一产品的功能转向产品系统的性能，而单独公司只是系统中的一个参与者。单一产品制造商很难与多产品公司抗衡，因为后者可以通过系统优化产品性能。一些新进入者甚至

㊀ 马尔科·扬西蒂，罗伊·莱维恩. 共赢：商业生态系统对企业战略、创新和可持续性的影响[M]. 王凤彬，等译. 北京：商务印书馆，2006.

将采用"无产品"战略，它们将以打造连接产品的系统作为核心优势，而非产品本身。㊀

有关商业生态系统的研究目前还正在探索中，尚未形成完整的理论框架，但也形成了一些基本共识：商业生态系统建立在企业生态位分离的基础之上，生态位的分离不仅减少了企业竞争，还为企业间功能耦合形成超循环提供了条件；商业生态系统强调系统成员的多样性，关键成员对保持系统的健康起着非常重要的作用；商业生态系统的发展动力来自系统内部各个要素或各个子系统之间的相互作用；商业生态系统呈现网络状结构，具有边界模糊和自组织的特征，并通过自组织不断共同进化。

战略管理理论演化规律

综上所述，20 世纪 60 年代初，战略管理作为一门独立的学科地位被确立；70 年代，战略管理理论研究进入规范化研究的新阶段；八九十年代，通过大量吸纳经济学、社会学、心理学、生态学等理论，战略管理理论不断得到蓬勃发展，建立起主流的理论框架。此后的研究，更多的是丰富和细化战略管理理论，没有形成波特式的革命性突破。新世纪的研究，关注到技术环境的变革，像商业模式、生态系统这样产生于应用型管理实践的概念，也得到了主流学者的积极响应，战略管理理论与实践进一步融合。回顾 50 多年来战略管理理论的发展历程，其背后隐含着内在的演化规律：

（1）战略不是运营效率、成本管理和技术创新。战略的本质是驱动价值创造，想办法争取并保留更多客户，创造更大价值。战略并不

㊀ Michael E. Porter, James E. Heppelmann. How Smart, Connected Products Are Transforming Competition [J], Harvard Business Review, 2014（11）.

能消除不确定性和危险，但它基于环境做出假设与判断，是企业的一种理性选择行为。

（2）认识和解释企业竞争优势来源，一直是企业战略管理研究的中心议题。人们对企业竞争优势来源的解释经历了一个"由内及外，由外而内，再及外"的演化过程。早期的研究主要关注企业内部，分析战略的内容与过程，强调战略对其他职能的协同作用；波特竞争战略的出现，将研究的视角引向产业结构的分析，企业的竞争优势来源于产业的定位和产品的差异性；而之后出现的企业资源与能力理论，则将研究视角重新拉回企业内部，强调内在无形的核心能力才能构建持久的竞争优势；新兴的竞合理论、商业生态系统理论则再次引发人们思考，企业间的合作关系以及商业生态系统中成员企业的共生会带来生态优势。

（3）人们对竞争战略的理解是一个不断深化的过程，呈现出从竞争对抗到竞合再到共生的发展脉络。早期的企业竞争战略被理解为达尔文式的优胜劣汰，强调你死我活的对抗；竞合理论的出现改变了竞争对手的定义，既有竞争也有合作；商业生态系统理论则强调核心企业与缝隙企业的共同进化。竞争战略的焦点不只是对市场和资源的争夺，而战略开始被理解为一门管理自身并不拥有的资产的艺术。

（4）对价值创造方式的理解和战略刚性弹性的区分是判断战略理论的重要标尺。从价值创造方式看，"价值攫取型"战略的特点是以存量争夺为主，如波特的竞争战略；价值创新型战略的特点则是以增量创造为主，如克里斯坦森的"颠覆性创新"、金伟灿和莫博涅"蓝海战略"。它们强调开辟新的需求与市场，从而创造价值。从战略刚性与弹性看，RBV理论和核心竞争力理论提供了企业战略的内部视角，但企业在打造核心能力的时候，会不自觉地强化自己原有的资源、流程和价值观，以致难以撼动并导致战略刚性。而动态能力则倡导企业不断

更新自己能力，以应对外部环境的变化。○

（5）战略管理理论是一个不断吸纳各种学科解释现实丰富发展的过程，映射着人们对环境和企业能力的认识。各种战略管理理论阴阳交替，都有各自可取之处。如果企业家们没有自己的认知和企业理论，疲于赶风潮，将导致企业难以保持连贯，最终徒劳而返。

○ 李剑. 当我们谈战略时，我们在谈些什么 [J]. 哈佛商业评论增刊，2016(7).

学好战略指引

互联网时代,人们越来越习惯有事问百度,似乎忘记了书籍这个亲密老友。

思想家培根说,读史使人明智,读诗使人聪慧,数学使人精密,哲理使人深刻,伦理学使人有修养,逻辑使人善辩。总而言之,书籍是人类进步的阶梯。

学好战略,需要从战略经典著作和名篇入手,通过把握战略思想和理论的发展脉络,了解时代进步与战略发展的关系,汲取战略的精髓,帮助我们砥砺思想,开阔视野,建立战略性思维。

为此,我按重点、推荐和拓展三类介绍相关战略书籍。对于那些希望钻研更多经典和前沿理论的朋友,可以进一步看第四类经典文献,涉及数百篇英文文献,但限于篇幅的原因,不一一列出,大家可以找到鄙人文章查看文后附录。

一、重点阅读

1. 《战略管理：理论与方法》王昶 主编
2. 《竞争战略》迈克尔·波特 著
3. 《竞争优势》迈克尔·波特 著
4. 《国家竞争优势》迈克尔·波特 著
5. 《公司层面战略》迈克尔·古尔德、安德鲁·坎贝尔、马库斯·亚历山大 著
6. 《平台战略》陈威如、余卓轩 著
7. 《平台转型》陈威如、王诗一 著
8. 《竞争的衰亡：商业生态系统时代的领导与战略》詹姆斯·弗·穆尔 著
9. 《共赢：商业生态系统对企业战略、创新和可持续性的影响》马尔科·扬西蒂、罗伊·莱维恩 著
10. 《创新者的窘境》克莱顿·克里斯坦森 著
11. 《价值网：打破供应链、挖掘隐利润》大卫·波维特、约瑟夫·玛撒、柯克·克雷默 著
12. 《定位》艾·里斯、杰克·特劳特 著
13. 《关键价值链：从客户价值到公司价值》苏尼尔·古普塔、唐纳德·莱曼 著
14. 《产业演变与企业战略》安妮塔·麦加恩 著
15. 《战略的本质：复杂商业环境中的最优竞争战略》马丁·里维斯、纳特·汉拿斯、詹美贾亚·辛哈 著
16. 《让战略落地：如何跨越战略与实施间的鸿沟》林文德、马赛斯、亚瑟·克莱纳 著
17. 《重塑战略》迈克尔·波特、吉姆·柯林斯、金伟灿 著

18.《商业模式全史》三谷宏治 著

19.《商业模式新生代》亚历山大·奥斯特瓦德、伊夫·皮尼厄 著

20.《发现利润区》亚德里安·斯莱沃斯基、大卫·莫里森、劳伦斯·艾伯茨 著

21.《利润模式》亚德里安·斯莱沃斯基、大卫·莫里森、特德·莫泽、凯文·蒙特、詹姆斯·奎拉 著

22.《战略协同》安德鲁·坎贝尔，等编著

23.《战略地图：化无形资产为有形成果》罗伯特·卡普兰、大卫·诺顿 著

24.《平衡计分卡：化战略为行动》罗伯特·卡普兰、大卫·诺顿 著

25.《伟大的中国工业革命》文一 著

二、推荐阅读

1.《颠覆式创新：移动互联网时代的生存法则》李善友 著
2.《互联网思维独孤九剑》赵大伟 著
3.《场景革命》吴声 著
4.《跨界：开启互联网与传统行业融合新趋势》腾讯科技频道 著
5.《第三次工业革命：新经济模式如何改变世界》杰里米·里夫金 著
6.《工业4.0》乌尔里希·森德勒 主编
7.《工业互联网》通用电气公司 编

三、拓展阅读

1.《源创新》谢德荪 著

2.《失控》凯文·凯利 著

3.《技术元素》凯文·凯利 著

4.《周鸿祎自述：我的互联网方法论》周鸿祎 著

5.《参与感：小米口碑营销内部手册》黎万强 著

6.《海尔转型：人人都是CEO》曹仰锋 著

7.《自品牌》陈为 著

8.《超级IP》吴声 著

9.《长尾理论》克里斯·安德森 著

10.《蓝海战略》金伟灿、勒妮·莫博涅 著

11.《企业万能》福斯，等编著

12.《激荡三十年》吴晓波 著

13.《变革中国》罗纳德·哈里·科斯 著

14.《大败局》吴晓波 著

15.《管理思想史》丹尼尔·雷恩 著

16.《标本》《思维》《科幻》《操纵》《整合》《运作》郎咸平 著

17.《赢在顶层设计》高建华 著

四、战略经典文献

马浩. 战略管理学50年：发展脉络与主导范式［J］. 外国经济与管理，2017，39（7）：15-32.（以及该文章后附相关英文重要文献。）

战略推演七步法

一、基本情况

介绍企业发展的历史沿革、现状,描述企业的业务范围、组织架构、主要经济指标。对于企业内部的战略推演,重点可放在战略目标与任务完成的复盘上(见表 C-1)。

表 C-1 企业任务进展表

序号	关键任务名称	状态	任务目标	任务进展简要描述
1				
2				
3				
4				
5				
6				

二、形势研判

通过"三察三看",察环境侧看发展大势、察需求侧看市场变化、察供给侧看竞争格局,洞察市场变化趋势及其驱动因素,识别机遇与挑战,寻找应对之策(见表 C-2)。

表 C-2　形势研判推演表

要素	变化趋势	可能对策
环境侧		
需求侧		
供给侧		

三、矛盾识别

通过"两审一定",审视内外匹配性,审视内部协调性,确定解决的主要矛盾,找到战略突破口(见表 C-3)。

表 C-3　矛盾识别表

发展阶段
主要矛盾
主要表现
可能的对策

四、中心任务

认清当前发展形势和企业所处阶段,厘清面临的主要矛盾,最终确定企业发展的中心任务(见表 C-4)。

表 C-4　机会洞察推演表

要素	描述
形势研判	
矛盾识别	
中心任务	

五、总体路线

明确企业发展的总思路，精准战略定位，标定企业发展方位；确定主题，明确企业发展基调；紧扣主线，明确企业发展主轴；锚定主攻方向，确立企业重点发展领域；找准着力点，构建企业竞争优势（见表 C-5）。

表 C-5　总体路线推演表

战略定位	
主　　题	
主　　线	
主攻方向	
着 力 点	
竞争优势	

六、业务路线

探寻企业业务价值创造的核心逻辑。选准客户，确定价值定位，发现价值获取的利润逻辑，构建独有的业务活动系统，最后找到战略控制点，形成竞争力（见表 C-6）。

表 C-6　业务路线推演表

优化前	业务设计	优化后
	客户选择	
	价值定位	
	价值获取	
	业务活动	
	战略控制	

七、行动路线

遵循"四从四得"的逻辑，找到行动的出发点、着力点、落脚点，设计出重大行动方案，明确行动策略与路径，把战略意图、业务设计转化为具体的行动（见表 C-7）。

表 C-7　行动路线推演表

序号	战略任务	主要行动（含策略、路径）	任务要求	责任单位	协同单位

八、资源配置

遵循战略重要性逻辑配置资源，为战略意图的实现及其重大行动的实施提供组织、资源和机制保障（见表 C-8）。

表 C-8　资源配置推演表

序号	战略任务	主要行动	资源配置				
			组织保障	人力资源	资金	投资	机制保障

九、战略推演呈现

当我们完成了战略检思后，可以进一步对战略推演的结论进行总结提炼，并填写在表 C-9 中，可以把整个战略推演七个步骤最精要的成果呈现出来。

表 C-9　战略推演结论表

战略主题		推演结论
机会洞察	形势研判	
	矛盾识别	
	中心任务	
路线设计	战略定位	
	发展路线	
	重大行动	
资源配置		

Acknowledgements 致 谢

本书是中南大学产业发展战略研究中心团队通力合作的结晶。我真诚感谢所有为此书做出贡献的人。

我要感谢TCL集团的李东生先生、薄连明先生、黄旭斌先生、史万文先生、邵光洁女士，正是因为同你们的交流，我对战略有了新的体悟。我要感谢TCL集团的朱益群先生、隆元贵先生、邢红辉先生、赵连军先生，正是因为同你们的项目合作和深入沟通，才会有《战略推演》一书的构想。同时，也要感谢北京大学国家发展研究院的陈春花教授在TCL战略评审会上的精彩点评和会后的交流，增强了我写此书的决心。

同时，我也要感谢先导控股集团的刘继雄先生、邹特先生、胡磊先生，铜陵有色集团的杨军先生、龚华东先生、吴和平先生、张忠义先生，湘电集团的柳秀导先生、周健君先生，五矿稀土集团的黄国平先生，湖南高新创投集团的李艾东先生，湖南有色集团的潘剑波先生，广晟有色集团的郭省周先生，空港实业的徐益清先生、何雄平先生、黄克建先生等企业家朋友，让我有机会以独立董事或战略咨询顾问的身份参与到公司重大战略决策，使我对企业战略管理有了更加深刻的认识和体悟。

我要感谢吕奕成、徐尖，你们都是中南大学培养出来的优秀校友。你们一位在上海、一位在深圳，都奋斗在企业战略与投资岗位上。你们在我刚萌生想法的时候，就积极参与研讨，并参与撰写了《推演手册》等部分内容以及慕课的摄制。我从这两位 80 后、90 后的年轻人身上，学到了不少新潮的东西，如加入插图、手绘等。你们风华正茂、意气风发，战略推演终究要靠你们来传承，并发扬光大。谢谢你们的陪伴，让我不敢懈怠。

我要感谢中南大学的周文辉教授时常与我探讨知识产品的开发，并身体力行推出了"蜂巢创业"，给创新创业的朋友带来不少的启迪；湖南电大的李明辉副教授最早建议我摄制视频，赵建茹副教授为我提供录制的条件和机会；湖南大学的朱国玮教授传授我慕课拍摄心得；超星的周胜男全程帮助我将此书制作成了慕课。

我还要感谢中南大学商学院、中南大学产业发展战略研究中心的老师和同学。姚海琳、唐健雄、孟奕爽、卢锋华等老师，左绿水、耿红军、宋慧玲、秦雅、何朋蔚、向艳芳、张翠红、贾若康及 MBA 班的同学，你们不止一次倾听我的讲解，参与本书的修改和打磨。我的研究生孙晶、阳香莲参与了推演案例部分的撰写；周依芳、阳香莲参与了书稿格式的修订和整理；付婷嬟、彭倩、吕夏冰参与了书稿制图和讲义 PPT 制作；孙桥、阳香莲、何琪参与了慕课视频摄制和课程运行维护工作；周依芳、何琪负责了"昶谈战略"公众号的开通和运营。正是你们的辛勤工作，才让此书得以顺利付梓，并让战略学习社区得以初步建成。

在此，我也要感谢我的母亲、夫人和女儿，你们给我提供温暖的家，你们是我前行的动力。特别要感谢我的女儿 Amy，她很早就在 FM 荔枝网上开通了频道，众多粉丝对她关爱有加，让我意识到新媒体的威力，坚信"知识创新未来"。谢谢你们，我爱你们！

最后，我要再次感谢机械工业出版社的编辑，谢谢你们的辛勤付出，才让此书得以顺利出版。

推荐阅读

中文书名	作者	书号	定价
公司理财（原书第11版）	斯蒂芬 A. 罗斯（Stephen A. Ross）等	978-7-111-57415-6	119.00
财务管理（原书第14版）	尤金 F. 布里格姆（Eugene F. Brigham）等	978-7-111-58891-7	139.00
财务报表分析与证券估值（原书第5版）	斯蒂芬·佩因曼（Stephen Penman）等	978-7-111-55288-8	129.00
会计学：企业决策的基础（财务会计分册）（原书第17版）	简 R. 威廉姆斯（Jan R. Williams）等	978-7-111-56867-4	75.00
会计学：企业决策的基础（管理会计分册）（原书第17版）	简 R. 威廉姆斯（Jan R. Williams）等	978-7-111-57040-0	59.00
营销管理（原书第2版）	格雷格 W. 马歇尔（Greg W. Marshall）等	978-7-111-56906-0	89.00
市场营销学（原书第12版）	加里·阿姆斯特朗（Gary Armstrong），菲利普·科特勒（Philip Kotler）等	978-7-111-53640-6	79.00
运营管理（原书第12版）	威廉·史蒂文森（William J. Stevens）等	978-7-111-51636-1	69.00
运营管理（原书第14版）	理查德 B. 蔡斯（Richard B. Chase）等	978-7-111-49299-3	90.00
管理经济学（原书第12版）	S. 查尔斯·莫瑞斯（S. Charles Maurice）等	978-7-111-58696-8	89.00
战略管理：竞争与全球化（原书第12版）	迈克尔 A. 希特（Michael A. Hitt）等	978-7-111-61134-9	79.00
战略管理：概念与案例（原书第10版）	查尔斯 W. L. 希尔（Charles W. L. Hill）等	978-7-111-56580-2	79.00
组织行为学（原书第7版）	史蒂文 L. 麦克沙恩（Steven L. McShane）等	978-7-111-58271-7	65.00
组织行为学精要（原书第13版）	斯蒂芬 P. 罗宾斯（Stephen P. Robbins）等	978-7-111-55359-5	50.00
人力资源管理（原书第12版）（中国版）	约翰 M. 伊万切维奇（John M. Ivancevich）等	978-7-111-52023-8	55.00
人力资源管理（亚洲版·原书第2版）	加里·德斯勒（Gary Dessler）等	978-7-111-40189-6	65.00
数据、模型与决策（原书第14版）	戴维 R. 安德森（David R. Anderson）等	978-7-111-59356-0	109.00
数据、模型与决策：基于电子表格的建模和案例研究方法（原书第5版）	弗雷德里克 S. 希利尔（Frederick S. Hillier）等	978-7-111-49612-0	99.00
管理信息系统（原书第15版）	肯尼斯 C. 劳顿（Kenneth C. Laudon）等	978-7-111-60835-6	79.00
信息时代的管理信息系统（原书第9版）	斯蒂芬·哈格（Stephen Haag）等	978-7-111-55438-7	69.00
创业管理：成功创建新企业（原书第5版）	布鲁斯 R. 巴林格（Bruce R. Barringer）等	978-7-111-57109-4	79.00
创业学（原书第9版）	罗伯特 D. 赫里斯（Robert D. Hisrich）等	978-7-111-55405-9	59.00
领导学：在实践中提升领导力（原书第8版）	理查德·哈格斯（Richard L. Hughes）等	978-7-111-52837-1	69.00
企业伦理学（中国版）（原书第3版）	劳拉 P. 哈特曼（Laura P. Hartman）等	978-7-111-51101-4	45.00
公司治理	马克·格尔根（Marc Goergen）	978-7-111-45431-1	49.00
国际企业管理：文化、战略与行为（原书第8版）	弗雷德·卢森斯（Fred Luthans）等	978-7-111-48684-8	75.00
商务与管理沟通（原书第10版）	基蒂 O. 洛克（Kitty O. Locker）等	978-7-111-43944-8	75.00
管理学（原书第2版）	兰杰·古拉蒂（Ranjay Gulati）等	978-7-111-59524-3	79.00
管理学：原理与实践（原书第9版）	斯蒂芬 P. 罗宾斯（Stephen P. Robbins）等	978-7-111-50388-0	59.00
管理学原理（原书第10版）	理查德 L. 达夫特（Richard L. Daft）等	978-7-111-59992-0	79.00

推荐阅读

中文书名	作者	书号	定价
创业管理（第4版）（"十二五"普通高等教育本科国家级规划教材）	张玉利等	978-7-111-54099-1	39.00
创业八讲	朱恒源	978-7-111-53665-9	35.00
创业画布	刘志阳	978-7-111-58892-4	59.00
创新管理：获得竞争优势的三维空间	李宇	978-7-111-59742-1	50.00
商业计划书：原理、演示与案例（第2版）	邓立治	978-7-111-60456-3	39.00
生产运作管理（第5版）	陈荣秋，马士华	978-7-111-56474-4	50.00
生产与运作管理（第3版）	陈志祥	978-7-111-57407-1	39.00
运营管理（第4版）（"十二五"普通高等教育本科国家级规划教材）	马风才	978-7-111-57951-9	45.00
战略管理	魏江等	978-7-111-58915-0	45.00
战略管理：思维与要径（第3版）（"十二五"普通高等教育本科国家级规划教材）	黄旭	978-7-111-51141-0	39.00
管理学原理（第2版）	陈传明等	978-7-111-37505-0	36.00
管理学（第2版）	郝云宏	978-7-111-60890-5	45.00
管理学高级教程	高良谋	978-7-111-49041-8	65.00
组织行为学（第3版）	陈春花等	978-7-111-52580-6	39.00
组织理论与设计	武立东	978-7-111-48263-5	39.00
人力资源管理	刘善仕等	978-7-111-52193-8	39.00
战略人力资源管理	唐贵瑶	978-7-111-60595-9	45.00
市场营销管理：需求的创造与传递（第4版）（"十二五"普通高等教育本科国家级规划教材）	钱旭潮	978-7-111-54277-3	40.00
管理经济学（"十二五"普通高等教育本科国家级规划教材）	毛蕴诗	978-7-111-39608-6	45.00
基础会计学（第2版）	潘爱玲	978-7-111-57991-5	39.00
公司财务管理：理论与案例（第2版）	马忠	978-7-111-48670-1	65.00
财务管理	刘淑莲	978-7-111-50691-1	39.00
企业财务分析（第3版）	袁天荣	978-7-111-60517-1	49.00
数据、模型与决策	梁樑	978-7-111-55534-6	45.00
管理伦理学	苏勇	978-7-111-56437-9	35.00
商业伦理学	刘爱军	978-7-111-53556-0	39.00
领导学：方法与艺术（第2版）	仵凤清	978-7-111-47932-1	39.00
管理沟通：成功管理的基石（第3版）	魏江等	978-7-111-46992-6	39.00
管理沟通：理念、方法与技能	张振刚等	978-7-111-48351-9	39.00
国际企业管理	乐国林	978-7-111-56562-8	45.00
国际商务（第2版）	王炜瀚	978-7-111-51265-3	40.00
项目管理（第2版）（"十二五"普通高等教育本科国家级规划教材）	孙新波	978-7-111-52554-7	45.00
供应链管理（第5版）	马士华等	978-7-111-55301-4	39.00
企业文化（第3版）（"十二五"普通高等教育本科国家级规划教材）	陈春花等	978-7-111-58713-2	45.00
管理哲学	孙新波	978-7-111-61009-0	49.00
论语的管理精义	张钢	978-7-111-48449-3	59.00
大学·中庸的管理释义	张钢	978-7-111-56248-1	40.00